原田義昭◉著
Harada Yoshiaki

主権と平和は「法の支配」で守れ

中国の違法開発を「国際仲裁裁判所」に訴えよ

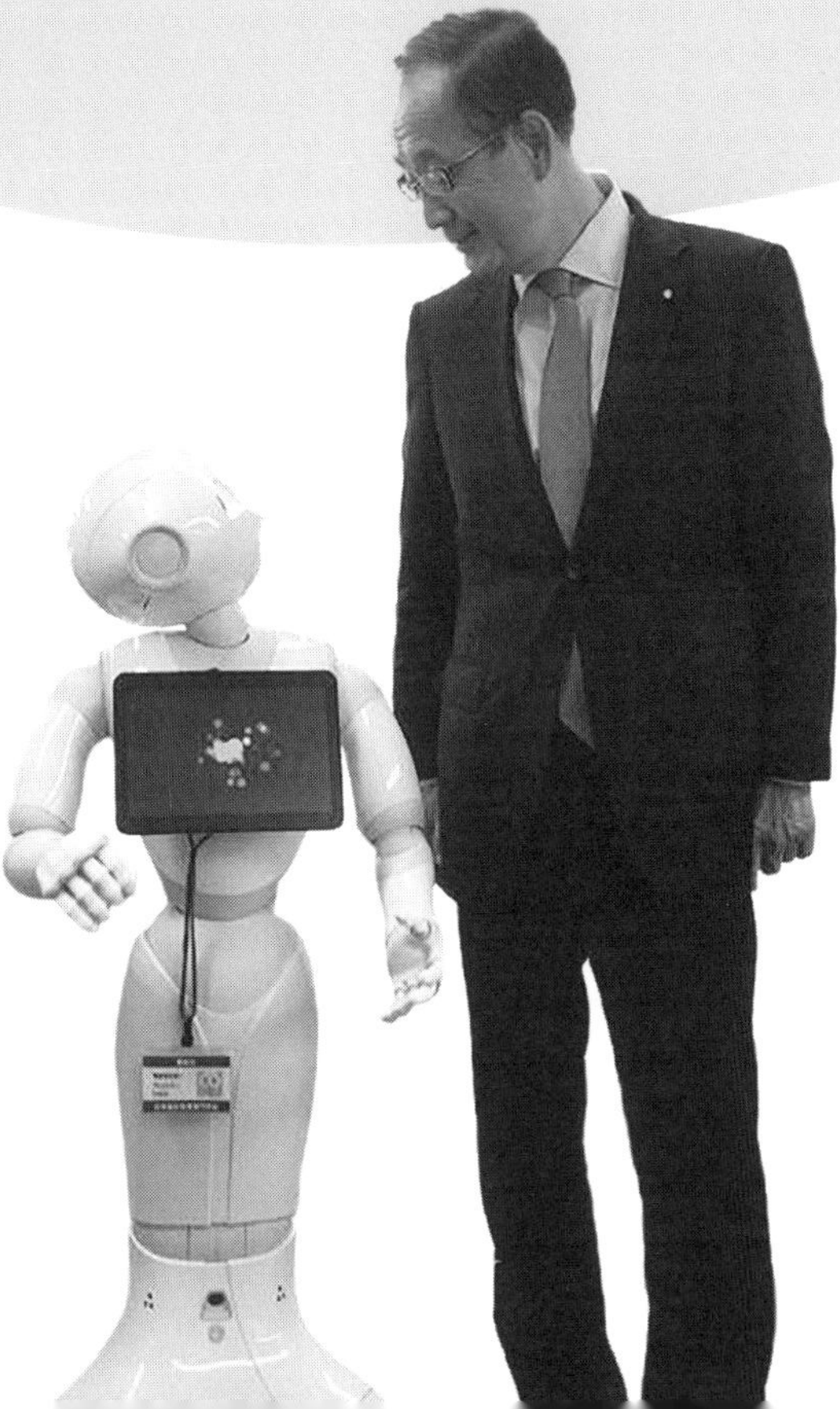

集広舎

はじめに

主権と平和は「法の支配」で守れ
中国の違法開発を「国際仲裁裁判所」に訴えよ

平成二十八年（二〇一六年）も、さまざま記録することがありました。四月（十四日）の熊本地震をはじめ自然災害の多い年でした。天変地異はいつでも起こる。
政治の動きも予想を超えた。英国がEUから離脱（六月）した。米国大統領選では、世の中の九〇%以上はクリントン氏を予想したが、トランプ大統領の当選（十一月）には驚いた。世界の政治、外交、経済はこれから四年間、「メキシコに壁を作る」、イスラム系の入国を禁止する、裁判所と訴訟するなど、この超異色の大統領と折り合いをつけていくことになる。

世界中はトランプ旋風の最中にあるが、決して忘れてはいけないこと、この瞬間も、南シナ海、東シナ海……尖閣諸島には、ほとんど連日、中国が日本の領海、接続水域を侵している。我が国の主権と平和は結局、日本人自身が守るほかはない。

東シナ海の油ガス田開発については、中国は違法かつ一方的に開発を進めている。六年以上に亙って日本は、中国に抗議と警告を発しているが、完全に無視されている。二〇〇八年六月に一応の二国間合意が出来上がり、境界未確定海域については、基本的に両国の協議に委ねることとなった。二〇一〇年七月、第一回協議が行われた後、同九月、中国の漁船が沖縄沖で海上保安庁の巡視艇との衝突事件で、中国は協議継続を理由なく絶った。日中外交関係は、次第に回復し、首脳会談まで行われるようになったが、その間も中国は休むことなく違法な資源開発を続けており、二〇一六年末には、十七基の掘削施設（プラットフォーム）が確認されている。

我が国は中国に対し、これらの行為は日中合意および国連海洋法条約上、明らかな違法行為であり、直ちに二国間協議に復すべきことを主張してきた。外交ルートで無数回、首脳会談でも昨年九月五日を含め数度に亙って抗議しているが、すべてマル無視されてきた。自由民主党として、二〇一三年十二月、さらに昨年三月には、協議の再開を改めて中国に強力に申し入れること、これに中国が応じない場合には、国連海洋法条約上の「国際仲裁裁判所」への訴えも辞さない、との決議を行った。いずれも政府及び官邸に上申したところである。

我が国は平和外交に徹しており、基本的に武力や実力に訴えることはないが、司法的手続きが最後に残された平和的な外交手段といえる。国際法上の正当な権利を実行することをためらう理由は何もない。このことで、中国の違法行為を国際社会の「法の支配」に委ねることになる。さらに中国に対して自己抑制を促し、かつ「法治主義」思想を浸透させる有効な動機ともなりうるのではないか。

かくして我が国は、中国に対し、日本の経済資源、すなわち国益と主権を守るために国連海洋法条約及び日中二国間合意に違反するものとして〝国際仲裁裁判所に訴える〟ことを、あえて主張したい。

〔参考〕

1　フィリピンが南シナ海の領有権に関し、中国を「国際仲裁裁判所」に訴えていたが、昨年七月十二日、フィリピン完全勝訴の裁決が出た。

2　中国（主として漁船）との海洋紛争につき、諸外国は近年でも次のとおり、武器発砲、撃沈、死者を含む実力行使を行ない、事件処理をしている。

マレーシア（二〇一〇年四月）、パラオ（二〇一二年三月）、韓国（二〇一四年十月、二〇一六年十一月）、アルゼンチン（二〇一六年三月）、インドネシア（二〇一六年六月）。

二〇一七年（平成二十九年）二月　福岡事務所にて

原田義昭

中国の違法開発を国際仲裁裁判所に提訴する自民決議案を伝える主要各紙の記事

▼産経新聞　平成29年（2017年）3月8日（水）

「日中、新合意文書を」

東シナ海ガス田　自民決議案

自民党の外交・経済連携本部や外交部会など4部会が、中国が東シナ海の日中中間線付近で一方的なガス田開発を続けていることから、日中両政府で新たな合意文書を作成するよう求める決議案をまとめたことが7日、分かった。国連海洋法条約に基づき、中国を国際仲裁裁判所に提訴する準備を開始することも求めている。決議案は9日に開かれる党合同部会に提示される予定だ。

決議案は「国の主権、領土、領海が侵され国益が害されているのが常態化している」として東シナ海の現状に危機感を表明。その上で「わが国は最後に残された平和的手段として国際的司法手続きも視野に日中間の既存の取り決めを根本から見直すことも検討すべきである」とし、政府に対応を求めている。

仲裁裁判所への提訴を求める決議は昨年3月にも出ている。今回は、昨年7月の南シナ海問題をめぐる仲裁裁判で勝利したフィリピン側の主任弁護士を務めた米国のポール・ライクラー氏の助言を反映した。具体的には、平成20年のガス田共同開発に関する日中合意は拘束力が弱いことから、新たに外交上の正式な共同文書をまとめる交渉を行うよう提案している。党資源・エネルギー戦略調査会の東シナ海資源開発に関する委員会の原田義昭委員長は「東シナ海を正常化するため、法的な措置を講じるよう具体的な準備を政府は始めるべきだ」と強調した。

▼世界日報 The Sekai Nippo 平成29年(2017年) 3月10日(金)

中国ガス田 仲裁裁提訴を

自民

自民党は9日、資源・エネルギー戦略調査会などの合同会議を開き、中国が東シナ海の日中中間線付近で一方的に続けるガス田開発について、国連海洋法条約に基づき国際仲裁裁判所に提訴するよう政府に求める提言をまとめた。昨年3月にも同趣旨の要望を行ったが、新たな構造物やレーダーの設置が判明したことを受け、今回は提訴に向けた具体的準備に着手するよう促す。近く首相官邸に申し入れる。日中両政府は2008年6月にガス田の共同開発で合意。しかし、協議は停滞し、中国単独での開発が進行している。提言では、沖縄県・尖閣諸島周辺で中国公船の領海侵入が相次いでいる状況も考慮し、「国の主権、領土、領海が侵され、国益が害されているのが常態化している」と指摘した。

▼讀売新聞 平成29年(2017年) 3月10日(金)

ガス田開発 提訴を提言

自民党の資源・エネルギー戦略調査会などは9日、中国による東シナ海の日中中間線付近での一方的なガス田開発に関し、国連海洋法条約に基づくオランダ・ハーグの仲裁裁判所への提訴に向け、準備を始めるよう政府に求める提言をまとめた。近く首相官邸に申し入れる。

◀毎日新聞 2017年(平成29年) 3月10日(金)

■自民、ガス田問題で提訴準備を要請へ

自民党は9日、東シナ海資源開発に関する委員会(委員長・原田義昭衆院議員)などの合同会議で、中国が日中中間線付近で一方的にガス田開発を続けている問題について、国際仲裁裁判所への提訴を準備するよう政府に要請することを決めた。来週にも安倍晋三首相に提言する。

目次

主権と平和は「法の支配」で守れ

中国の違法開発を「国際仲裁裁判所」に訴えよ

中国語学校の開校式に出席

北京語言大学の東京校が開校し招待を受けて出席しました。駐日の程永華中国大使も同席しました。日中間には色々ありますが、真の友好関係となるように頑張っています。

平成27年4月1日（水）

武道家が遠くより

ポーランドとチェコから空手の指導者たちが訪ねて来ました。引率のクチンスキー氏は欧州空手道の元選手権者であり医学博士でもあります。ウクライナも含めて私は東欧の武道関係者とは長い付き合いをしており、「名誉会長」の称号も頂いています。これらの国の人々は、日本発祥の武道を通じて日本の文化、歴史、精神性を深く学習し尊敬しており、礼儀や礼節に篤く、むしろ我々日本人こそ彼らに学ぶことが沢山あるのです。

4月2日（木）

県会議員選挙始まる

今日から県会議員選挙が始まりました。経済再生を図り、地方創生を実現するに、また国の安全と誇りを守るためにはこの選挙を勝ち抜かなければなりません。無投票のため終わった選挙区もありますが、次の自民党候補は非常に厳しい選挙戦を戦っています。特段のご支援をお願い致します。

《春日市》　なかむた伸二
　　　　　松尾よしみつ
《大野城市》　いのうえ順吾
《太宰府市》　柳原そういちろう

4月3日（金）

「名槍日本号」物語

「名槍日本号」というのはその名のごとく日本で最も有名な槍であろう。大変な軌跡を経て今がある。この槍は正親町天皇所蔵から始まった。室町幕府の十五代将軍足利義昭を経て、織田信長、そして太閤秀吉に渡った。勲功により幕下の福島正則（広島城主）が拝領した。

福岡藩主の黒田長政の家臣「母里多兵衛」が大盃の酒を飲み干したことで、約束通り、福島公からもらい受けた。これが松口月城の漢詩となり、名曲「黒田節」に繋がっていく。なお、松口月城は福岡県那珂川町が輩出した文人。

福岡市博物館に「名槍日本号」として展示されている槍があるが、それは本物の「日本号」なのか。那珂川町の歴史研究グループの藤野辰夫さんに相談したところ、それは正しく「本物」とのご託宣を得た。いわく母里家から離れて長く転々としたが、昭和十九年、玄洋社経由で黒田家から福岡市に所有が移されたことが歴史書でも裏付けられている。一方福島正則の広島市は未練が残ったか、広島市博物館にはレプリカが置いてあるという……。

福岡市博物館には「漢の奴の倭の国王」の金印も収納されているが、我々福岡県民はなんと誇らしい歴史遺産の下で暮らしているものか。

4月4日（土）

福岡経済界、巨星墜つ

元福岡シティ銀行頭取の「四島司氏」のお別れ会が福岡市で行われた。二月に九十歳で亡くなられた。

田舎の相互銀行から発し、福岡シティ銀行を創り育て、今日の西日本シティ銀行にまで発展させたご功績は、福岡経済、金融界発展の軌跡そのものであった。まさに巨星墜つ、昭和最後の経営者、と模される所以である。私は遂に直接付き合うことはなかったが、パーティなどでお見かけする都度挨拶だけは一番に行った。その重々しい風貌と柔和な笑顔は側に寄るだけで、周りへの威圧と、しかし不屈の決意を頂いた。氏の銘「殻を破れ」は私への遺訓となった。

4月6日（月）

朝の語らい

自宅（太宰府市）での朝、私の至福の時間です。「福ちゃん（ペットのダックスフント）」と語り合うことで今日一日の元気が湧いてきます。

4月11日（土）

県議会選挙

県知事選挙は全国で自民党が完勝した。自民党の組織力と安倍内閣の支持率によるもので、この勢いで今後の政局を支え来年の参議院選挙にまで持たせられるか。

県議会選挙では太宰府地区で、革新候補に競り負けた。出馬のタイミングが遅かったのが悔やまれるが、陣営懸命に戦った。よくやったと称えても良い。反省点を潰して後半戦の市長選、市議選に備えたい。他地区ではいずれも順調に当選を果たした。

4月13日（月）

インドネシア議会「予算委員会」を迎えて

インドネシア議会の「予算委員会」一行議員ら二十人の来訪を受けて、わが衆議院予算委員会幹部と懇談しました。

インドネシア共和国もすでに長い民主的議会の歴史を持っており、国家予算の編成にも当然ながら大きく関わっているようです。インドネシアには十年前巨大な地震、津波が襲い大きな被害が出た。私は直後アチェ州に津波跡を見学したことがありましたが、その後の東日本大震災を踏まえて、津波対策の協力の必要性について発言しました。

4月16日（木）

東大柔道部飲み会

東大柔道部の同年代が久しぶりに集まった。一期下の上木と上原が九州から上って来る、それをだしに集まろうと飯田が呼び掛けた。一気に二十五人が集まった。黒沢さんは我々の怖れていた先輩だ。宗岡も駆け付けた。卒業以来だと四十何年ぶりもいる、皆等しく歳を取ったが、お互い元気を確かめ合う。仕事を終えたのも、最中のもいる。会えばもう「おまえ、俺」の時代に戻り、武勇伝や失敗談に花が咲く。この仲間たち、自分の選挙の苦しい時よく集まってくれた。落選の時は本当に励ましてくれた。「東の野に」という柔道部部歌がある。漢詩を踏まえた長い歌で四番まであるが、全員諳んじている。手拍子とともに生涯余りに多く唄ってきた。今日は万感込めて、声も限りに二度も唄った。

4月18日（土）

靖国神社例大祭

靖国神社、春の例大祭にあたり、多くの与野党国会議員とともに正殿参拝を致しました。ここには大東亜戦争を含む歴史上の戦没者二百四十六柱が祀られています。これら多くの人々の尊い犠牲の上に今日の日本の平和と繁栄があるということを改めて感じなければなりません。神社の荘厳な佇まいの中で、身の引き締まる思いを致しました。

靖国神社掲載、軍人の遺書

（昭和十九年二月　陸軍軍曹　本多正　命二十四歳）

妹へ

呉々も身体に注意して、俺の分まで母さんに孝養を尽くしてくれ。

古来の日本婦人の如く、又、母さんの様に我を強く内に蔵してしとやかな日本婦人になる様修養してくれ。

良き母こそ日本を実に興隆させる原動力になる事を自覚して。

言ふなかれ一髪のみと我が魂は七度生まれ祖國守らば

澄子殿

正

4月22日（水）

原田義昭「日本を語る会」大盛況

東京地区「語る会」を開催したところ、沢山の人々が出席し温かいご支援を頂きました。有難い限りで、しっかりとご期待に応えなければなりません。麻生太郎財務大臣、宗岡正二新日鉄住金会長（全柔連会長）が来賓としてご挨拶してくださいました。

4月23日（木）

故周恩来首相の孫娘も中国医療協力団来訪

中国の故周恩来首相の孫娘にあたる女性をヘッドに医療協力関係者が来訪しました。これからの日中協力について話し合いました。

4月23日（木）

統一地方選挙終わる

地方統一選挙が終わった。前段は二週間前の県議会選挙、後半は市長選挙、市議会議員選挙で昨夜に終わった。

自民党、与党系は全体として快勝したといえる。ただ足下の太宰府市では、県議会に続き市長選挙も接戦を落とした。陣営もまた支援組織も全力は尽くしたが、反省すべきことは多い。『勝負において、何故勝ったか（勝因）ははっきりしないが、何故負けたか（敗因）は常に明確である』という言葉（野球の野村監督、将棋の米長名人など）があるが、この有名な言葉の意味が実によく身に沁みる。早急に反省会を開き自民党としての総括をして将来に備えなければならない。

私の元にいた秘書たちもそれぞれ高得点で再選され、順調に成長しているとの実感は得た。

4月28日（火）

政治行政セミナー

民間企業主催の政治行政セミナーにて尖閣諸島、国際放送問題、エネルギー問題等につき講演をしました。参加者は少人数でしたが、私はいつでも全力で取り組みます。引き続き熱っぽい討論会となりました。

4月29日（水）

「芸は身を助く」？

朝倉市の敬老施設「卑弥呼の湯」ではカラオケ練習場があり、私も時々参加します。皆さん勝手に集って、一曲百円で唄います。私はついでに名刺を配ったりして結構選挙にも役立っています。

なお、前日は三輪地区の藤祭り、天気も最高で大勢の観客の中で一曲披露して大拍手をもらいました。「芸は身を助く」と、この場合でも言うのでしょうか。

4月30日（木）

日米首脳会談

日米首脳会談が行われた。安倍首相はオバマ大統領と首脳会談を行い、日米同盟をさらに強化すること、それを未来志向の「希望の同盟」と表した。経済的結びつきはもとより外交安保についてもより強い関係を確認した。安全保障については尖閣諸島を特記して東シナ海と、併せてフィリピン、ベトナムに関わる南シナ海についても意識を広げ、覇権主義に走る中国への警戒感を共有した。

米国議会で演説を行い、終戦七十年で「戦後」に名実共区切りをつけた。

5月1日（金）

武雄市図書館見学

佐賀県武雄市の市立図書館に行ってきました。斬新なアイデアと思い切った民営化ですっかり有名になったこの図書館を一度は見学したいと思っていました。人は溢れ、確かにその発想に驚きます。当然に「図書館」ですから書架には膨大な書籍は整っており、奥行きには思い思い多くの閲覧者が読書に没頭しています。しかし一階のロビーフロアーは本屋の書籍販売とスタバのカフェが併設され、喫茶風の飲食コーナーには人が溢れています。私語も許されるという。前市長の樋渡啓祐氏の発想と指導力で実現したもので、政治家こそかくあるべしとの手本とされています。発想の転換に驚きます。

5月5日（火）

生まれ故郷訪ねる

福岡県嘉麻市（旧山田市）は私の生まれた田舎町です。久しぶりに訪ねました。私は小学校二年生までここにおりました。すっかり変わっており、昔の記憶と現実は一致しませんが、それでも追憶は続きます。通った保育園と入った小学校がそこにあるのです。

5月6日（水）

施設の青少年に運転免許書を（大会）

埼玉県さいたま市で「インターアートコミッティー社」主催の青少年育成大会において挨拶しました。同社は自動車学校を世話する大手企業ですが、特に児童養護施設で育った青年たちに自動車免許証を無料で取らせようという運動で、一つは青少年の健全育成という福祉活動であり、もう一つは運輸交通分野に良い人材を送り込むという目的にも合致します。養護施設はその昔「孤児院」と呼ばれて親に恵まれない子供達の施設ですが、現在でも十八歳で卒園後の就職指導など多くの課題を抱えています。「運転免許」という確たる専門技術を身につけさせることに多くの賛同者を得て今日の大会になりました。

私は、施設出身で「草間吉夫」という市長（茨城県高萩市）になった人もいると紹介して、この運動を社会全体で支えることの重要性を強く訴えました。

5月8日（金）

経済産業局訪問

さいたま市を訪問したついでに「関東経済産業局（経産局）」を訪問しました。私は昭和五十五～五十六年、経産局に総務課長として勤めていました。当時は「東京通商産業局」と呼び、庁舎は東京の大手町にありました。私も若く元気一杯で、実は秘かに政界への思いを巡らせていた時でした。仕事にも大いに恵まれ、多くの人とも出会いました。

その後経産局は国の方針で東京大手町地区から埼玉県の大宮地区に大移転、私の古巣はすっかり埼玉県に移ってしまったということです。場所も名前も変わりましたが、経産局は紛れもなく私の古巣であって、私の原点でもありました。かくして私は今回、初めて埼玉の庁舎を訪ね、現役の幹部職員に挨拶しました。国の経済政策、産業政策を最前線で進める後輩たちと接するのは格別の感慨でした。

5月9日（土）

パリ・モンマルトル半世紀

山下純司画伯は長崎県出身、パリに遊んで五十年になります。人々が自然に過ごす居住区のスレート瓦にひたすらに花と鳥と風雪を彩色してきました。あのパリの風情の全てを今東京の銀座で楽しむことが出来るのです。

畏友の村尾忠孝氏は画伯の集大成をパリジャンばかりでなく日本人にも見て欲しいというミッション（使命）を帯びています。於いて、「Art Gallery Infinite」

5月10日（日）

筑前町合併十周年記念

筑前町が合併誕生して十年になる。今日は新生筑前町の合併式典に臨み累代の指導者とそれを支える町民の努力に対して大いに感銘を受けました。「食」と「平和」を町の象徴として高らかに唄っています。豊かに広がる農村とファマーズマーケット「みなみの里」、大刀洗地区に建てた「平和記念館」にそれらを託しています。

三輪町と夜須町という歴史も文化も異なる二つの町が融合するのは容易なことではありません。様々な議論がありました。筑紫野市との合併や旧甘木市含む「大朝倉市構想」なども議論された。国の合併特例交付金制度の後押しもあり、二町の合併となりましたが、人口規模など余りに対等なので私などは却って不安を覚えたりしたものです。その後の選挙も激しいものが続きました。その上で今日の見事

な報告会で参加者は皆感激されたものと思います。
私は特に県道77号「筑紫野三輪線」の開通について述べました。実に三十年余り、ようやくこれが開通する。田頭現町長さらには山内夜須前町長、手柴筑前町長、さらには徳田夜須元町長にまで遡り、これが如何に困難を極めた事業であったかを顕彰しました。本件私も多少詳しく関わってきました。

5月11日（月）

医療保健の国際賞

東京のホテルで医療保健の国際賞「山上（さんじょう）の光賞」の第一回表彰式が行われた。この分野で大きな実績を残し高齢になっても現役然として頑張っておられる人々が表彰される。式典には下村文部科学大臣と塩崎厚生労働大臣が祝辞を述べた。

写真の表彰は石川秀雄先生で、福岡県宗像市医師会長などを経て、なお現在も現役でご活躍。八十八歳という。

5月12日（火）

弁護士連合会と朝食会

日本弁護士連合会（日弁連）と自民党法務関係役員との朝食会が行われました。当面の問題について幅広く意見交換することは、お互いにとって大事なことです。多くの法科大学院では入学者定員割れがあること、国際的競争力をつけるために英語教育や積極的自己主張の強い若手を育成すること、裁判所関係の予算と定員を増加させるべきこと等々活発な意見が出ました。

5月14日（木）

「世界文化遺産」登録を確実に

自民党国際情報委員会を開き「世界文化遺産」問題を取り上げた。
五月四日、ユネスコの世界遺産登録委員会の諮問機関「イコモス」が日本の「明治の産業革命遺産」八県分二十三件を世界文化遺産に登録すべしとして勧告した。過去の扱いではイコモスの勧告は非常に重いものでそのまま登録されるのが原則、唯一戦争状況のイスラエル案件の一件のみ例外。

ところが今回韓国が日本案件の幾つかに朝鮮併合時代の「強制徴用」問題ありとして、正式登録に反対することとし、国会決議で表明まで行った。世界文化遺産は純粋に文化的、学問的、技術的観点から行われるもので、その判断に政治的要素など含めてはいけない。韓国の主張は事実誤認も含めて政治的動機に基づいていると見られるが、わが国として韓国はもとより諸外国に対しても丁寧に対応していく必要がある……。

政府はこの数年、本件に対しては安倍首相先頭に周到な準備と活動を積み重ねてきているが、万が一の失策も許されない。自民党としても必要なバックアップを惜しんではならない。

5月15日（金）

「大阪都構想」敗退、橋下氏引退表明

「大阪都構想」については住民投票がこれを却下した。大変な僅差だった。私は本問題長いことフォローしてきたが、投票結果は非常に良かった、安堵した。これだけの政治イッシュー（争点）だから当然賛否両方言い分はある。ただどちらかしか選べない、これが政治選択の厳しさであり、苦しいところである。自民党や多くの政党が反対の立場を貫いた。ここで大阪を都政に変更しても何ら変わらない、万が一この構想が成立していれば大混乱が待っていた。重ねて自民党の責任者竹本直一氏は大親友で彼の意見はいつも聞いていた。賛否判断の根拠はいくらでもあった。

今回の住民投票は橋下政治を審判するものでもあった。この人は天性の大衆政治家、直感と思想の方向は正しいものもあるが、決断力も行動力も内外の革命家に擬せられてきた。日本人には珍しいタイプ、ただアプローチ（進め方）や後処理に真面目さがない、マスコミなり周りが勝手な虚像を作り上げてきた。引退すると言うが、その影響力は続く、「政治力」というのは政治家でなくても発揮できる。

維新党の消長は現役の政治家に無関心であり得な

い、自分の選挙、議会運営など直接に関わるからだ。大阪の議員にとっては文字通り生死に関わる。そろそろ大阪地区も落ち着きを取り戻した方がいい、劇場型政治で如何に酔い痴れても、誰かが飯を食わせてくれるわけではない。市民、府民の生身の生活を本当に守ってくれるのは地味だが緻密な行政や経済活動なのだ。

橋下氏は地方行政、大都市運営、さらには国の地方創生の在り方に大きな問題提起をされた。いずれも真剣な議論が必要でもある。

5月18日（月）

維新党の代表に松野氏

大阪市の住民投票が一夜明け、維新党の党首に松野頼久氏が選ばれた。松野氏は野党議員の中でも特によく知っている仲である。

十年近く前、議院運営委員会の与野党筆頭理事を務めていた。本会議の設営を含む国会運営の裏方で、一年余ほとんど毎日顔を合わせていた。自民党と民主党は激しく競っており、大方主張は真逆で随分と言い争った。しかし最後は与野党、どこかで折り合うのも筆頭理事の仕事、握手して別れたことも、また二、三日口聞かないこともあった。

その後彼は民主党を離れ橋下氏と行動をともに始める。草分の維新党では自分の選挙も苦労するようになる。お互いだが、痛々しい苦労をしていた。例外に漏れず、かの党も苦難と困難が絶えたことがない。彼は難しい党首たちを抱えながらいつも国会内を汗かき走っていた。

遂に松野氏は表舞台に躍り出た。「自分は指導者でなく、調整役」、と言っているらしい。今はまず党内混乱をまとめる時だ。立場は違えど心から健闘を祈りたい。

5月21日（木）

東京福岡県人会総会

大変賑やかな懇親会（パーティー）でした。東京地区の福岡県人会は大変活発に活動しており、この大会は年一回行われます。県知事や県議会議長、市長、村長など福岡からもたくさん来られ、まさに

「福岡一色」という雰囲気です。東京在住の人々にすれば、故郷を肌身で感じ、旧友と再会し合うまたとない機会でもあります。私なども今や名士の一人なのかあちら此方から声を掛けていただき、本当にありがたく思っています。帰りには地元の野菜など山ほどお土産を頂きました。

5月22日（金）

衆議院「平和安全法制特別委員会」

現下の最大の国家テーマ安全保障法制の議論がいよいよ始まります。集団的自衛権を含む国の安保制度の再構築を議論します。国会で特別委員会の構成を決める手続きが行われますが、私はその手続きで暫定的に委員長を務めました。

5月23日（土）

勇気ある教師たちよ

第四十四回「福岡教育連盟」総会に来賓として挨拶しました。戦後我が国の学校教育は混乱し荒廃した、その元凶こそいわゆる「日教組」にあると称されますが、「教育連盟」はこの日教組組織に敢然と対峙すべく集まった良識を持つ健全な教師たちの組織で、本当に血の滲むような努力と苦労を重ねて今日に至っています。「全ての子どもをわが子として」という高らかな標語に彼らの思いと決意が詰まっています。私は毎年欠かさず出席して、学校教育の重要性と彼らの勇気を讃えています。

5月24日（日）

テレビ取材

別の会合が終えたあと、ホテルのロビーでテレビ取材（ＲＫＢ毎日）を受けました。いよいよ国会審議の始まる「平和安全法制」（安全保障法制）について、自民党委員として、また政治家個人として、委員会に臨む考えを説明しました。野党やマスコミの中にはこの法制が日本を戦争に引き込むかのような間違った認識を喧伝すること多いのですが、私はただ一貫して、「我が国の自

衛力、抑止力を高めることで外国からの侵略や攻撃を一層抑制するものになる、わが国の自衛と平和維持を専ら強化するためのもの」と説明しました。今後自民党として政府として、これらの趣旨が国民に正しく認識されるように説明努力が一層必要となります。

5月24日（日）

自衛隊記念式典で

陸上自衛隊第四師団（春日市）の創立記念懇親会で挨拶、折角の機会ですから「平和安全（安保）法制」についてもふれました。懇親会の席上ですが、出来るだけの機会を捉えて思うところを訴えるのが政治家の務めであり、多少の持ち時間オーバーは許してもらっています。いよいよ今週から本格審議が始まります。

5月25日（月）

運動会での騎馬戦

地元では小中学校の運動会が一斉に行われています。何箇所か見学に行きましたが、大勢の子供たちが懸命に頑張っています。国の将来は決して暗くない、いや大いに期待できると実感する瞬間です。

小学生の騎馬戦を見ました。騎馬戦は「川中島の合戦」と呼び、私らの時代、運動会の華でした。「上杉謙信と武田信玄」、二人の武将は今でもだから身近に感じます。最近は騎馬戦は滅多に見られません。闘争心と戦略、いずれも人生では非常に大事な要素であって、騎馬戦はそれを健全に育てるのに役立つものと思います。

5月25日（月）

麻生派、政治パーティー賑わう

自民党麻生派（為公会（いこうかい））の政治パーティーが盛大に開かれました。

総勢四十議員で集めた支持者は多分五千人に達し、安倍政権においても重要な役割と期待を担っていることの表れとも言えます。お互い一層自信と誇りを持って国家の為に尽そうと誓い合いました。

5月26日（火）

イベント業界風雲児

「東京ビッグサイト」で「日本展示会協会」の総会が行われました。およそイベント展示場は産業の発展や産物の流通など国の経済にとって大変重要なものです。

東京ビッグサイトも非常に大きなイベント施設ですが、アメリカはもとより中国やシンガポール、ドイツやフランスなどにはその十倍規模の展示場があるそうで、むしろわが国も二〇二〇年のオリンピック頃までには、さらに新鋭の展示場を作らねばという意気込みでした。

協会会長の「石積忠夫氏」は今や展示場業界の立役者で、自ら企業（リードエクジビション社）を率いこの業界発展の原動力となっています。実は私と石積氏は若い頃、私も議員になる前か、彼も何か事業を興したいが金がないなどで互いに励ましあっていました。彼のその後の苦労と努力に心から敬意を払います。

5月27日（水）

世界産業遺産のユネスコ登録へ
自民党決議

イコモス（世界遺産諮問委員会）が日本の明治期産業遺産二十三件（八県）をユネスコ登録に向けて勧告を出したところ、韓国が全く無体な理由で反対を唱えてきた。イコモス勧告で否決されたものはない。党内では私が責任者となって政府を督励する決議を行い、外交関係合同部会で採択しました。関係各国へのさらなる働きかけをすることで、失敗は決して許されません。決議文は近日中に総理官邸などにも届けます。福岡県からは官営八幡製鐵所、三池炭坑、三池港などが含まれています。

5月28日（木）

農業委員会役員来訪

地元農業委員会の役員さんが二組、全国大会の合間に訪ねて来られた。私は国会本館で「平和安全法制特別委員会」の審議真っ最中、委員室の隣の控え室にて暫し挨拶を交わしました。この後皆様には委員会の審議風景を暫し覗いてもらいました。

5月29日（金）

福岡県植樹祭

本年度県植樹祭はわが筑前町で行われました。私は日本の森林政策の中に例えばスウェーデン、ノルウェーなど北欧地域にも学ぶことがたくさんある、という話をしました。最近聴いた党本部での学者の話を転用したものです。私の地域は自然環境にも特に恵まれた地域と誇りに思っています。今日は雨のため公園現場での実際の植樹は中止となりました。挨拶は知事と町長と私。

5月30日（土）

ケネディ一色、アメリカ留学同窓会

半世紀以上前、高校生時代に米国の高校に留学しました。私はオクラホマ州タルサ市という所、昭和三十八年（一九六三年）のことです。このグループ、留学期間の終わり頃、帰国を前にした六月、ワシントンのホワイトハウスの中庭に集まり、当時のジョンF・ケネディ大統領に会うことができました。千人を超す大勢の中ではありましたが、「祖国に戻ってしっかり努力するように」という大統領の力強い演説とその情景はいまだ鮮明に覚えています。大統領はその半年後、凶弾に倒れました。

今のキャロライン・ケネディ米国駐日大使はまさにあの大統領の愛娘で、当時は五、六歳だったでしょうか。今回この同窓会にケネディ大使を呼べないかとなりました。私もその連絡役を買って出たところ、大使自身はちょうど公務で本国に帰国中、今日は大使館次席のジェイソン・ハイランド公使がその代理で出席し、挨拶文まで届けてくれました。

大統領の演説の現場を留める古いフィルムを見ながら、会は大いに盛り上がり、全員暫し遠い高校生時代に戻りました。

5月31日（日）

腎臓病と戦う

久留米市「石橋文化ホール」で行われた「福腎協」（福岡県腎臓病協議会）の年次総会に出席しました。腎臓病から透析をしておられる患者さん、そのご家族の集まりで、病と折り合いながら懸命に頑張っておられます。東京での陳情活動などではよくお世話していますが、地元の大会では皆さんの苦しさが一層身にしみます。出来ることはなんでもやります、と力強く閉めました。

6月1日（月）

ドイツ連邦議会の予算委員会来訪

ドイツ連邦議会の予算委員会が来訪しわが予算委員会と会談しました。お互い国の予算、経済の運営には苦労が伴うこと、日本の一千兆円を超える財政赤字には等しく懸念を表明しました。私も発言し、日本の赤字は（イタリアなどと違い）基本的に国内で処理されているが、財政再建には歳出抑制と景気対策に向けて余程の政治決意が必要であると説明しました。

6月2日（火）

「西川京子さんを元気づける会」

前衆議院議員の西川京子さんを「元気づける会」が行なわれた。西川さんは昨暮れの衆議院選挙で惜敗されたが、その性あくまでも明るく前向きで、志操堅固、正しく健全な国家観を追求してきた。今日も同僚議員のほか自民党役員、閣僚などが多く押掛け、西川さんの人徳が偲ばれました。どこの場においてもしっかりと対応される人で、国の人材としてこれからも大いに活躍していただきたい。

6月3日（水）

町村信孝前議長逝く

前衆議院議長町村信孝先生が亡くなられた。大臣職、党役員は幾つも務められ、政治家としては最高の実績と位階を極められた。旧通産省では私が一期下に入った。当然仕事では絡み合うが、私は先輩としていつも立てていたし、先輩もまた私を意識してくれた。若くして政界に入られたが、多少はその家柄、毛並みに依るところがあり、自分にそれは望めなかった。

政治に入って余り近くはなかった。外務大臣の時は、も少し強かれ、と叱咤発言をして気まずい空気が流れたことも。数年前、札幌で（比例代表から）小選挙区補欠選挙に臨まれたことがある。北海道の友人を総動員するなど私は懸命に応援して、先生に後で礼を言われた。このところ弱っておられたが、お世話になりました、どうぞご冥福をお祈りします。

合掌

6月4日（木）

安倍首相を「産業文化遺産」で激励

多くの議員と首相官邸に臨み、日本の「明治期産業文化遺産」のユネスコ登録に対する自民党決議を安倍首相に直接手渡しました。本来は専ら学術的、技術的観点からのみ審査されるべき文化遺産ですが、韓国が産業施設で朝鮮人の強制労働があったなど、故意に政治問題化しようとしており、わが国としても油断ができない状況となっています。安倍首相はもちろん事情に詳しく、政府と自民党が力を合わせて原案のまま登録を勝ち取ろうと一致しました。

6月5日（金）

違法侵入を「即時中止せよ」中国に書簡で申し入れ

中国の尖閣諸島への不法侵入が止まらない。ほとんど連日接続水域、領海を侵し続けている。日本も主権国家、独立国家としてこれを許してはならず、六月三日付で「自由民主党」より「中国外交部部長（王毅氏＝外務大臣）」並びに「中国共産党中央委員会対外連絡部長（王家瑞氏）」あて抗議の書簡を送付した。「違法侵入を即時中止すべく要請」したもの。

本日六月四日、自民党記者クラブにおいてその旨記者発表した。

この書簡を党内でまとめるのに正直、二カ月近くの時間を要した。要人にも様々意見がある。温度差もある。タイミングもある。手続きも大事。しかし今日本が大変深刻な状況に置かれていることで、私はその執念で行動した。その危機をしっかり明確に訴えなければならない。政党としての自民党が特定国相手に書簡を出したことは初めてと聞く。日本の主権と誇りを守る戦いは始まったばかりだ……。

南シナ海では、ベトナム、フィリピン、インドネシアが懸命に中国の覇権主義と戦っている。米国も遂に本格関与を始めた。日本も本気で戦わなければならない。

6月6日（土）

遂に開通、「筑紫野三輪線」

県道「筑紫野三輪線」が開通した。福岡、筑紫地区と朝倉、久留米地区を結ぶ重要な路線で、その地域貢献は非常に大きい。その路線開設運動は多分三十年を超える。工事着工も二十年になる。全線九・五キロのうち残す二・五キロで工事は中断、地元調整が暗礁に乗りあげた。終盤ではほとんど一家族だけが反対を貫き、全く無為な年月が過ぎた。私も積極的に関与した。私は土地収用など法律手続きによる強制執行は急げないかと、行政当局と折衝も重ねた。当局は硬軟両様でこの難局を凌いだ。そして今日がある。

この路線で地域社会はどれだけ便益を受けるか、過疎の創生には大いに役立つ。個人的にも生活の利便さが大いに増す。関わった指導者、関係者の面々が脳裏に浮かんでくる。「万感胸に迫る」、と私は式典の挨拶で敢えて表現した。ひとつの事業にはやはり歴史がある。

6月7日（日）

「ドッジビー」って何？

「ドッジビー」ってわかりますか。ドッジボールは昔、よくやりました。私は結構運動神経が良くて、エース級でした。実はドッジビーという新種のゲームは、フリスビーやブーメランに使うような円盤をボール代わりにして、敵陣の人間にぶつけるもので、全体のルールはドッジボールと全く同じ。ただボールを柔らかく、怪我が少ないように簡素化したというもの。福岡県那珂川町で特に盛んにやっています。近時、危険を減少するとして本格ゲーム種目を簡略に改変する傾向があります。

6月8日（月）

アートハウス21

筑紫野市にアートハウス21という輸入家具の専門店があります。英仏イタリアの輸入家具専門、十数年前に出来ました。時々中に入って見たりします。買ったことはないのですが、ただあの雰囲気に浸るだけでも、こんな部屋に住めたらいいなと夢見たりして、疲れが癒される気がします。

6月9日（火）

「集団的自衛権」は「憲法違反」か

現在審議中の平和安全法制は「違憲」か。先週の衆議院憲法審査会で激震が起きた。参考人質疑の中で、自民党与党の推薦した学者が「違憲」と明言した。参考人質疑とは各委員会、審議の終盤で行われる手続きであり、普通大きく騒がれることはない。

平和安全法制では「集団的自衛権」がキーワードであるが、これは日本が直接に攻撃されなくてもそれが究極的に日本の国民を守るためなら、密接な同盟国を防御するために例外的に自衛権を発動し得るというもの、もちろん厳しい要件（「新三要件」等）がついている。憲法九条違反ではないかと議論される。憲法九条は字面を読めば「いかなる戦力も保持しない」として、現行の自衛隊も違憲ということになりかねない。しかし最高裁の砂川判決（昭和三六年）では国の自衛権は国連憲章や憲法前文から天賦の権利として認められており、それは「専守防衛」（専ら防衛のみで決して攻撃しない）と位置付けられる。さらに集団的自衛権については、権能はあるが使わない、と閣議で決めた（昭和四十八年）。集団的自衛権については国際法上、他国の防衛を含むという概念でもあるが、我が平和安全法制はわが国の防衛だけが目的でそれを守る限りの範囲で許される、それは「専守防衛」の範囲内という認識にある。

日本の防衛力をさらに整備することで国の「抑止力」は格段に増す。抑止力とは潜在的防衛力を高めることで、他国に侵略する欲求や誘惑を起こさせないことで、抑止力が増せば他からの攻撃やその可能性は大いに減る。結果的には平和を維持し国民を守ることになる。ゆえに「平和法制」と呼ぶ所以でもある。ましてや戦争に行く法制などではあり得ない。

多くの法律学者は自衛隊も違憲、ましてや集団的自衛権はさらに違憲、というだろう。しかし「国家」というものは、国民と国土を守る立場にあり、憲法上も国家にとって最も崇高な権利でもあり義務でもある。国土と国民を守るために国家がある。

さて自衛隊は違憲とすると⇩自衛隊は廃止する⇩国として無防備になる⇩他国から容易に侵略を受ける……という負の連鎖が起こるが、これは絶対に受け入れられない。国家としては国土と国民を守りながら、憲法九条の理念と現実をいかに整合性を取るかに腐心してきた。抑止力を高めることが戦争を抑止し平和を守る最も平和的かつ効果的な選択であって、今の中国、北朝鮮、ロシアの拡張的覇権主義を思う時、一国のみの平和主義では自らさえも守れない、最小限の集団的自衛権こそ不可欠である。

昭和三十五年、日米安保条約改定の時、米軍の戦争に巻き込まれると言われながら一度の戦争にも行かず、平和主義を率先垂範してきたわが国の実績には誇りと自信を持ってもいい。

6月11日（木）

少年剣道大会

筑紫地区剣道連盟主催の少年剣道大会。武道は常に「礼に始まり、礼に終わる」と教えられますが、この少年たちの立ち振る舞いを見ると、武道そのものが持つ深淵な規範と指導者の弛まぬ努力こそが号令一下この（板張りの上に）正座を可能ならしめているると思います。

文部科学行政及び学校教育にこそこの武道教育の特質を取り入れるべきだというのが私の年来の主張です。

6月14日（日）

少年将棋大会

文部科学大臣杯少年将棋大会が行われました。将棋は今広く深く学校教育の中に取り込まれています。将棋は囲碁とともに日本古来の伝統文化で、思索力は当然のこと、論理的思考を究極まで追究することで精神力、忍耐力、勝負勘など凡ゆる徳目を育成することになります。小学生、中学生でも目覚めると力量を上げ、大人でも勝てない強い子供はたくさんいます。

私は今「福岡県将棋連盟会長」の任にありますが、実力はアマ初段くらい、免状は五段をもらっていますが多分に棋界発展に努力せよとの意味合いも入っています。

6月15日（月）

大学も国旗、国歌を

下村文部科学大臣が大学学長の集まりで、国立大学でも国旗掲揚と国歌斉唱を行って欲しいと要請しました。下村氏は骨太い教育行政を進めている頼母しい大臣ですが、この国旗国歌演説もよく言ってくれました。国の財政を受ける国立大学ばかりでなく、およそ世の教育機関にはこのことを広め励行して欲しいし、それが日本人のあるべき姿と思います。

今小中学校では国旗国歌は概ね実施されている様子ですが、私は必ずしも満足していません。様々機会があるのですが、子供たちの側から君が代の声が聞こえてくるのは滅多にない、そこで私は挨拶の中で「君が代は大きな声で唄いましょう」と言い、さらに「日本人として生まれたことを心から喜べる人になろう」と付け加えることにしています。

6月18日（木）

平和安全法制、街頭演説

国会においては、「平和安全法制」議論がヤマ場に差し掛かっています。

政府与党としてはこの法案の趣旨と正しさについて懸命に訴えているのですが、野党やマスコミは些か意図的にそれを誤解し曲解し、無実な国民を徒らに不安を陥れようしています。この法案、とりわけ集団的自衛権はあくまで国民の命、平和な生活、国家、国益を守るための法制度で、「専守防衛」の国是を守りながら、自衛隊の抑止力の強化でこそ国の安全と平和維持は図られるのであります。野党は「戦争に行く、戦争に巻き込まれる」と言って憚りません。

党本部からの指導もあり今日は区内三カ所で街頭演説を行い、自民党同志と共に意のあるところ訴えました。努力しただけの効果はあるというのが私の率直な実感です。

6月20日（土）

日韓外相会談、明治産業文化遺産登録へ

国交正常化五十年を期して、日韓外相会談が行われ、両国の首脳会談もいずれ行われる見通しとなってきた。懸案の明治産業文化の世界遺産登録問題も一気に好転した。

これには岸田外務大臣ら外交当局の努力を多とするが、もちろん安倍首相ら首相官邸、我々自民党の総力戦の結果でもある。韓国も長いこと、朴クネ大統領以下無体と思える反日姿勢を続けてきたが、さすがに最近では反省気運が出てきており、この五十周年記念がいいタイミングとなった。

相変わらず慰安婦問題も一言言いたさそうだがもはや恥の上塗りでしかない。韓国も中国の尻馬に乗って反日運動を仕掛けても所詮中国に属国扱いされるだけで、今こそ毅然とした独自の外交姿勢を示すことが、世の尊敬を集め国益にも結びつくことに気付かねばならない。

6月23日（火）

国会周辺、騒然

今日の国会周辺は終日、騒然としていた。「平和安全法制」に反対する大勢の活動家が議員会館前、路上に溢れ、デモ行進し、夕刻にはさらに盛り上がり何千人かで国会議事堂を取り巻こうとする勢い。ビラや旗のほとんどには自治労系や民間労組がその所属を明らかにしている。普段もデモ、集会はあるが最近では珍しい規模だ。「戦争に行くな」、というスローガンに統一されている。平和安全法制は「戰争法案」であって、これが成立すれば日本が戦争国家になる、必ず日本は戰争に行く、という決め付けからきている。

一方、政府の説明。日本の自衛力が増せば外国から攻撃される危険性は小さくなる。国の「抑止力」を高めることで攻撃を受ける可能性は極小化される。「集団的自衛権」により防護すべき対象は日本国土、日本人を超えて外国の領域に及ぶがこれとて極めて限られた状況（存立危機事態）、日本の専守防衛の範囲内でのみ発動される。いかなる意味でも平和と安全を強化する法案であってまさに「平和法制」と呼ぶ所以でもある。

投票総数	234
賛成	219
反対	15

政府の説明は理解されない、野党やマスコミは聞く耳を持たない。政治闘争は多くの場合イデオロギーや主張の決め付けから来る。結論が先行し、話し合いや論理付けは遠に追いやられる。多分、指導者以外、いや指導者も、事の本質は分かっていない、分かろうとしない。大衆エネルギーが高まればそれでいい。

国会も大幅に延長され、かくしてしばらくはこの騒然は続く。国会運営も今はまだ落ち着いているが、高は括（くく）らないほうがいい。「長く暑い夏」（高村副総裁）がいよいよ始まった。

6月25日（木）

「少年法」と十八歳問題、特に弁護士会との意見調整

選挙権が十八歳に引き下げられたことで、他の法律でも成人＝十八歳に見直す検討が進んでいる。法

律には皆夫々の立法趣旨、目的があり、当然に十八歳に引き下げるというわけではない。

刑事法制については「少年法」があり、十九歳までは「少年」として、刑法など一般の刑事法の例外として扱われている。弁護士会からは少年法では十八歳への引き下げ反対という強い意見が出ている。「少年」は未だ生育過程にあり、厳罰を科す前に、その更生教育の可能性や可塑性の方がより重要であるという本来の思想を踏襲している。一方、むしろ十八歳への引き下げを急ぐべきだ、この少年法こそ若年犯罪の温床、隠れ蓑であるという社会運動家（弁護士）の意見も出た。議員席からも様々意見が出た。私はむしろ引き下げの方向で検討すべしとの立場。

弁護士が少年法で「少年」を出来るだけ長く、優しく守ろうとするのは自然の流れである。弁護士という人々はより強く人間愛に富んでいること、さらに少年事件（刑事事件）では弁護士は専ら加害者たる少年の側に立つという業務上の習性にも関係している。（実は弁護士が被害者の側に立つ論理性はない。民事事件で弁護士が原告、被告両方に立つことと比較すればその差ははっきりしている。）

選挙権の引き下げには当然ながら実に様々な意見があったが、結局は時代の要請、国際社会の流れでこの結論が出た。「選挙権」という国家の運営に直接関わる年令「十八歳」は最早立派な成人、大人と公的に認めたことである。これにより十八歳は社会的にも一個の成人として権利も義務も認められ、また何より自分自身が「成人」としての意識と責任感を抱くことが期待され、「少年」としての甘えも奢りも許されない。もちろん未だ生育過程であることは事実だから、法律案件によっては一部例外や経過措置は止むを得ないが、「少年法」については、むしろ厳正に適用すべき案件であると私は考える。

6月28日（日）

ケネディ大使より礼状

米国のケネディ駐日大使より礼状が届きました。

先日、私のアメリカ留学記「ヨッシーが町にやっ

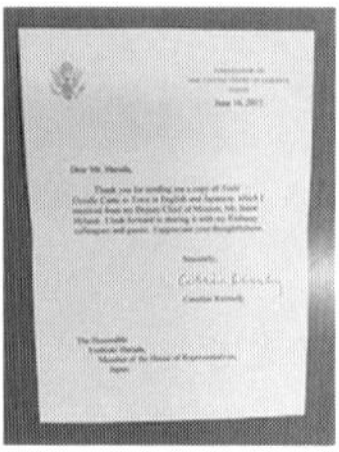

てきた」をケネディ大使にお届けしたのですが、大使から直々にその礼状が来たのです。これは半世紀も前、私がオクラホマ州タルサ市に高校留学していた時、そのホスト家族のお母さんが私の生活を活写したもの。存命中のケネディ大統領の写真も載せていたので、その娘ケネディ大使に生前の大統領をお見せしたのです。大使は大変喜んでおられました。

6月29日（月）

「日本棋院」囲碁の殿堂

東京市ヶ谷の日本棋院に行きました。本当に久しぶり。夜の会合がなかったので、三年ぶりくらいでしょうか。私は囲碁が大好き（一応、三段）ですが、全く成長しないのと、打つ時間が無いのが悩みです。日本棋院とは囲碁の総本山で、ファンにとっては仰ぎ見る場所、もちろん有名なプロも出入りするし、アマチュアが稽古する場所もたくさんあります。今日は時間が遅くて二局打って、一勝一敗、お強いなどと言われて良い気持ちになりました。日本棋院にいるというだけでも、普段より真剣に打ちました。打っている間は世間の悩みをすっかり忘れ、これを幸せというのでしょうか。

今日本には井山裕太（いやまゆうた）という若き名人がおり、一人図抜けています。囲碁の世界も今中国、韓国に押され気味ですが、井山名人ならなんとかやってくれそうです。数年前パーティーで井山名人と握手したことがあり、その時は一目（いちもく）（囲碁の数え方）くらい強くなった気がしたものです。

7月3日（金）

明治産業遺産のユネスコ登録

日本の明治産業遺産のユネスコ登録が正式に決まった。実に最後まですったもんだした。五月初め、その事務局たるイコモスが日本の明治産業遺産の登録を勧告した、その段階で事実上決まったはず。ところが韓国が異議を唱えた、いちゃもんと言っていい。日本は大騒ぎになった。中国まで悪乗りした。私は自民党内をまとめて首相官邸に出向き、政府の確実な運動方の念押しに行った（六月四日）。外交努力が実って、日韓外相会議で一応折り合った（同二十二日）。首脳会談も見通しがついた模様。

そしていよいよドイツでユネスコ会議が始まった。案に相違して、いきなり韓国が難癖をつけ始めた。驚くまいか、交渉の現場は混乱した。そして一日遅れた七月五日、原案通り、八件二十三カ所の産業遺産が決定した。今回とにかく滑り込むこと、これを逃せば多分永遠に望みが絶たれる。とりあえず所期の目的は達したが。

しかし、幕切れは極めてあと味悪し、韓国という国柄を改めて見損なった。多分全ての日本人が落胆しただろう、この喜びの時に。そして、もし今回の結論の裏に何か取引、外交上の裏約束でもなかったか、と疑うのがむしろプロの常識。「強制労働」という概念の違いが、また紛争のタネになるか。

私は本当に韓国のために悲しんで止まない。

7月5日（日）

ギリシアの国民投票

ギリシアが国民投票をして、EUからの財政緊縮案を拒否した。私は実はさっぱりギリシア人が分からないのだ。ギリシアは今完全な財政、金融破綻に堕ちている。外国から四十兆円規模の政府総債務残高（国債）を負い、数日で銀行も閉鎖される。EUも凡ゆる協力と財政緊縮案を提示する。ギリシア人こそ深刻に悩み、懸命の努力をするのが普通だろう。ところがEU案を国民投票で拒否すると、快哉を叫び、万歳をする。

EUから抜ける、EUはそれを引き留めるだろう、EUは遂に妥協して援助を続ける……今ギリシアはEU離脱を脅しに使う瀬戸際外交を展開している。EUを離脱すればユーロと金融が大混乱する、ギリシアの救済に中国とロシアが入ってくる、とりわけ中国は厄介だ、遂にはスペイン、ポルトガルなども離脱するかも、英国もその予備軍にいる……盟主ドイツのメルケル首相やフランスの悩みは実は深刻なのだ。足下を見たギリシアのチプラス首相は逆に能天気にも元気が良い。そこには自国は自国で守るという国家にとって当然の責務と誇りは微塵も見られない。

ドイツをはじめとする債権国家の国民は最早切り捨てた方が気楽になる、何故あの怠け者のギリシアのために我らが税金を払うのか。一度本気で苦労させなければこの悪循環は永遠に続く。放蕩息子に手を焼く父親がそこにいる。

かくしてEUの命運はこれから数日で決まる。

7月6日（月）

なでしこジャパン決勝敗退

なでしこジャパンは決勝で米国に負けた。五対二、大敗というべきだろう。実力が少し違った、いきなりの立ち上がりで四失点は痛かった。後で二点取り返したのは救いだった。

ただ佐々木監督の采配はやはり失策だった。監督はあの前半では流れを断ち切るべきだった。結果論であっても大事なことだ。

チームは皆よく頑張った。二回連続決勝戦とは、いくら褒めても褒め過ぎることはない。次を目指そう。

7月7日（火）

ギリシアは「古代ギリシア」に非ず

今ギリシアとEUが鍔迫り合いをやっている。ギリシアのチプラス首相はなかなかのしたたか者、（EU案反対の国民投票をもって）EU首脳らと益々強気に対決している。EUも話だけは聞いているが本音は怒り心頭、ギリシアの仕掛ける「EU離脱」という瀬戸際外交、チキンレースに我慢強く耐えている。

ところで数年前ギリシア・アテネに議会視察で行ったことがある。エーゲ海、パルテノン宮殿、考古学博物館……。幾つもの世界遺産に文字通り圧倒された。全て紀元前時代の古代ギリシアの民族遺産である。オリンピックの発祥も然り。古代ギリシアはローマ帝国に影響を与え、相俟って今日の西欧文明の大源流となった。

訪問の時驚いたのだが、その誇り高きアレキサンドル大王の古代ギリシアと今のギリシアは実は民族的には全く連続性がないのだという。民族も言語も異なり、今あるのはキプロス問題など隣国でかつ大国となったトルコからの一方的な攻勢に喘ぐ一国でしかないということ……。

今回のギリシア問題で見えたもの、あの偉大な古代ギリシアとは似ても似つかぬ、国家の誇りをいささかも持ち合わせない民族ではということを改めて思わせる。

7月9日（木）

明治産業文化遺産について異論続出

日本の明治産業文化遺産についてはユネスコ登録が本決まりとなったが、手放しでは喜べない。今日は自民党でその報告会を開いたところ多くの議員から異論が相次いだ。登録決定の過程で韓国の取った妨害的行為とそれにより日本側が強いられた不本意な発言が将来にわたって禍根を残すと危惧が出された。六月二十一日の外相会議での相互協力の約束が遵守されなかったこと、forced to work の解釈に疑義が生じること、メディアの報道にも厳しいチェックが必要なこと等々多くの問題点が指摘された。再度会合を開いて、自民党として態度を集約する（決議）こととした。

7月11日（土）

平和安全法案、委員会採決

衆議院特別委員会は懸案の平和安全法案を採決した。本会議に掛けると衆議院を通過する。怒声と混乱、アジビラの溢れる怒涛の中だったが、これは「強行」採決などではあり得ない、与党は整然と百十時間を超える委員会を立て、安倍首相ら政府閣僚は実に誠実に丁寧に、質疑に臨んできた。議会には無限の時間はない、どこかで踏ん切りをつけ、採決しなければならない。

一方野党は審議の進行を妨げ、議会戦術を駆使し、欠席を多用し、論点は常に「戦争に行く、戦争に巻き込まれる」の一点張り。「戦争法案」と煽り、明日にも戦争に出て行くかの錯覚と不安を与え続けた。その論理は決め付けとレトリック（ことば遊び）で、これでは国民の理解が進むはずはない。怒号とビラで埋め尽くした今日の委員会混乱は決して許されるものではない。

政府の説明の基本は、国の自衛力を強化して「抑止力」を増大させることで外国からの潜在的侵略や攻撃を未然に防ぐことにある。「集団的自衛権」は国の安全保障力＝抑止力を飛躍的に高める。それが国の平和と国民の安全、幸福に着実に結びつくもので、「平和法制」と呼ばれる所以である。

憲法問題も大事な論点だった。集団的自衛権につき、憲法学者の多くは憲法違反と論ずるが、法学者の論理としてわからないでない。しかし国家と政府というものは国の主権、国土と国民を最後まで守り抜くことを究極の使命としている。議員（政治家）とはまさにそれを実践すべく国民から直接の負託を受けている（民主主義）。本法案もまたぎりぎり憲法の枠内であるというのが政府の解釈であって、これは結局一九六〇年の改定日米安保、一九九二年のＰＫＯ協力法案など、その後五十余年の平和を貫いてきた日本の歴史と自負を鏡として判定するしかないのだろう。

これから参議院の審議が始まる。さらに論理と国民の理解を深め、この法案が将来において歴史的な評価を受けるように、私も一端、かつ極めて重い責任を負っている。

7月16日（木）

「中国の脅威」

朝の自民党国防部会、「防衛白書」を議論した。白書は年々豪華に厚くなるが、私が発言したこと。

《防衛政策の基本に「中国の脅威」を明示しなければならない。総論では「周辺国」と書き、「中国など諸外国」とぼかしている。各論ではアジアの北朝鮮の後に書くが、最早各論の話ではない。今日本の安全保障は基本的には中国の脅威、潜在的脅威から始まっている。国防予算の脅威的伸び、その不透明性、太平洋まで米国と二分する海洋政策と航空母艦、尖閣諸島への侵略、東シナ海のガス油田の一方的開発、何より南シナ海の九段線埋立てによるアジア諸国との激しい軋轢、加えてＡＩＩＢに象徴される経済金融の拡大、国内政治の集権化、全体主義化……。日本にとってこれら中国の動きはいずれも致命的に重要であって、当然のこと日本の安全保障政策にも直接影響してくる。「平和安全法制」も本音を言えば（口に出さないだけで）、結局は中国の膨張主義を念頭に置いている。中国への外交的配慮は分かる、然し事の本質から目を反らせてはいけない。防衛力の国内運用体制も今や滔々と北方から南西日本に移しているのも当然のこと。

ついては今年には間に合わないが、来年の防衛白書には「中国の脅威」をはっきりと書いて、国民への意識付けをするべきである。》

防衛省からは特段の反応はなかった。

7月17日（金）

産業革命遺産、自民党決議文を決定

七月五日、日本の産業革命遺産二十三施設（八県）につきユネスコ文化遺産に登録されることが決った。国としても快挙で国民としては大いに喜ばしい。ところで韓国がユネスコ会議の土壇場において日本案への激しい妨害工作を取ったが、これは事前の外交的合意に著しく反したもので、その行為は厳しく非難されなければならない。

ユネスコ声明文では微妙な表現で決着した。日本は第二次大戦末期、「国民徴用令」に基づきあまねく日本人への労働義務（徴用）を課していたが、昭和十九年九月から二十年八月（終戦）まで朝鮮出身者にもそれを適用した。これは出身地を問わずに行われ断じて違法なものでないのだが、それを韓国は敢えて国際法上違法な「強制労働」（forced labor）であって大勢の犠牲者を出した、と主張した。両国の折衝で最終的には「労働を強いた」（forced to work）との表現になったが、これは日本としては不満の残る決着であった。

翻って本件は自民党内の会議では異論、反論が続出した。韓国の有るまじき行為を非難するもの、交渉に関わった外交団（外務省）の弱腰を糾弾するものに大別される。結局自民党の会議は一回で済まず都合三回に及び、ようやく最終的に自民党としての意見集約、公式文章を作り政府（総理官邸、外務省など）に申し入れすることとした。この問題が後々慰安婦問題のように政治問題化しないよう、韓国側の自重と道義的責任を促したい。

7月19日（日）

夏まつりは議論の場（！）

学校も夏休みに入り、地域では毎週末、夏まつり、盆踊りのシーズンとなりました。私なども一夏、行くのは数十カ所に及びます。夏まつりは皆さんと直に触れ合うまたとない機会です。今年は「平和安全法制」を議論する場所ともなりました。心を込めて質問に答えています。

7月20日（月）

新国立競技場、「エコ」の原点に戻ろう

オリンピック向け新国立競技場が大きな政治テーマとなっている。基本計画からやり直す、という政府の決断を強く支持する。大事なことは良いものを作り、それをしっかり後世に伝えて行くことである。あの原案のまま突っ走っていれば大変なことになっていた。誇るべき殿堂が国民の恥辱の象徴みたいになって、オリンピックでの活躍、国民の誇りどころでなかったろう。

「過ちは改めるに憚（はばか）ること勿れ」という言葉がこれほどぴったりたりするのは他にない。経緯やごたごたは直ぐに過ぎていく、新しい計画とヴィジョンを早めに作って国民に提示することだ、政府の失策を率直に認め、再生への決断を世に示すことは決して無駄なことではない。

その上でこの際、最もシンプルな最も安上がりな、例えば一千億円以下のスタジアムなどにできないか、機能は十分で、結構立派なものになるはず、あとは全力で選手強化や運営の改善に廻す。今、「エコ」（環境）の原点に戻る絶好のチャンスではな

いか。

李登輝元台湾総統来演

7月21日（火）

元台湾総統李登輝氏が国会を訪問、多くの与野党議員を前に力強く講演された。戦前戦後の激動を越えて今日の台湾を創り上げられた。どの国にとっても大変な時期だったが、戦前は日本と、戦中は連合国と、そして戦後は中国と、常に従属するという小国の宿命的悲哀を、日本で学んだと広言される規律と倫理と祖国愛で乗り切って来られた。力強い日本語は胸を揺さぶらずにおかなかった。日本と台湾がこれからも力強い結びつきを保つようにと諭された。先生は九十二歳になり、あと五年しか働けない、と言って笑われた。

中国の東シナ海ガス田開発、早急な対抗処置を

7月22日（水）

中国の東シナ海資源開発が今や止まるところがない。政府（菅官房長官）はさすがに危機感を帯びて、ガス田開発施設が十六基まで増えたと航空写真を公表、中国に厳重に抗議した。ここまで中国に海域を壟断（ろうだん）させたのもわが国が基本的に慎重かつ弱腰に推移してきたことに尽きる。問題は極めて根深いものがあり、今や我が国の安全保障に深刻なる脅威となっている。外交や言葉での抗議はあの国にはいかに無力かということもわかってきた。

中国の海洋拡大政策は単に資源開発という経済問題に止まらずレーダー基地、ヘリポートなど軍事転用もあり得ると考えておくべき。

また日中「中間線」についても今日までの外交上の不手際、中間線を早めに引いてしまったこと、にある。日中間の協定作業も、二〇〇八年六月十八日に一応の話し合い（共同プレス）がついたところ、中国は二〇一〇年九月の沖縄漁船体当たり事件を口実にして対話は止まったまま、とても対等国の交渉とは言えない。早急に果断な対抗措置が必要であってなまじの遠慮や慎重さは中国の拡大行為を黙認することになる。

ルーマニアのファッション・ショー（右が筆者）

国益を守りぬくためには強い政治的（政治家の）意志とそれやり遂げる具体的行動が必要である。「外交は最悪の事態を考え、最上の手段で臨む」ということを昔学んだことがある。

7月23日（木）

ルーマニアのファッション・ショー

遠くルーマニアからファッション・ビジネスの人々がやって来たということで、その集会に私もお呼ばれしました。

場所は東京のルーマニア大使館、二百人くらいの集まりで、大変楽しいものでした。私は開会に当たって「ルーマニアのファッションは日本では余り馴染みがない。それだけに頑張れば、日本での市場は無限に広がると思います。いつまでもフランスやイタリアばかりではないと思います。」と挨拶して拍手をもらいました。珍しい友人と何人もお会いしました。横浜のスカーフ業界が非常に力を入れていました。

7月25日（土）

「尖閣は日本の領土」と李登輝氏明言

「尖閣は日本の領土」と来日中の台湾元総統李登輝氏が明言された。李登輝氏は常に正しいことを信念持って発言される。外国人記者クラブは三月に私が発表した同じ場所、台湾、中国政府は直ぐに否定した。

同氏は安倍内閣のアベノミクス（経済政策）に高い評価を与え、かつ平和安全法制の進捗については東アジアや世界全体の平和構築に大いに役立つと支持された。歴史認識については日本は台湾と韓国には特段の貢献をして両国では今日の繁栄がある。台湾は日本の植民地政策に大いに恩恵を受けており、後藤新平と八田與一両名の名前を挙げられた。行政と司法の分離こそ後藤新平の業績であった。これらの恩返しに台湾は東日本大震災では最大の援助で応えた。一方韓国の受けた恩恵は台湾以上に大きいはずである。日本人はこれら両国に対して行った歴史的な貢献に対しはるかに自信を持って行動すべきである、と明快に訴えられた。

7月26日（日）

試写会「日本でいちばん長い日」と阿南陸相

映画議員連盟主催の上記映画の試写会で。

太平洋戦争末期、一九四五年七月、日本は連合国からポツダム宣言の受諾を迫られていた。降伏か本土決戦か。連日閣議が開かれ、議論は紛糾、降伏勧告を「黙殺する」と発言した日本に、アメリカは原子爆弾を落として何十万もの犠牲者を出した。八月十四日に御前会議が開かれ、天皇陛下の御聖断、ついに閣議は降伏を決定。だが降伏に反対する陸軍の若手将校たちはクーデターを企て、とりわけ終戦を宣言する天皇陛下の玉音放送を阻止せんとする。翌十五日は、未明から正午まで、叛乱軍が皇居と首相官邸を舞台に血走る一分

世界産業遺産について官房長官に申し入れ
（中央、右に菅官房長官、左に筆者）

一秒が「日本でいちばん長い日」として刻まれていく。陸軍大臣阿南惟幾こそ、天皇を戴く国体を守り抜き、軍部の主戦論を抑えて敗戦を認めさせ、そのために計略を弄することも排除せず、遂には自刃で以って「万罪を謝した」。

阿南陸相の子息惟正氏は四男、偶々私とは極く親しい関わりにある。阿南家を一望出来たことは、終戦時の激動史を学んだことのほか、極めて得難く有意義なものであった。

役所広司が阿南役で好演、半藤一利原作、本木雅弘が昭和天皇役、八月に封切られる。**7月27日（月）**

世界産業遺産について官房長官へ申し入れ

七月五日、ユネスコへの世界産業遺産登録に当たって韓国が真っ向から反対した。両国では事前の調整があったにも関わらず、韓国がこの挙に出たには厳しい抗議をしなければならない。

国内二十三施設につき遺産登録は済んだが後味の

悪いものとなり、自民党としては今後のことも含めて厳しく政府に申し入れた。菅官房長官も韓国との付き合いには厳しく対応すると答えた。併せて、東シナ海での中国進出にも意見具申した。

7月28日（火）

柔道世界選手権代表団壮行会

八月下旬にカザフスタンの首都アスタナで行われる柔道世界選手権大会に向けて、日本代表団の壮行会が講道館の大道場で行われた。団長は山下泰裕氏、好成績を残し来年のリオ・オリンピック、五年後の東京オリンピックに繋げて欲しいものだ。

私は柔道議員連盟の代表として締めくくりの「万歳三唱」の音頭を取った。

講道館は本当に久しぶり、何十年振りか。正門前で嘉納治五郎翁を背に写真に納まった。

7月29日（水）

ポーランドの空手選手団を迎えて

ポーランドの空手選手団が日本の空手組織の指導者と併せて挨拶に来られた。私はポーランド武道界の「名誉会長」を授かっており、来秋にはクラコフ市で空手の世界選手権が行われるが私を正式に招待するというもの。快く受諾したが、いよいよ本気で準備しなければならない。団長のクチンスキー氏は長年の国内選手権保持者で医学博士、日本武道の持つ精神性と文化、教育性は今や世界で共有されるべき普遍的価値とさえ言い切る。

7月29日（水）

嗚呼、特攻の母よ

その息子の三十三回忌が終えた時、母親がいきなり号泣した。墓石を抱いて声を限りに息子の名を叫んだ。母の泣くのを見たのは家族にとって初めてだった。母は息子が特攻を志願した時も、出征を列車で見送る時も、そして白い木箱で戻ってきた時

ポーランドの空手選手団を迎えて（中央・筆者）

も、決して涙を見せなかった。いや立派な息子を持ったこと、お国に送り出したこと、そして立派な仕事を終えたことを、むしろ誇ってさえいた。

戦争も終わり、長い平和の時代になり、余りに豊かな日本になった。そして今、年老いた母は初めて泣いた。「今まではお国に預けていました。今までは天皇陛下に預けていました。そして今、私の息子に戻ってきました。思い切り抱いてあげます。」

もちろん父も母も遠にいない。「今の日本は兄貴のお陰だな」と弟がぽつりと言う……。

これは産経新聞、特攻隊特集のひとつです。涙を隠して読みました。決してこの平和を失ってはならないと誓いました。

7月29日（水）

予算陳情の時期

地元市町村の陳情活動が活発となってきました。国の予算編成は八月末で終わります（概算要求）が、七月末、八月初旬が地方の意見や陳情を受ける格好のタイミングです。国会議員は地元の要望を受け各省にその予算化を働きかけます。議員と地元が協働するまたとない機会です。議員もつい力が入ります。今日も道路問題で東峰村長、田川市長、小郡市長らが陳情に来られました。

7月30日（木）

「慰霊の標石」、国会広場の片隅に

広大な空間に荘厳な両翼が広がる。わが国会議事堂。全くの左右対称で左側が衆議院、右側が参議院。参議院側の前庭に森蔭があり、独り伊藤博文公が樹外を見降ろしている。

そしてしばし足元に変哲もない岩がある。標石というが銘もない。この場所近くに官舎があった。終戦の日そこで阿南陸相は自決した。戦後その陸相を追悼、顕彰するためにこの「慰霊の標石」は設置された。元書記官長迫水久常氏の尽力が大きかったという。当時の参議院事務局は「戦争を指揮した人物」であることを理由に銘文は許さなかった。衆参両事務局、国会図書館、防衛省にも標石設置の資料は一切残されてない。阿南大臣が終戦に向けてどのような役割を果たしたかは、迫水証言に依るしか今は無い……。

映画『日本でいちばん長い日』で阿南陸相を観たついでに書きました。もう一つ、伊藤博文公の銅像が聳えています。実は六、七年前、樹々は伸び放題、木立の密集で伊藤公は外から見えず探せば分かる程度でした。参議院事務局と難交渉を続け、遂に樹木が整序され今は伊藤公の勇姿が堂々と現われました。私の数少ない自慢話です。

7月31日（金）

中国の歴史改竄（かいざん）を摘発、米国博物館

ひと月ほど前、岸田芳郎さんという人が私の国会事務所に訪ねて来た。米国テキサス州の「太平洋戦争博物館」にボランティアで関わっている人だが、中国が大戦の歴史事実の書き換えを米国側に秘かだが強力に働きかけているという。中国のことだから予想でき

ることではあるが、ここまでとなると根の深さは深刻だ。私は早速そのことを自民党内の会議で取り上げ、外務省にもその事実の照会と適切な対応を依頼した。

七月三十日、産経新聞が一面トップにそのことを大きく取り上げた。新聞は「戦後七十年を利用して組織的に強化している反日宣伝の一環であり、中国共産党支配の正当性を内外にアピールする狙いも」、「日本失墜を画策」などと書く。産経新聞は、岸田さんはもちろん私にも事前に取材していた。

岸田さんが再び会いに来て、その反響の大きさに多少戸惑っていたが、私は「国を思う行動力こそが歴史を動かす」と彼の勇気を讃え、力強く励ましたところです。

8月2日（日）

東京オリンピック、ロゴマーク問題

東京オリンピックも余りついてない。国立競技場問題に加えて、今度はロゴマークについて横槍が入った。正式に決めた後、ベルギーの民間施設がそのデザインには著作権だかを取得しており、日本に使用差し止めを求めてきた。これら商標権、意匠権など知的所有権はいざとなると結構扱いが難しい。そもそも似ているかどうか（類似性）から始まり、権利化の度合い、国際間の紛争は一層複雑となる。デザインの分野では特にその評価に主観や趣向が入り易い。

さて本件、所詮ベルギー企業との民事解決しかあり得ない。建前は別として相手はただ騒げばいいのであって、失うものは一切ない。一方、日本にとってはその信用失墜は計りしれない。利害の非対称性は著しいが、結局は当事者同士が、場合には（両国の）国が入ってでも、民事的解決をつけるしかない。また妙な裏取引はそれ自体大きな批判に晒される。

本件は早晩折り合いはつくと思うが、この東京オリンピック、国民全体浮かれてきたきらいがあり、さらなる問題が発生すると政権運営にも影響してくる。ここらで、手綱をぐっと引き締めなければならない。

8月3日（月）

「戦後七十年談話」

終戦の日が近付いている。今年は安倍首相がどういう「戦後七十年談話」を出すかで政治的関心が集まっている。私は談話を出す必要性は余りない、得るものは少なく、要らぬ混迷を引き起こすと言ってきた。安倍首相が日本の行く末を、堂々と自由に発表するのなら良い。

しかし案の定、また予想通り、これを機会に中国、韓国、さらに米国までもが様々な文句や注文をつけてきた。国内でもみくちゃにされ、外国も度々それに言及し、昨日のＡＳＥＡＮでも中韓外相会議が歴史認識で「反省」と「お詫び」を入れろと改めて注文つけた。中韓にただ文句の機会を与えるだけではないか。また談話で何を言っても結局は左右両翼が非難をするであろう。

私は、例えば国会の本会議演説で（施政方針のように）、首相が想いの丈をひたすら自分の言葉で発表することで十分と思っている。一方、談話の準備も着々と進んでいる模様だ。「二十一世紀構想懇談会」の報告も出たが、安倍首相には本物の「談話」では私のような懸念にもしっかり応えて欲しい。

さらに国として首脳会談のことは余り言い出さない方がいい。専ら日本のみがそれを望み、中国や韓国がそれを受けて立つという構図が目立つ。余り強く望めば姿勢も卑屈になり、条件をつけられたり、譲歩を強いられたりする。また出掛けて行くばかりが能じゃない。首脳が会うのが両国、双方のためなら、もっと折衝はイーブンの方がよく、時機が来るまで突き放すことも必要である。首相の一挙手一投足には、国民が目を凝らして祈るような気持ちで見つめている。

8月7日（金）

南シナ海問題、フィリピン外務大臣、防衛大臣らと会談

八月七日から十二日までの間、私はフィリピンを

訪問し、政治外交活動を行った。八月十一日ボルタイレ・ガスミン国防大臣並びにデル・ロサリオ外務大臣と続けて会談した。まず日本とフィリピン（日比）の友好関係を確認しあった。続けて現下の南シナ海への中国の進出問題について意見を交わした。私から南シナ海への中国の進出問題について、日本への東シナ海進出と危機感を共有しており、今後情報の交換を強化し、相互協力を進めていくことの必要性を訴えた。日本国内では安倍内閣が平和安全法案を懸命に仕上げており、これにより自衛隊の自衛力と抑止力は飛躍的に高まり日本の平和維持の体制が一層強化されると説明した。併せてASEAN閣僚会議など多国間会議では中国の脅威を明記しようとしないが曖昧な表現こそ中国に逃げる口実を与えると指摘。

　フィリピン側は、中国の進出が深刻な状況にあることを訴えた上で、国防、自衛力の強化に努力をしていること、米国との（米比）共同訓練演習に注力していること、日本との（日比）共同訓練を高く評価しつつ、日本が米比共同訓練にも積極的に協力して欲しいなど国防大臣からも希望があった。外務大臣、外務次官からは日本こそが米国とともに最も頼れる同盟国であることを繰り返し確認したうえで、昨年からフィリピンは中国を国連海洋法条約上の「仲裁裁判所」に訴えていることを説明、私はその勇気ある行動を評価した。

　南シナ海問題は、各国が緊張を高める行為を慎み、国際海洋法条約など法の支配と外交上の努力で平和裏に紛争を解決する、ということがASEAN諸国の共通認識となっているが、肝心の中国が真剣になっていない以上、真の解決が本当に来るのかいささか悲観的にならざるを得ない。

【参考】フィリピンの防衛と中国の進出（短史）

一九四七年　米比軍事基地協定、五一年米比相互

防衛条約
一九九二年　軍事基地協定の期限満了のため米軍（クラーク空軍基地、スービック海軍基地）完全撤退。
一九九五年　中国がミスチーフ礁を奪取
一九九九年　米比訪問米軍基地提供協定締結
二〇一二年　スカボロー礁奪取
二〇一三年　以降南沙諸島全域に進出、（一九九二年米軍撤退後、直ちに九五年中国が侵略開始、九九年に米比軍事交流を再開させても時すでに遅しという印象）

「戦後七十年談話」、敢えて論評

8月12日（水）

八月十四日、総理「談話」が遂に出た。政権側は当然、よく言った、よく頑張ったと高い評価。野党は、文句は言うが、致命的批判には至らない。肝腎の中国、韓国、表向き苦情は言うが、特段抗議するほどでもない。米国は、中韓さえよければもちろん問題はない。それゆえ新聞、テレビも概ね可もなし不可もなし……。

私は、まず本件、無難に乗り切ったことに心から安堵し、総理ほか関係者に深甚な敬意を捧げたい。併せてこの「談話」とは結局は何のため、という最初からの疑問は残ったまま。ただ政権側の粘り強さと安倍氏の終始一貫、誠実な対応、「二十一世紀構想懇話会」という手法、さらに裏で駆使したであろう調整力、言語力、修辞力などには頭が下がる思い。あとは国民にどう評価されるか、内閣や与党への支持率にどう影響するかに関心が移る。

そもそもこの「談話」は戦後七十年も経った今、かの太平洋戦争の総括はすでに終えて、今こそ国として、自由闊達に、本格的な未来ビジョンを作ることを目指した安倍総理の強い思いでもあった。

しかし「談話」をやると決まった途端、内外からあらゆる意見、条件が出されてきた。中国、韓国からは容赦ない注文が入った。村山談話らの継承はいつしか必須の前提にもなった。本当はそれがいやさに「独自」の思想表明と繰り返し約してきたのに。いつしか、中身の独自性と取り込むべき注文との調整こそが最大の焦点になった。「反省」も「お詫び」も「侵略」も使わない訳にはいかない、が言われた通りは使えない。然れば言い訳がましく、説明調になる。文章は長く、冗長になる。高らかな未来ビジョンは、総花過ぎて、焦点がぼけてきた、書いた割には印象も薄く高揚感も残らない。痛々しささえも残った（言い訳や注文はこれからも文章として残る。だから私は敢えて「談話」など出さない方がいい、と言い続けてきた）。

しかし、安倍総理は敢然とやり遂げた。そして肝腎の中韓米も納得した。もしこれがいわゆる歴史認識問題への終止符となり、これから日本は専ら「未来志向」と「積極的平和主義」の二本柱で突き進めるとしたら、この「談話」が果たす外交的、政治的かつ歴史的な成果は限りなく大きい。

かの国々はさすがにもう「反省」も「お詫び」も言ってこないはずだ。もちろん十年後、我が国が「八十年談話」などで悩むことはあり得まい。

8月16日（日）

将棋王位戦前夜祭、羽生王位らと

羽生王位と筆者

福岡市で将棋王位戦が行われるが、今日はその前夜祭。対戦者の羽生王位と広瀬八段を囲んで前夜祭が楽しく開かれた。私は日本将棋連盟福岡県支部会長として出席し、地元代表として歓迎挨拶と乾杯の音頭を取りました。将棋界の第一人者羽生善治王位の周りには多くの将棋ファンが取り囲みました。

8月17日（月）

小さい訪問者

小学校四年生が地元の事務所に訪ねて来ました。夏休みの宿題で政治家にインタビューして、いくつかの質問をするということ。私は小学校二、三年の頃、政治家になろうと考えたこと、政治家は、苦労は多いが世の中のためやり甲斐のある仕事だということなどを答えました。少し緊張していましたが、お土産をやると兄弟して喜んで帰りました。

8月18日（火）

アパグループ研究会で講演

アパグループの月例研究会で講演しました。「勝兵塾」と称するこの研究会は実に二十五年も休まず続いているもので、アパホテルグループの元谷外志雄氏が率いています。学ぶところの大変大きい勉強の場です。私は今回、フィリピン訪問の報告と安倍総理の「戦後七十年談話」について講演しました。

8月20日（木）

「アジア健康カレッジ」

国民に健康管理、予防医学の重要性を訴える運動体が発足しました。

私は「世界健康長寿学会」会長の立場で挨拶をしました。私はその昔、厚生省政務次官を勤めたご縁で医療介護福祉分野にも随分と関わりを持っており、『健康管理こそ国家に対する最高の貢献』という言葉を編み出して、健康管理の重要性を訴えています。（かく言う自分自身の健康管理はいささか不十分で、恥ずかしい限りです）

オーストラリアの空手家

8月21日（金）

オーストラリアの空手家

オーストラリアの空手家ニゲール氏が訪ねてきました。私は自ら武道家を自任していますが、このところ内外の空手関係者が多く訪ねて来ます。ひとつは二〇二〇年の東京オリンピックの追加枠に空手を入れたいという動きがあること、空手を通じて日本の武道をユネスコの精神的世界遺産に登録したいとする真剣な運動があること、現に私はポーランド空手道界の名誉総裁を頂いていることなどです。ニゲール氏は空手道七段で元刑務官、折り目正しい武道家です。

8月22日（土）

女子小学生の来訪

先日の男の子に続き女子小学生の訪問を受けました。夏休みも終わりに近づき、宿題を急いでいるよ

うです。
地元の議員さん、政治家へのインタビューということで、何故議員になったのですか、議員としてどんな仕事をしていますか、楽しいことはありますか……などの質問でひとつひとつ優しく答えておきました。福岡地方裁判所にも見学に行き、いずれは裁判官になりたいという子もいました。たくましい子供たちで、国の未来も暗くないというのが印象です。大きくなったら留学にも行くようにと、私の留学体験記をプレゼントしました。

8月23日（日）

安倍首相訪中が見送り

安倍首相の訪中が見送られた。当然のことであって、九月三日に中国は「抗日戦争勝利記念日」即ち反日宣伝を国威発揚に使おうとしているが、それに日本（安倍首相）が出るわけはない、またその式典時間を避けた前後に訪中するなどが検討されていたこと自体尋常ではない。そもそも首脳会談とは国家にとって重いものということが常に問われなければならない。なお、韓国の朴大統領が式典に出席することで、韓国は完全に中国に取り込まれたという日米欧諸国には強い懸念がある。

中国の株安、金融不安が世界経済をパニックにしている。東証も九百円以上下がり終値一万八千円割れ、円は急騰した。NYも一時一〇〇〇ドル急落し、一週間で一九〇〇ドル下げた。経済成長の鈍化と人民元切り下げを機にチャイナリスクが世界に広がっている。一党が仕切る異形の市場経済は巨大化し過ぎて今や統制不能に陥った、遂に中国経済の自壊が始まったとの見方もある。一方でAIIB（アジア・インフラ投資銀行）構想は着々と進んでいるが、中国が自国経済も管理できないまま、いや管理出来ないからこそこの壮大な世界戦略を使うという意味が透けて見える。

天津の化学工場群の爆発は多くの人を死傷し、日本の進出企業にも大きな被害を与えたがその原因究明や後処理も進んでいない。政治的には露骨な権力闘争が頻繁に報じられる。内政の混乱を隠すのに古来、対外活動を積極的に行うとされているが、東シナ海、南シナ海戦略はさらに加速する可能性が考えられる。

8月26日（水）

「手話言語」の普及、「手話言語法」の制定

聴覚障害の対策として「手話」が普及していますが、「手話言語」というのを目指す運動があります。

普段人間が、話し聞く日本語を手話に直すのが一般的な「手話」ですが、これを一歩進めて聴覚障害者が手話で考え、それをそのまま手話で伝え、相手はそのまま理解する、障害者はそれによって自由に発想し発信できるというもの、ゆえにこれを「言語」として扱い、これが障害者の究極の姿だと言います。

この運動は全国で広がり、福岡県もこの運動を熱心に進めています。今日は国会内で運動の全国大会も行われ、私も来賓として応援の演説を致しました。

8月28日（金）

維新の党騒動、再度、三度

維新の党がまた騒動で、分裂する。新党を作るともいう。橋下氏の起爆力は凄まじい、政治家を辞める、○○する、しない、と言って次の日には反故にする。この人に常識は通じない、約束は守らない。取り巻きは大変だろう、大阪の人は本当に大変だろう。少しく前に小沢一郎という似た人がいた。思う存分暴れ周り、かき回すだけかき回し、破壊し尽くし、今は誰も相手しなくなった。

維新の騒動は所詮内部の問題、群小政党はかくして常に自滅する。わが党にとって少しでも有利に騒いでくれればそれでいい。懲りない面々と言っておこう。

8月31日（月）

シャンソン、ラテンミュージックの夕べ

東京渋谷の「東急文化村劇場」。「香坂優（こうさかゆう）」さんのコンサート。アルゼンチンタンゴ出身、シャンソン、カンツォーネ歌手、淡谷のり子さんに師事、越

路吹雪さんを追う。なかなかしっかりした企画でした。打ち上げの懇親会は演歌歌手「川中美幸」さんのお店で盛り上がりました。

9月1日（火）

オリンピックエンブレム白紙撤回

オリンピックのエンブレムが結局白紙に撤回された。余りにケチがつき過ぎて、已むを得ない措置で、エンブレムそのものの議論など吹っ飛んでいた。現代社会の難しいところ、情報が国際化し、インターネットなどそのツールも極度に多様化し、また人々の関心もオリンピックをやりたい人から止めろという人まで。

しかし日本にとってオリンピックはまたとない世紀の大事業、決して失敗するわけにはいきません。国立競技場とエンブレム、二つとも立ち上がりで躓きましたが、時間のある段階で良かった、まだ十分にやり直しが効くものです。

これからの準備に丁寧かつ慎重さを加えれば当初よりも却って立派なものになる、反省しやり遂げる、それこそが日本人の最も得意とする分野だと考えます。

9月2日（水）

『生命の碧（あお）い星』The Blue Star of Life 運動

旧友松崎修明さんは世界平和を目指した「碧い星」「The Blue Star of Life」運動に生涯を掛けておられます。二十年前、一九九五年、国連発足五十年を期してジュネーブの国連第二本部に巨大なつぼを贈られ、その中に世界の指導者の「署名小石」を貯めています。今年の五月二十九日、ケネディ大統領の誕生日（生誕九十八年）を期して米国ワシントンのケネディ記念センターにも同じく巨大なつぼを贈

られ、そこにも著名な指導者の署名小石を貯め始めました。小石（pebbles）は古来日本では強い意志（will）を表すものとされています。松崎さんの平和と博愛への烈々たる情熱は止まるところを知らず、近日再び多くでジュネーブに渡り、世界平和へのメッセージを出されるという。微力ながら、私もその戦列に加わっております。写真の地図は日米修好通商条約百六十周年を祝うもの。

9月3日（木）

中国「抗日戦争勝利七十周年記念」を非難

九月三日、自民党国際情報検討委員会を開き、委員長として同日の中国「抗日戦争勝利七十周年記念」軍事パレードを非難した。記念式典には、多くの国は欠席したが、ロシアのプーチン、韓国のパク大統領は出席、日本と日本人の立場を著しく逆なでした。また国連の潘基文（パン・ギムン）事務総長がこれに出席したことは、国連の中立性、民主性を守るべき立場としては極めて不適切な行為であって、厳しく非難すべきであり、直ちに自民党声明を出すことを発表した。

9月4日（金）

施設の子供たち、ご馳走に満腹

年一回、「博多食文化の会」が施設の子供たちにご馳走を振る舞うイベントがあります。博多の飲食関係の経営者、料理人皆さんが集まり、今年で二十四年目、今年は児童擁護施設、乳児院（昔の孤児院）の子供たち約三百人、福岡空港ビルの従業員食堂に集まりました。代表者はメゾン・ド・ヨシダ（吉田安政）氏、私の古くからの友人です。その指導力で皆をまとめ、お寿司、焼き鳥、たこ焼き「八ちゃん堂」、ステーキ、ラーメン、鉄板焼き、ブレッド……アイスにフルーツ、ジュースと凡ゆるご馳走が揃いました。

子供たちは、凄い勢いで食べていました。招待側

も施設の職員も引率で大変です。この子たちは大方が貧困か虐待、親との連絡は余りない、乳飲み子も大分おりました。兄弟姉妹も何組も。利発そうな子ばかりで、屈託なく、「美味しいか」と聞くと「はい」と大きく答えます。施設の職員「施設では食事の量は心配ないですが、こうしてお世話いただき言葉もありません」と目を潤ませていました。小川県知事も最後に駆けつけました。

9月6日（日）

安倍晋三自民党総裁、再選

九月八日、自民党総裁選が告示されました。朝七時半から安倍晋三候補の出陣式がホテルで行われ、圧倒的多くの自民党議員の結集のもと高らかに出陣、八時半には無投票再選が決まりました。

9月8日（火）

平沢勝栄議員、激白

地元の勉強会に平沢勝栄議員に来てもらい、政治、経済、安全保障、万般について講演していただいた。四月の統一地方選挙で地方議会の構成もだいぶ変わり、新人議員も増えました。久しぶり第五選挙区の議会、自民党、後援会の合同研修会とし、また互いの懇親も深めました。

平沢議員は国会では大の親友の一人で、本会議では隣りの議席に座っています。テレビでお馴染み、歯切れの良さに定評があります。警察官僚出身で安保外交の専門家でもあり、今日は現下の「平和安全法制」についても、詳しくかつ分かり易く説いてもらいました。「集団的自衛権」が憲法違反だという論理に対し、政治家は国家と国民を最後まで守り抜く責任があり、憲法学者は憲法の整合性を守る仕事、その役割に明確な違いがあるということを（憲

平沢勝栄議員、激白

法学者の代表のような）小林節教授自身が広く認めているのに、そのことをメディアは敢えて書かない、とふれられた。情熱を込め、テンポ良く、また内外実に該博（がいはく）な知識と勉強量には皆驚嘆したものと思います。平沢議員は安倍首相が小学生の頃、週三回の家庭教師をしていたというエピソードも持っています。

9月9日（水）

嗚呼、難民問題

「……そして今、トルコの通信社の女性記者の撮った光景が中東の難民問題を告発してやまない。……赤いシャツに濃紺のズボンの男の子が波打ち際で息絶えている。三歳だという。家族とシリアを脱出したが船が沈み、海岸に漂着した様子は余りにもむごい。画像は欧州などの指導者を動かし、各国は難民受け入れへとにわかに議論を始めた。……我々日本人は、これが現在刻々と進行中の悲劇であることを、まず胸に刻まねばなるまい。「私に出来ることはこの子の叫びを世界に届けることだけだ」と女性記者は

綴っている。……」（九月八日「日経新聞朝刊コラム」より）

9月10日（木）

敬老会をはしごする

例年のことですが、この時期は敬老祝賀会への挨拶で忙しい。この週末も十五カ所くらい行きました。「敬老の日」は、以前は九月十五日で決まっていましたが、今は毎年カレンダーが変わります。今年は九月二十一日、お陰で九月にも大型連休が出来ました（「シルバーウィーク」というらしい）。「祝日法」の改正を国会で議論した時（二〇〇一年）は、結構賛否で大騒ぎしたものですが、今では国民生活にも溶け込み、余り違和感は感じません。社会は知らず知らずのうちに変わっていくものです。

どの敬老会も元気な高齢者で溢れており、皆さんの持つ知恵や経験、蓄積は臆することなく若い世代（お婿さんやお嫁さん）に伝えるように、と私は敢えて挨拶しています。雰囲気を見て「平和安全法制」のこと、平和を守るためということ、についても触れるように心掛けています。

いつもながら津々浦々、町内会、公民館などの自治組織の立派さには感心しています。この国（日本）の本当の強さはここにあるというのが私の認識です。

9月13日（日）

国会デモ、続く

今週が平和安保法案の最終段階となりました。今、九月十五日、夜十時を過ぎたところですが、国会周辺は今だ反対運動が続いています。議員会館事務所の中、太鼓やドラの音、ほとんど同じ声のシュプレヒコールが聞こえてきますが、特定のオルグ（政治組織）が引っ張っているというのが常識です。

これら長きの政治闘争も、いよいよ今週で終わります。政府と自民党は決然として、十七日、十八日に必ず採決、成立させます。多分参議院で採決する、まさか衆議院に戻ってきて、「三分の二」の再議決（いわゆる「六十日ルール」）にはならないだろうとの見込みです。一昨日は山形市長選挙、市長選挙でありながら、専ら争点は平和安保法案の是非だったと言う。自民党与党候補が競り勝ったことは大きい。

政治は決断です。

9月15日（火）

「独占禁止法」の運用指針

自民党競争政策調査会として「独占禁止法」の運用指針について議論しました。法律改正は昨年済ませましたが、実際の当て嵌めについては、むしろ行政側（公正取引委員会）の運用指針の方がより影響が大きい場合もあり、経済界や弁護士会にとっては真剣勝負です。私がその責任者として公取委との利害調整をしています。多少専門分野に亘りますが、多くの議員が関わりを持っています。保岡興治代議士が顧問としてご指導いただいております。

9月16日（水）

オーストラリアから高校生が国会見学

オーストラリア・メルボルンから先生と生徒五人が国会見学に来訪しました。日本語を勉強しているクラスで、いずれは日本とオーストラリアの友好関係の仕事をしたいとの夢をもっています。私は㈶国際青少年交流協会の会長として日本と外国の中学生、高校生の交流のお世話をしています。

9月17日（木）

平和安全法制、遂に成立

参議院でも平和安全法案は採決され、法律は成立した。覚悟してはいたといえ、土壇場の攻防は結構激しかった。野党は如何にしても法案を潰せば良い、少なくとも議場の混乱はテレビを通じて世の中

に晒せば、その用を足す。衆参両方で二百十時間以上の委員会審議で、まさか時間が足りなかったとは言わない。国民の理解が進まないというのなら、それは今後国が平和を守るという、公約した通り、平和法制としての実績を誠実に積み重ねるしかないだろう。

衆議院では安倍内閣の不信任案審議が最後となった。議席割りで不信任が否決されるのは当然であるが、ここでも民主党らのパーフォーマンスは度を超した。与党はひたすら忍の一字。議会とは常にその繰り返しで、結局与えられた手続きの中で如何に術策を練るかに掛かっている。

かくして長かった「平和安全政局」も静かに幕を閉じる。国会の周りは深夜までデモ隊の騒音が続いていた。

9月18日（金）

尖閣、さらに新情報など

尖閣諸島の日本領有については多くの情報がありますが、自民党国際情報検討委員会に最近の新情報を発掘した石井望氏（長崎純心大学准教授）を迎えて講演いただいた。中国は日本の領有が日清戦争（一八九五年）での帝国主義的獲得によるものと言っているようだが、その一世紀以上前から欧州先進国では日本領有が地図や論文で確定していた。石井氏は多くのデータで論証された。

さらに福岡県飯塚市から佐谷正幸、川口武壽二氏を迎えた。飯塚市の市立霊園に旧朝鮮半島出身者の慰霊碑があるがその碑文は日本の正しい歴史と相いれない文章となっており、その改善、撤回の運動が高まっている。類似の案件が全国にあるとの観点から現状の報告が行われた。

いずれの案件にも議員団との間で活発な質疑応答が行われた。

9月19日（土）

岸田外務大臣と北方領土問題

岸田外務大臣が訪露し、急遽ロシアのラブロフ外相と会談した。共同記者会見は一見平和そうであったが、続報では結構大変だったという。北方領土問題で、ラブロフ氏は全く議題にならなかったと念を押し、岸田氏は三時間の会談の大半は領土問題だったと明かした。岸田氏の方が正しい。ラブロフ氏は平然と嘘を言う、ロシア国内向けには絶対に認められないからだ。

プーチン大統領が年内に来るという約束は果たされた模様、だが領土問題は依然として極めて厳しい、ロシアは多分全く譲る気はない。心配なのは、あの領土にロシアが本気で開発に乗り出したこと、第三国の進出を認め出したこと……かつて択捉島まで実地に渡り、四島返還を本気で目指す自分にとっても悩むこと多し。普段柔和な岸田氏がテレビでは珍しく気色ばんだことに、むしろ頼母しさを感じたところ。

9月23日（水）

自民党両院議員総会

国会の会期終了を迎えて衆参両議員総会が行われた。今年は党総裁選の年であったが、無投票で安倍総裁が再任されている。そのことを正式に決定する

ためのもので「党大会に代わる両院議員総会」とされる。安倍総裁（首相）が挨拶に立ち、経済成長（GDP六百兆円を目指す）、子育て、社会保障改革などにつき力強い決意を述べた。今自民党は平和安全法の成立を受けて士気と自信が漲っている。

9月25日（金）

「健康寿命」の世界一を目指して

日本人の平均寿命が男女とも世界一になってから久しいものがありますが、さらに健康でかつ長生き(「健康寿命」)という社会を目指さなければなりません。私が三年前に「世界健康長寿学会」を設立した動機です。九月二十六～二十七日、第五回総会を福岡市で開催しました。

〝健康維持こそ、国家に対する最大の貢献〟

〝ピンピン－キラリ〟

〝Health, of yourself, by yourself and for yourself〟

などの標語のもとに専門的また社会啓蒙的な活動をしています。福岡県久山町で健康病理学の観点から画期的な業績を上げられた元九大教授の尾前照雄先生（九十一歳）の基調講演には大きな感銘を受けました。

9月26日（土）

日曜日の地元の活動

筑紫野市　宝満川カヌー大会老人会体育フェスタ

大野城市　大文字祭り

（子ども用、熊モン風洞遊び）……

福岡市　「世界健康長寿学会」

太宰府市　吟詠剣詩舞連合会三十五周年記念大会

北九州市　医療スポーツ専門学校研修会

筑紫野市　中秋の名月天拝山月見の宴

9月27日（日）

大相撲、横綱鶴竜と日本人

大相撲秋場所は横綱鶴竜が優勝、この九年間だか日本人は一度も優勝していない。私はこの大相撲で国籍に拘るほど野暮でない、力士の国籍を言えば最早この国技自体が成り立たないのだ。

十四日目、鶴竜と大関稀勢の里との対戦、鶴竜が立ち合い、ひどい変化わざ（一種の奇襲）で稀勢の里を圧倒した。しかしこの動きは横綱には相応しくないとして悪評芬々、余りに酷かったと大いに叩かれた、私もそう思った。

一夜明けての記者会見で鶴竜は正直に話した。肩の痛みで真っ直ぐには受け切れなかった。如何なる非難も受けるつもりだが、しかし絶対に勝ちたかった……。

横綱には横綱の品性がある。それを賭してもなお勝負への執念。地味に実直に本心を吐露する横綱鶴竜には、責めること以上に本物の人間、「風格」をすら覚えたものだ。稀勢の里にいや日本人力士に、鶴竜の命懸けの万分の一でも学ぶべきだと思った。

9月28日（月）

されど、国連

国連総会がニューヨークで開かれている。各国は首脳外交に忙しい。大体今、国連は何をしているのか。中東の紛争、ＩＳ、難民問題、南シナ海……で国連のことを聞くことは絶えてない。聞いたのは事務総長（潘基文（パンギムン））が中国の反日七十周年記念式に出席したことくらい。

中国の習近平主席が演説をして、わざわざあの戦争の「戦勝国」と名乗り出て、さんざ日本のことをこき下ろした。日中接近や世界平和を言えた義理か。安倍首相もロシア・プーチン大統領と会ったらしいが、相方は北方領土のことは遠に忘れている風情。米国オバマ大統領は習近平には南シナ海問題と人権主義で軽く蹴られた。プーチンにはウクライナに居座られ、シリアで妥協し、今やオバマのレイムダック（実権逸失）は覆うべくもない。ＴＰＰ交渉で最後の花を咲かせるか。

「国連中心主義」というのは以前は、日本外交の柱であったが、今これを言う人はいない、いつの間にか日米基軸、経済外交、アジア諸国重点こそに三点セットが移ってしまった。我が国は国連の「常任理事国入り」などを目指しているが、本気度如何。分担金をむしられるだけで終わらないのか。

さはされど、やっぱり国連か。

9月29日（火）

受注失敗、インドネシア高速鉄道

インドネシアでの高速鉄道の建設計画で日本の新幹線が中国に敗れたという。大きな国家プロジェクトであって経済面ばかりでなく政治外交面でも影響は大きい。日本は何年もかけてかの国のために調査し計画を練り準備してきた。近年になって中国が受注競争に入ってきた。そして紆余曲折、結局最後の決め手は受注条件だった。中国は大方丸抱え、インドネシアにはほとんど費用負担はさせないという。一方日本は基本は民間協力、経済援助でもローン（借款）が中心、貸し付けたものは当然返済される、それが途上国への「開発融資」というもの。技術的に、管理上、また運行の経験といい、日本の新幹線に比肩するものはない。それでもなおインドネシアにしてみれば、借りる（融資）よりもらった（贈与）方がいいというのであろうか。

ところでインドネシアは今日の経済的発展を日本の援助に負うという歴史を持つ。ＯＤＡの総体も米国や

その他の国を圧倒的に凌ぐ。だから日本への感謝と親日ぶりは非常に大きいとされる。かの地に行ったことがあるが本当に親日一本槍。受けた恩の倍返しでも決してバチは当たるまい、恩義ある国には当然義理を果たすだろう、私はこの受注合戦でも淡いけれども確かな「人情論」を抱いていた。安倍首相はじめ官民挙げての運動は熾烈を極めた。

中国の攻勢は凄まじい。ほとんどタダでやってやるというのを嫌がる人はいない。それはしかし人を育てない、ひたすら国をスポイルし、勤労倫理を崩壊させる（モラル・ハザード）。中国はこんな投資条件で本当に大丈夫なのかと下世話な心配までしたくなる。

このビッグプロジェクトの帰趨は我々にとっても注目に値する。また日本流の「人情論」は国際社会では通じないのか。

10月1日（木）

中国の反日的「記憶遺産」

ユネスコに「記憶遺産」という制度がありますが、この度中国が全く独善的な情報で「南京事件」と「慰安婦問題」の二件を記憶遺産に登録しようとしています。我が国は、これらを明らかに誤った情報と認識に基づいているとして一貫して反対していますが、中国は聞き入れようとしません。自民党の国際情報委員会を開き検討した上で、ユネスコでの結果が出次第、党としても直ちに対応すべしと決しました。

10月4日（日）

知恵と仁徳と勇気

若い実業家が訪ねて来たのでしばし楽しい会話で賑わいました。終わりに激励のために私の揮毫を差し上げました。

「知仁勇は天下の達徳也」と書いたもので、「知恵と仁徳と勇気さえ備えれば天下で最も堂々たる人間として生きていくことが出来る」という意味で、不肖私の座右の銘でもあります。篆刻は今は亡き千葉二郎さん（那珂川町）です。

10月5日（月）

竹馬（たけうま）

秋の運動会シーズン、保育園や幼稚園の園児たちの活動に触れるとこっちまで元気が出てくる。国の未来は決して暗くない。本当に久しぶり、竹馬に乗る競技がとりわけ懐かしかった。

その昔、私も随分と夢中になった時期がある、中学校頃か。親に危ないと言われながら、相手と格闘したり、足を一メートルくらいまで上げて得意になっていた。体のバランス、注意力、心身ともに鍛える要素を持つ。

春日市岡本保育所の先生方に敬意を表したい。

10月6日（火）

ノーベル賞に沸く

今年も日本はノーベル賞に沸いている。医学生理学賞に大村智氏、物理学賞に梶田隆章氏、それぞれ大変な苦労と努力、周りに支えられながらこの日に辿り着いた。報道で一気にその来歴を知ることとなったが、実際はそんな生易しいものであるまい。ひたすら黙々と真理を探究するのみで、この人達に栄誉を目指す動機など見出し得ない。

どちらかが言った、「成功の裏に夥しい失敗がある、成功者こそ多くの失敗を重ねた人」という言葉。元気が出るではないか。

10月7日（水）

自衛隊病院六十周年記念式典

春日市にある「自衛隊福岡病院」の開設六十周年記念式典が行われた。私はこの病院とはいささか思い出深い関わりがあります。

今この自衛隊病院は「民間開放」として一般市民にも普通の診療が行われていますが、昔はその名の通り自衛隊関係者（本人及び家族ら）に限定されていました。一般市民にも開放することの強い要望があったのと並行して、平成十六、七年頃、国では行政改革の嵐が吹きまくり福岡病院も整理統合（廃止）の対象としての議論が進んでいました。患者数が少なく、優秀な若手医者の訓練もままならないなどの話も行われていました。

渦中にいた私も一方ではその存続向けて防衛省（庁）への働き掛けを一生懸命やりました。とりわけ山崎拓先生の力に負うところが大きかった。さらには井上澄和市長をはじめとする春日市民の皆さんの一般開放に向けての強い希望にも応えたかった。最も難航していたのが地元の医師会（筑紫医師会）との調整でしたが、これが上手くいったことで平成十八年、病院の存続と民間開放という長年の懸案が解決しました。

福岡病院はさらに今、本格的建て替えの計画が進行していて、将来に向かって九州全体の中核医療施設として位置付けられています。私はこのようなことを祝辞の中で述べました。もちろん併せて、最近時の平和安全法制の意義と自衛隊関係者のいっそうの奮起をお願いすることも忘れなかった。

10月11日（日）

拠出金を停止せよ、ユネスコ反日「記憶遺産」問題

いわゆる「南京事件」が中国の主導でユネスコ「記憶遺産」に登録された。

「南京事件」については、わが国としてはその存在自体を概ね否定しており、まして何十万人の市民大虐殺などはあり得なかったとしているところ、中国は客観証拠も論述もないまま、遂にユネスコ手続きを強行した。これで日本の負の歴史遺産がさらに吹聴されることになる。わが国は、自らの対応の不味さを反省しつつも、この際徹底した対抗措置を取ることも必要。

そもそもユネスコ「記憶遺産」制度そのものは専ら文書、古文書の散逸を防ぐという崇高な文化的活動であって、本件の如く歴史的評価に争いがあり政

治的な意図を帯びたものはユネスコの依って立つ中立性、公正性から全く外れるものである。わが国は土壇場までその非を訴えて反対運動を展開したが果たせなかった。

　今日は自民党の関係部会を開催してこの「記憶遺産」問題を審議、その結果今回の措置（南京事件の指定）を撤回すべき提案を直ちに行うこと、さらにユネスコへの分担金、拠出金を停止、削減すべきことなどの決議を取りまとめた。この決議を持って明日安倍首相を訪ね、政府が早急にこれらを実行すべく促すこととした。なお、日本は年間約四十億円を拠出しており、分担率一位の米国が政治的理由で拠出停止しているので、現在では日本が最大拠出国。

　今回「慰安婦問題」は採択不可であったが、二年後の次回総会で再提出される見通しで、これもまた決して油断できない。

10月14日（水）

TPP決着と甘利大臣

TPP（環太平洋パートナーシップ）協定が遂に妥結した。米アトランタでの閣僚会議で決まったもの。都合四年半、日本が参加して二年、究極には関税ゼロを目指しての自由貿易協定で、太平洋を囲む十二カ国、その合計のGDPは約四割にもなる、その中心は言うまでもなく米国と日本。

　難航に難航を重ね、どの国も様々な国内事情を踏まえ、実にようやくにして出来上がったTPPであるが、その目指す歴史的、世界的な位置付けは極めて大きなものがある。オバマ大統領がいみじくも言ったのだが、この協定には中国が入っていない、近代国家のルールを弁（わきま）えない中国のいないところで国際経済の基本原則を決められたことに意義がある。
　私も農業関連を中心としてそれを守る立場から国会や地元で積極的に発言と活動を繰り返してきたと

ころであるが、今後は国内対策の観点から一層活動を強化するつもりである。

このTPP決着には日本が政治的決意を貫いたことが大きい。その交渉の最前線で苦労した甘利明担当大臣のことは特筆に値する。フロマンという米国代表の優柔不断さを支えたり脅したり、しかし我が国の国益はぎりぎり守り抜いた。甘利氏とは、お互い若き頃、同じ政策集団（旧渡辺派、山崎派）で苦楽を共にした。歳は少し若いが、常に先輩議員として我々を引っ張ってくれた、その指導力は今に変わらない。

10月15日（木）

「南京事件、ユネスコ問題」安倍首相に提言

南京事件についてのユネスコ「記憶遺産」問題について、自民党の抗議決議書を安倍首相に提出した。首相からは拠出金停止などに向けての力強い同意が行われた。

10月16日（金）

「九州国立博物館」十周年記念式典

九州国立博物館が二〇〇五年十月に発足して十年、その記念式典が盛大に行われました。九州国立博物館（九国博）は今では内外への注目度、認知度も非常に高くなり、文化芸術の発信基地、アジアや世界との窓口、地元福岡県や太宰府市のランドマークとしても定着してきました。発足してからの活動は目覚しく、すでに一千三百万人の来館者を超え、この間の地域経済への波及効果も一千八百億円になるという試算もあります。関係者の努力には心から敬意を払いたい。私も発足以前、建設準備の段階からずっと「国立博物館推進議員連盟」の事務局長を務めてきたこともあり特段に感慨無量のものがあります。

10月20日（火）

「日中映画祭」

「日中映画祭」が東京で行われ、日本側の代表と

して出席しました。（中国側は中国代理大使）。年に一回づつ、東京と中国上海でそれぞれ相手国の映画代表作を発表し合うもので、映画芸術の交流を通じて両国と両国民の友好関係を強化するという企画、今年で十回目になります。記念式典と懇親会は大変な賑わいで、日本からは女優の藤原紀香さん、栗原小巻さん、ＡＫＢ48（三人）や映画監督の滝田洋次郎さん（「おくりびと」）など、中国からもたくさんの俳優、映画人が出席しました。

10月24日（土）

早朝会合三件

年末の財務省予算編成に差し掛かり地元九州の陳情活動も活発になっています。福岡からは福岡県知事ら、また全九州からは河川整備や港湾開発の関係者が数多く上京されています。私たちも東京に居ながらにして地元の実情に触れることが出来、大変に有難い機会だと思います。期待に沿えるようにしっかり頑張ります。

10月24日（土）

少年相撲大会

那珂川町の現人（あらひと）神社では毎年小学生の相撲大会が行われています。小学生の子供たちが颯爽とまわし一丁で取り組む姿は本当に頼もしい限りで、女の子も決して負けていません。私も挨拶に立ち、この子たちが国技を通じて益々逞しく育つことを強く願いました。

昔は全国各地の神社で奉納相撲大会が行われており、私も中学生までは大活躍していました。格闘技が好きになりそれがゆくゆくは柔道を本格的に稽古するきっかけになったと思います。

10月25日（日）

ライオンズ・クラブ創立記念式

「太宰府ライオンズ・クラブ」創立三十五年の記念式典が行われました。

私は二十数年メンバーとして在籍しています。例会日に地元におらず欠席がちですが、会の皆さんはいつも変わらず仲良くしてくださいます。私は今日の式典ではむしろ来賓として紹介されましたが、この長い期間に学んだこと、さらには先輩各位との貴重な人間関係などを話しました。

もう十数年も前、アメリカのシカゴだかに行った時、電話帳でライオンズ・クラブを捜して昼食会に顔を出したところ皆さんに大歓迎をされたことがありました。文字通りライオンズ・クラブが国際的な友好組織であることを実感したのですが、そのことも話しておきました。

10月26日（月）

フランス映画『奇跡のひと　マリーとマルグリット』

光と音がなくても伝えたい心の手ざわり

心を閉ざす三重苦の少女が人間性を取り戻すまでの感動の物語。十九世紀末のフランスでの実話。

聴覚障害の少女たちが暮らす修道院に聴覚、視覚、知能の障害三重苦で生まれつき野生児のように育ったマリーがやって来た。瞬間、修道女マルグリットは残された人生をこの子にかけてみようと決意した。全くの暗闇と完全な沈黙であろう世界からこの子を救いたい、それは神からの啓示でもあった。マルグリットは自ら不治の病いを抱えていた。

あらゆる苦難と偏見、自分の肉体の限界をも超えながら、何よりマリーへの愛情と信仰の強さで、マルグリットの執念は遂にマリーをも変えていく。指先の感覚と体感でしかないが、マルグリットとなら喜怒の感情も、遂には文字遊びを交流するまでになった。しかしマルグリットの病気は待ってくれない。自分との別れ、自分の死をどう理解させるか。同僚が病死した時、彼女はマリーを死の床に連れて行き、遺体と向き合いかつ体感もさせた。墓地に連れて行き、新しくなった十字架をも愛しく抱かせてみせた。

そして程なくマルグリットは天に召された。暮色の迫る墓地、遠くの山々はすでにほぼ闇の中にある。十字架の前に独り佇むマリー、優しく愛しく十字架を労わっている、いつまでも

……。

マリーはその修道院に留まり、同じ重度の障害を持つ子供たちの教育に携わり、三十五歳で一生を閉じた。

（私は今、衆議院予算委員会の外国公式視察の途にあります。フランス、ドイツ、ロシア、中国を歴訪の予定、まず羽田＝パリ間の飛行機内で久しぶり映画を楽しみました。視察報告はその都度行います）

10月27日（火）

「ＩＴＥＲ（イーター）」国際研究所の視察（出張報告）

フランスの南部マルセイユの郊外、カダラッシュに建設中。エネルギー問題と環境問題を根本的に解決するものと期待される核融合エネルギーの実現を目指す。国際的取極めに基づく核融合実験炉ＩＴＥＲ（イーター）を建設し、科学的、技術的実現可能性を実証する。この地球上に人工的な「太陽」を創り出すという壮大かつ夢の実験炉といわれる。二〇二〇～三〇年頃に核融合反応、十数兆円の費用を見込む。ＥＵ、日、米、露、中、韓、印、七国が参加。

この度衆議院予算委員会として現地カダラッシュ、建設中の実験炉を視察、その壮大な取り組みの一端を学んだ。当方河村建夫委員長、私、マルセイユ総領事他十人で研究所のビゴ機構長、多田副機構長らを訪ね約半日、丁寧な説明を受けた。

10月27日（火）

マルセイユの「女神観音の丘」

マルセイユは南フランス、地中海に面する最も歴史の古い港町、フランスではパリに次ぐ第二の都市（人口約八十五万人）。

マルセイユ市街を一望できる「女神観音の丘」に登り、ノートルダム・ド・ラ・ガルド（「守護のノートルダム聖堂」）をお参りしました。

10月27日（火）

ベルリンの壁

巨大ロボットと遭遇

ドイツ・ベルリンのホテルではロボット関係業界の大会が行われていました。ロビーには大きなロボットが動いており、仲良く写真に収まりました。人は中に誰も入っていません、と念を押されました。

10月28日（水）

『ベルリンの壁』

ベルリンに入り有名な「ベルリンの壁」と「ブンデンブルグの門」を訪問しました。

一九八九年十一月、遂にベルリンの壁が崩壊しました。第二次世界大戦後から続いた米ソ冷戦構造が揺るぎ、その崩壊の象徴的な事件こそ「ベルリンの壁」崩壊でした。旧東ドイツは旧西ベルリン側に市民が逃げ込むのを阻止するため、一九六一年、一五五キロに及ぶ長い壁で西ベルリンを囲い込んでいたのです。

今ではこの壁は歴史遺産として一部が保存され多くの観光客が連日訪れています……。

ベルリンの壁崩壊や、冷戦構造の崩壊と歴史のうねりは、実は私にとって決して無縁のものではありません。その頃私は、落選を経て懸命に次の選挙を闘っていました。神奈川県第二区（中選挙五人区）では、事実上私と共産党候補（現職）とが最後の議席を争っていました。世界で吹き荒れていたのが共産イデオロギーの当否、東欧諸国で共産党が生き残るかどうかの政治闘争でした。中国に天安門事件（一九八九年六月）があり、そしてベルリンの壁が崩壊しました。

私はこれらを捉えて、「共産党を選ぶのか、それとも自由と民主主義の原田義昭か」と街頭演説では徹底して吠え続けました。効果は大きかった、実に翌年、一九九〇年二月の選挙で私は大差で初当選を飾りました。

私は爾来今日まで、あの「ベルリンの壁」こそが私にとっての「神風」であって、今回のベルリン訪問はある意味、産みの親への「里帰り」とも言えるものでした。

10月28日（水）

ドイツ議会、予算委員会と会見

ドイツ議会のレッチュ予算委員長（女性）らと会見し、両国の経済財政問題、同じ予算委員会としての問題点や悩みなどを意見交換しました。広く経済問題はもとより、現下の「難民問題」について多くの時間が割かれ、最前線にいるドイツの苦労と頑張りに理解が進んだところです。またレッチュ委員長は「左派」所属ということで、その認識の違い、例えば難民の発生はドイツが武器を輸出しており、それが戦争につながり、結果大量の難民発生になるというような、ものなど興味深いものがありました。

それに先んじて議会見学をしましたが、ドイツの民主主義殿堂（連邦議会）の持つ歴史と伝統と権威、威厳に対して改めて敬意を払ったところです。多くの国民が見学に集っていることにも強い印象を受けました。

10月29日（木）

戻せ、北方領土。ロシアの議員と懇談

モスクワには昨深夜に到着、今朝も早くから朝食会。相手は議員のスリベンチュク氏、対日ロシア議員連盟会長で昨年私の訪ロの時にも会見した。彼は私の問いかけに対して次のようにコメントした。「クリミヤにつき日本が承認してくれれば、北方領土はすぐに日本に戻ってくる。北方領土にメドベージェフ首相ら閣僚が訪問して示威行動をしているのは、日本の経済制裁に対抗する意思表示であり、経済制裁は早く撤去して欲しい。領土問題の解決にはお互いの立場に立った判断が必要で、プーチン大統領は柔道用語の「引き分け」と言っている……」

実は昨年七月にもスリベンチュク氏と会ったが、彼は概ね同じことを言っていた。私はその旨ロシア大使、岸田外務大臣、菅官房長官にも報告したが、中身が余り唐突なのでまともな案とは考えられなかった。しかし今回も同じ発言をするにはそれなりの根拠があるのかもしれない。もちろん日本としては米欧との関係もあり直ちに乗るわけにもいかないだろう。ただフランス辺りがクリミヤ承認に突出するとの憶測もある。これからは安倍首相の肚(はら)一つにかかっているが、私が当事者なら、(北方領土が必ず返還されるという)完璧なウラをとった上で敢行するかもしれない。

10月30日(金)

「尖閣諸島、侵入を直ちに止めよ」中国に抗議

北京に二日間滞在する。私は既に中国政府に日中外交全般、さらに尖閣諸島問題に絞った面会を申し入れていた。今般、北京では予算委員会を離れて単独で、中国共産党対外連絡部(林明星・日本担当)、中国社会科学院(揚伯江・副所長)及び尖閣問題専門家(劉江永・清華大学教授)の三者とそれぞれ会見した。私からは尖閣諸島の日本領有についての正統性を説明した上で、中国が現在繰り返している「領海や接続水域への侵入は直ちに止めよ」と厳しく申し入れた。今年六月三日に自由民主党から発

出した申し入れでもある。中国側の回答と応接はいずれも頑なに否定的なもので、それは当然予想したものでもあった。歴史データを提示しながらの説明と主張は一応尽くしたと思うし、また先方の反論に目新しいものはなかった。私が二月の予算委員会で初公開した「一九六九年尖閣地図」（中国政府作成、毛沢東語録が添付）については、「その地図は軍内部の秘密扱いであってそれを盾に外から主張するのはおかしい」などの反論は理屈にもなってない。

時は今、日中間では滔々と融和が進んでおり、十一月一日には韓国において日中韓の首脳会談が行われるところまで来た。大変に歓迎すべき事態である。

ところで、尖閣問題は中国にとっては外交上のウェイトが小さいものというが、日本にとっては領海＝主権が侵されており、国の安全保障上また国民感情からも非常に大きな問題である。侵す側、加害する側には小さくても、被害（脅威）を受ける側にとっては見逃せない問題である。国家間の融和を進めることと、個別の問題に厳しく当たることは何ら矛盾するものでなく、個の解決は一気に全体に好影響を及ぼすことになる。

今回私は外務省ルートを通じて約三週間、中国政府と中国共産党に会見を申し入れた。当然トップか局長、少なくともそのラインの責任者が出て来るべき。しかし実際は無残なものであった。政府（外交部）は誰も出さず、共産党も木っ端役人、民間人こそ専門家ながら政府には直結していると言った。そもそも中国は尖閣問題への「抗議」を頭から嫌っている、さらに私は一介の議員でしかない。首脳会談の直前で幹部は時間が取れない、というのが表向きの弁解だった。私は直ちに、会見を破棄することも考えた。そこまで貶められていいのかと正直悩んだ。しかし、一瞬気をとり戻した。相手が誰であれ国の窓口とあらば日本の主張は伝わるはずだ。私は全て吹っ切れて、三人それぞれに必死に立ち向かった。懸命の形相の一部は必ずや習近平氏にも届くはずだ。尖閣を守れ、日本を守れ、という天の使命が聞こえて来るようだった。

10月31日（土）

日中美術家の国際交流に向けて

北京は二日目も良い天気でした。昨夜は旧通産省の出身者七人と晩くまで懇談。後輩たちがしっかりと活躍していることに誇りを感じました。今日はまた忙しい一日でした。中国の医療関係者と朝食を。日中ともに超高齢化時代を迎えて互いに協力し合う分野が多くあると一致しました。

かねてからの友人で弁護士でもある王さんと再会、彼が率いる美術家、芸術家の皆さん十数人と一緒に行動しました。北京の一角に古美術、骨董品を専門に扱う数百もの古美術商が幾つかのビルに固まっており、確かに腰抜かさんばかりの銘品をウィンドウ越しに見て回りました。この国の歴史と奥深さを感じました。

また彼らは遠大な理念のもとに中国と日本の美術家、芸術家の連絡協力体制を作り、その輪を他の諸外国にも広げたいという。現に将来の美術家、画家らの育成から作品の展示までの総合施設「世界平和美術家センター」を建設中。いずれは恐らく数千人が集うという、芸術の香気漂う北京市の副都心にもなるという。中国人のスケールの大きさには度肝を抜かれる思いでした。私はおよそ美術とは縁遠い人間ですが、センター中央に掲げる掲額に揮毫し、かつ日中間の橋渡しは多少手伝うことになりました。

11月1日（日）

巨大なイノシシ

筑前町の「かがし祭り」に大きなイノシシが現れて、皆んなが圧倒されました。町の人、大人も子供も力を合わせて、三カ月かかったそうです。不思議と敬虔（けいけん）な気持ちになりました。

11月2日（月）

遺族会記念大会と「シベリア抑留肖像画展」

福岡県遺族連合会「戦後七十周年」記念大会が行われ、第二次大戦で戦没された人々と遺族への追悼とお見舞いの式典が盛大に行われました。

なおそのロビーにおいて『十八人の肖像画展』が行われていました。画家丸山里奈さんが、祖父の写っていたシベリア抑留時代の同僚との集合写真を下敷きに水彩画に丁寧に写し替えたもので、往時の雰囲気とご苦労を今に再現されました。各隊員のご家族（遺族）を捜しておられるとのこと。

11月8日（日）

「尖閣を守れ」出版記念会

私はこの度『尖閣を守れ・東アジアこそ世界平和への要衝』を出版しましたが、それを「出版記念会」の形で東京（国会）と地元福岡で発表しました。私は政治家として多くの分野を担当していますが、外交安全保障は特に専門分野として研鑽を積んでおり、中でも中国との関係が日本にとってとりわけ重要となってきました。「尖閣問題」は一見小さな地域テーマのようですが、日本の主権、国益に関わる重要かつ多くの論点を含んでおり、「Think Global act local」（大きく考えて、小さく着手せよ）の教え通り、実際は非常に重要な課題であります。その帰趨がアジアや世界全体の動きに繋がってきます。

出版記念会にも多くの人に来ていただき盛り上がり、私も大いに自信を深めたところです。

私は生来書くことが好きです。日頃書き溜めたものを折り折りに纏めて発表しており、それも既に十冊以上を本にしています。一流作家の書き下ろしとは比べ得べくもありませんが、自分の主張や考えを世に伝え、とりわけこれからの若い人に考えを聞いてもらうのも政治家の役割りと考えています。筆才不足も顧みずこれからもしっかりと文章活動をしようと考えています。

11月9日（月）

トラック業界との朝の会合

福岡県トラック事業者との朝食会が行われ、業界の現状と政府への要望などにつき意見交換をしました。環境、労働法制、雇用、ドライバーの確保、荷主との価格調整など厳しい経営環境の中で懸命に頑張っている旨を訴えられた。政治の側も経営改善に向けて努力したいと応えました。

11月11日（水）

史跡整備の全国市町村協議会、五十周年記念大会

史跡整備の全国市町村協議会、五十周年記念大会が行われました。福岡県も太宰府市、大野城市をはじめ多くの市町村を抱え、全国では六百八十市町村を数えます。私は議員連盟事務局次長の立場で祝辞を述べました。

11月12日（木）

横浜「ランドマークタワー」から

所用で横浜まで足を伸ばしました。ランドマークタワーの高層階から横浜港を臨みました。私は二十年以上前、建設中のタワーをよく憶えています。

11月13日（金）

「希望の塔」と五つの「H」

私の地元に「希望の塔」というモニュメントがあります。格別有名なものではありませんが、私にとっては結構大事なものです。筑紫野市の原田地区、同じ漢字でも「はるだ」と呼び、江戸時代からの古い地名です。その中心地「筑紫コミュニティセンター」の公園広場にそのモニュメントは建っています。銘文のキーワードは全て「H」で、だから塔の形も「H」をイメージしているのです。原田地区を訪ねると、私は大抵この場所に寄り、五つの「H」を心に刻むのです。History, Happiness, Humanity, Hope, そして Haruda を。

11月14日（土）

秋月黒田家鎧揃え

福岡黒田藩の秋月家鎧揃え行事が古式豊かに行われました。往時の文化と規律はさぞかしと多くの観光客を魅了し、私も心から感銘受けました。朝倉

市秋月博物館も充実し、晩秋の秋月は今が最高の見どころです。

11月14日（土）

収穫祭

朝倉市上秋月の収穫祭。農作業、今年一年の成果で、展示、即売されています。「里芋」はこれ全体で一房というのには驚きました。

11月15日（日）

皿回し、難し

太宰府市、福祉まつり。皿回しの実演が行なわれていました。

上手な模範演技の後、先生からトライするよう声が掛けられた。私も子供たちに混じって手を挙げて、前に進み出た。ところが難しい、何度やっても失敗、客席からは大声で応援もらったが、遂に断念。何事も見るほどには楽でない……。

11月15日（日）

官房長官への意見具申

尖閣問題、東シナ海資源問題などで菅官房長官にさらに積極的に対応すべしと意見具申しました。長官には力強い対応を頂きました。

地元から森田朝倉市長、松岡農政連委員長らが上京されたので共に森山農水大臣に陳情を行いました。大臣からは力強い返事を頂きました。

地元那珂川町の町会議員団が来られたので、国会見学に案内した後事務所自室で記念写真。

11月19日（木）

友、遠くより来る

秋の選挙で仙台市議会議員に初当選した「渡辺拓」君が挨拶に来てくれました。彼は私とfacebook友達です。

福島県から大勢友人が来ました。私の揮毫を持つ「先崎温容」君と「丹治智幸」君の二人は、先週の福島県議選を僅差で落選しました。友人が励ましの意味で私の所に連れて来たのです。私は自分の体験を踏まえて、今こそ自分を磨く時だと激励し、固く手を握りました。

11月19日（木）

テロの恐怖と国際連帯

パリを襲ったＩＳ（イスラム国）の同時テロは世界中を震撼させた。先日のロシア機の墜落も同じＩＳの仕業と確認された。連日新聞の一面トップはこの件ばかり、Ｇ20など国際会議も経済問題など後回しでテロ対策が議論される。国会や自民党内の会議もテロの話でしばらくは時間がもつ。

フランスのオランド大統領は「戦争状態」と位置づけ本気でＩＳ空爆を始めた。さしものロシアのプーチン大統領も慌て始めた。米英を含む仲の悪い主要国が妙に連帯と協調ムードになってきたのは政治の不思議なところ。中国さえ芯から悩んでいる風。日本ももちろん例外ではあり得ない。ＩＳをとにかくどう叩くか、果たして政治決着などあるのか。

さてどうするか、実は誰にもわからない、大騒ぎしてでも対策を急ぐしかない。水際でのテロ侵入を防ぎ、潜在分子を未然に叩く、警備要員の養成と配備、サイバーやネットを含む情報力の飛躍的強化など一般論は分かるが、それを実践、効果を出すには膨大なコストとなお万全はあり得ない。同時に国の運営、国民の生活にも重大な影響を与える。特にあの「自爆」というのは本当に怖い。爆弾を腹に巻いて人混みに飛び込む、命は全く惜しまないから始末に負えない。人の集まるところでは止めようもない、新幹線で起こったらどうするか、乗客全てを事前に検査することが出来るのか、考えるだに気の遠くなることばかり。来年のサミット、四年後のラグビー世界大会、二〇二〇年東京オリンピックを迎えてどう対応するか、少なくとも今の衝撃と危機感をずっと持ち続けて事件の起こった時だけの緊張に終わらせないこと。

11月21日（土）

北の湖理事長に哀悼の誠を

元横綱相撲協会北の湖理事長が亡くなった。九州場所のさ中、最後まで職務を務められ、しかし無念の急逝であった。彼の偉大さについては敢えて述べるまでもない、横綱、現役として歴史に残る戦績を残された。また引退後は相撲協会理事長として、これまた最も苦難の時代を乗り切って大相撲の今日の隆盛を復活された。

ところで私には北の湖とは多少の思い入れがあります。昨年の今日、九州場所の千秋楽の日には北の湖部屋の「打上げ会」に呼ばれて親交を温め、実は今年もまさにその予定でした。北の湖夫人は、私の神奈川県時代の選挙区で私の地区後援会長を務めていた方の娘にあたります。平成三、四年頃か、北の湖が横綱を引退して部屋を開いた頃、その親父さん

が部屋の支援で懸命に頑張っており、議員になった私もよく引っ張り出されました。北の湖とはそれ以来の仲、部屋見学にも何度かお邪魔しました。昨年の再会も本当に楽しいものでした。このところ健康が優れないとは聞いていましたが、かくも突然の急変で驚いています。心から横綱のご冥福を祈ります。（写真は横綱と、昨年十一月二十三日、福岡市）

11月22日（日）

日馬富士の優勝祝賀会

大相撲九州場所の千秋楽は大波乱の末、結局横綱日馬富士が優勝した。相変わらずモンゴル勢が圧倒的で、日本人の優勝も横綱昇進もまだはるか先という感じ、残念だけど。日馬富士所属の伊勢ヶ浜部屋の合宿所は太宰府天満宮（太宰府市）にあり、日馬富士の優勝パレードが天満宮参道を埋め、引き続き優勝祝勝会がその天満宮で行われた。私も多くの後援会とファンとともに出席したが大変盛大なものとなりました。

11月23日（月）

韓国のウルルン島、定期便「欠航」で渡れず

平沢勝栄代議士と私、二人で韓国のウルルン島に渡ろうと密かに計画して釜山に渡った（同行、平田みつよし東京葛飾区議）。今日（十一月二十四日）は早朝釜山を発ち浦項（ポハン）港まで一五〇キロを走ったが、昨夜に連絡は受けていた通り「欠航」、二五〇〇トンの船はそこにあり、天気は少し小雨程度、なぜ欠航か説明はない。ついては次の日を予約したいと連絡したところ、ほぼ一日かけてやはり欠航の回答。これも説明せず、天気のせいらしい。通常二～三百人が乗る定期航路がそう簡単に欠航するものか。

四年前、国会議員三人がウルルン島訪問を目指したら、ソウル空港入国管理で入国出来ず大きな外交問題になった。今回私たちに他意はない、私的に現地に渡り、我が固有の領土「竹島」をしっかりと考えたく企画したもの。この欠航は、はっきり「不可

韓国のウルルン島、定期便「欠航」で渡れず

解」と言っておく。(「ウルルン島」本土から日本海に一三〇キロ離れた韓国の離島で、竹島への航路を作っている)

11月24日(火)

韓国釜山地区周遊

韓国訪問の残された時間は韓国の世界遺産、文化に触れて来ました。いずれも立派な文化遺産で民族の誇りと伝統を十分に感じました。

訪問先「石窟庵」、「佛國寺」、「古墳群公園」、「釜山近代歴史館」、民衆マーケットなど

11月25日(水)

ムッシュ吉田のお祝い会

「ムッシュ吉田」こと吉田安政さん(Maison de Yoshida)がフランス国から「農事功労章シュヴァリエ」の栄誉に浴され、その祝賀会が福岡で盛大に行われました。吉田さんは新潟県出身、若くしてフランスに学び、爾来四十年以上、地元福岡のフランス

料理界の代表として尽くされてきました。その調理技術は言うまでもなく、社会貢献とりわけ多くの後進を育て、また「博多食文化の会」の皆さんの先頭に立って多くの施設の子どもたちを助ける福祉事業など地域のために大活躍をされてきました。

私も長い付き合いで、今日は兄上の吉田六左衛門氏（元代議士）も新潟から出席され、本当に素晴らしい祝賀会となりました。（元福岡県知事麻生渡先生などのご挨拶）

トルコとロシア、そしてプーチン氏言いたい

11月30日（月）

降って湧いた国際問題。トルコがロシアの戦闘機を撃ち落とした。トルコはその戦闘機がトルコ領内にいたこと、十数回にわたって警告を発したこと、これらの全てをデータとともに公開しその正当性を主張する。一方ロシアは、それを認めない、トルコの撃墜は戦争行為の端緒として、直ちにトルコに抗議、時をおかずに対トルコ全面的経済封鎖に踏み切った。のみならず瞬間的な対抗措置としてトルコの非戦闘機を攻撃し、十数人の死傷者を出した。国として正式に謝罪せよとプーチン大統領は最後通告まがいのものも出している。気圧されたか、トルコのエルドアン大統領は弱気の発言を始めており、この先両国関係の帰趨が懸念される。この時こそ米国が仲裁に入るべきなのだが、オバマ大統領は黙を極め込む。

思うにロシアはほぼ常に牽強付会、事実が如何であれ自らの非は決して認めない、強権で自らを守ろうとする。国体、あるいは政治体制のなせる業か。昨年七月ウクライナの上空のマレーシア民間機が撃墜され、調査報告でもロシアがやったことになったがそれも認めない。オリンピックのドーピングが大問題となっているがそれさえ逃げようとする。珍しくロシア民間機の墜落は結局ＩＳ（イスラム国）の仕業だと最後に渋々認めた。

国際社会はむき出しの力関係が支配する。戦争となれば結局強そうなのが勝ちそう、得てして弱そうなのは譲歩を強いられる。しかしおよそ国家はあく

までも事実に基づいた法のルールを主張しそれを国際社会が如何に連帯と良識で支えるか、それしか国際社会の正義を守る方法はない。
ＩＳという今や最も憎むべき共通の敵を叩くべき時に今更トルコーロシア戦争でもあるまいに、シリアを挟んだ複雑な国際政治があるとしても、結局悦んでいるのはＩＳだけとなってきた。
ロシアのプーチン氏に敢えて猛省を促したい。

11月30日（月）

中学生、国会見学

朝倉市十文字中学校二年生が修学旅行で国会見学に来ました。ほとんど毎年私の事務所がお世話していています。生徒たちが多くのことを学んでくれることを祈ります。

12月1日（火）

「小川郷太郎君」を囲む会

小川郷太郎君を囲む会が今年も行われ、多くの仲

間が集まった。小川君とは大学同期、同じ柔道部でともに青春のエネルギーを燃やした。外務省に入り大使、公使などで世界中を駆け回っていたが、彼がカンボジア大使の時、私は後援会を大挙引き連れて同国を訪問、アンコールワットの遺跡などを巡った。東南アジア諸国は悲惨を極めたベトナム戦争の傷跡から営々と立ち直ろうとしていた。

小川君は柔道への情熱は衰えず、シニア大会には今だ現役選手として出場を欠かさない。全日本柔道連盟の国際担当として、宗岡正二会長、山下泰裕副会長を助けて益々の活躍が期待されている。（写真は、高校生時代のＡＦＳ留学生仲間たち）

12月4日（金）

週末の会合一部

十二月の週末はまた、殊の外忙しいようです。その一部を報告します。

・善行者表彰

・餅つきシーズン始まる

・農政連、農協大会でTPP問題について報告と質疑応答
・日韓トンネル実現九州大会
・大野城、水城遺跡の築一千三百五十年記念式典レセプション

決して人を見くびってはいけない

12月6日（日）

日曜日のNHK囲碁は私にとって一番大事な番組ですが、地元行事と重なるので月に一度くらいしか見られません。超一流のプロ棋士の手合い（試合）ですからファンにとっては夢のような時間です。それに解説者がつく、プロの解説の奥深さは本当に凄い、読んでいる（先の動きを見通す）能力が半端でない、大いに勉強になります。

が今日の解説は良くなかった。今日の手合いは一進一退でしたが、途中でほぼ大勢が決まった。一方に見落としがあったか、優勢Aと敗勢Bは私らにもわかるようにはっきりしてきた。すると解説者は敗勢の側Bに早く「投了せよ」（降参しろ）と促す、それが礼儀と言わんばかりに。囲碁将棋には、最後の数歩手前、敗勢を見極めた処で「投了」という形を取ることが多い、それが負ける人の潔さ、勝負師の「美学」とされている。

敗勢Bはそれでも頑張る、必死の形相で懸命に頑張る。解説者はほとんど呆れて、むしろ見放したような言葉を続ける。一方勝勢Aは真面目にただ淡々と勝負を続けている。解説者は二人への呆れ顔を隠すことなく、Aの我慢強さ、辛抱ぶりを露骨に誉めそやす、普通なら怒ってもいいものを、と言わんばかりに。そして勝負とは不思議なもので、見損じがあったか、思わぬ事態で形勢は逆転してしまった。遂にAが投了した。Bが勝ったのだが、その瞬間、憮然とした解説者の顔が大写しに、自分の極め込みが全て外れたことへの悔しさか。

こういうケースも珍しい。懸命に闘う両者には慈愛と敬意を込めて、しかしテレビファンには鋭くも易しく時にはユーモアを交えて説明してくれるのが普通の解説者なのだが。

勝負は決して諦めてはいけない、そしていかな状

態でも人を早見くびりしてはならない。これが今日得た教訓です。

12月7日（月）

テロと銃規制

アメリカ・カリフォルニア州でまた銃乱射事件があり十四人以上が亡くなった。オバマ大統領は銃所持の非難演説をしたが、これは大統領として十五度目だという。ニューヨークタイムズ紙も第一面社説で銃規制を訴えた。しかし誰も事態が変わるとは思っていない、アメリカの銃所持の規制はほとんど不可能でこの国の持つ宿痾（しゅくあ）（生まれ持った重い病）である。

一七九一年の合衆国憲法修正条項第二条には「規律ある民兵は自由国家の安全にとって必要であり、武器を保持しかつ武装する人民の権利は侵害してはならない」と規定してあり、これが国民の銃所持の根拠となっている。二〇〇八年の連邦最高裁判所判決はそのことを強く再確認した。個人の「正当防衛」こそ全ての上位にあるということ。「二百年以上前の憲法条文が今日の凶悪犯罪とテロの温床となっている。時代遅れの憲法が、国民の安全を脅かす。」と今日（十二月七日）の産経新聞はコラムに書く。

「同じように日本の七十年前の憲法条文（九条）が今日の安全保障の不毛な議論を起こしている……」と続けることも産経新聞は忘れなかった。

12月8日（火）

ケント・ギルバート氏が最優秀賞、アパグループの懸賞論文発表

ホテルのアパグループ主催の懸賞論文「誇れる国、日本。真の近現代史観」発表会が東京の明治記念館で行われた。

私は論文審査委員になっており、その立場で今日は表彰式やパーティーに出席しました。最優秀賞にはケント・ギルバートさん。論文審査は完全に無記名論文の採点、審査委員の合計得点で決められたものので、結果的に有名なTVタレント（アメリカ出身

弁護士）のケント・ギルバートさんと分かり一同びっくりしましたが、その出来は文句なく衆目の一致したものでした。

題して『日本人の国民性が外交、国防に及ぼす悪影響について』というもので、「日本人の国民性は優しさ、誠実、正直、勤勉……など優れた特質を無限に持っているが、その優しさ、真面目さなどの徳目は実は生き馬の目を抜くように非情な外交、国防などの分野では却って仇になることがある、障害にすらなっている。このことを政治・外交の指導者が十分に理解していないとあたら国益を害することになる。」というもの。これは私もかねがね抱いていた強い懸念と認識で、私は国会や自民党においては国際情報の発信という時にいつも注意すべき問題点としてこれを掲げます。

並行してアパグループ代表の元谷外志雄氏の業務報告も行われたが、元谷氏とグループの持つ活力と意欲は本当に感心するほど逞しいものです。

（各論文はアパグループのホームページに掲載されています）

12月9日（水）

LEC国家資格合格祝賀会

「LEC東京リーガルマインド」は弁護士、会計士、司法書士、公務員試験など難しい国家試験に挑む人々への予備学校として、今では全国的組織になっています。東京、大阪など大都市中心にすでにたくさんの卒業生を世に送り出しています。

今日はその「福岡校」での合格祝賀会に招待されましたので、大方は若い人々ですが、私は、「試験に受かったということはゴールではなく、やっとスタートについたということ。これからの努力こそが一番大切」と祝辞を述べました。

創立者の「反町勝夫」氏とは本当に昔からの付き合いで、もう三、四十年になろうか、いつもこういう学校を作りたいと言いながら苦労もあったでしょう、営々と努力していました。学校や教育機関も国（文部科学省など）から離れて民間活力をいかに活用するか、いわゆる民営化や株式会社化の議論は今では普通になりましたが、反町さんはその時代からの先駆者です……。

久しぶり、二人は旧交を温めました。

12月14日（月）

野坂昭如さんのこと

作家でマルチタレントの「野坂昭如」さんが亡くなって、その業績や来し方について様々報道が行われている。私はただ一方的に知っているだけだが、敢えて言うならほんの少し接点があった。

大学に入った年、五十年以上も前、「野末陳平」さんという作家がいて（今もご健在）、縁あって私は彼に英語の家庭教師をしていた。その頃野末さんと野坂昭如さんは別にコンビというわけではないが仲も良く、いずれも黒メガネをかけてチョイ悪ぶった、無頼なインテリを装っていた。そこで野坂さんに私もよく出くわしたのだが、野末氏は大分経って参議院議員となった。これは先刻参議院議員になっていた野坂氏に刺激されて野末氏も選挙に出たと私は思っている。野末氏は政治家としても「税金党」

という政党を立ち上げ一世を風靡した。

時代は大分下がって、私が選挙に出始めた頃。友人の一人がラグビーの愛好者で、野坂昭如も同じアマチュア・チームのラガーマンだという、よし一緒に写真でも撮れないか、ということで改めて会いに行った。丁寧に応対はしてくれたが政治的スタンスはだいぶ違うので、敢えて写真のことは頼まず挨拶して帰った。

野坂氏についての弔遺文を読むと、「焼跡闇市派」と終生を自嘲した無頼漢も、遂にその能力は隠し果せなかった、凄まじい生き様だったというのが改めての印象だ。

COP21「パリ協定」採択

12月15日（火）

「国連気候変動枠組み条約会議」（COP21）」が終わり「パリ協定」として採択された。一九九七年採択の「京都議定書」以来十八年ぶりの歴史的枠組みの決定で、二〇二〇年以降の規制基準となる。地球上、余りに化石燃料に依存してきた社会や経済活動が今後大きく変わってくる。

協定は産業革命以前に比べて二度アップ未満に抑えると明記した上で、島嶼国などに配慮して一・五度未満に抑えるよう努力することを謳った。各国がそれぞれ温室効果ガス（CO2）の排出削減目標を掲げて国内措置を義務化し、「今世紀後半」にはCO2排出量削減、森林や海による吸収量との組み合わせによって、地球全体の総排出量を実質ゼロに抑制するという極めて意欲的なもの。京都議定書では最大の排出国中国と米国が加盟国に加わらず、先進国と途上国がグループとして利害対立、責任回避と負担の押しつけ合いがあったが、今回は地球温暖化の事態深刻化が認識され、加盟百九十余国はより一層真剣に取り組んだといえる。

「夫婦は同姓」と最高裁判決

12月17日（木）

現在の民法七百五十条「夫婦は同姓」の規定は、最高裁判決でも合憲とされた。正しい判断であった。このところ司法判断にも不可解、影響の大きいものが続いていたので内心では心配していたのですが、結果は単純に分かり易いもので安心しました。また判決は「今後は国会の議論に委ねる」との件りで締め括ってあり、今後再び自民党内での議論が活発になる。私は「夫婦同姓」が当然であって、「別姓」が広まることで家族制度や国の基本が崩れていく危惧があるとの立場をとっています。

民法規定「女性の再婚制限六カ月」（七百三十三条一項）については、一応、「違憲」と銘打った上で、制限期間を「百日」と短縮したのは、議論は多少残るにしても文句のない判断であった。早速に法改正が行われることになる。

この二件の憲法判断は反対意見の存在も含めて全体として真っ当なもので、私は最高裁が今健全に動いているとの何よりの安堵感を得ることが出来ました。

なお、テレビに映る最高裁大法廷、その裁判官席の中央に寺田逸郎裁判長（最高裁長官）が座る。実は彼の官僚時代（法務省）から仕事で随分付き合いました。個人的にもよく知っています。寺田氏がその職責を懸命に果たしているのを遠く仰ぎ見るのも実に幸せなことです。

12月18日（金）

〈無罪判決〉産経新聞前支局長、韓国裁判所

産経新聞の加藤達也前ソウル支局長が大統領への名誉毀損で起訴されていたソウル中央地方裁判所で、無罪が判決された。そもそもこの事件、発端から不可解であった。産経新聞は二〇一四年八月、客船沈没事件の最中、朴大統領の行方が数時間不明だったと書いた。憶測も含めて報道したが、そのことで大統領の「名誉毀損」に当たるとして検察は在宅ながら起訴した。

日本の法律でも名誉毀損は判断が難しい。「公人」の場合その保護の度合いが薄いとされており、被疑者が正当な反証をした時には罰せられない（日本刑法二百三十条の二第三項）となっている。本件韓国大統領の側がしっかりした情報公開をすべきところ結局その不明の時間の説明は行わないまま。

検察も起訴した以上、有罪判決に向けて徹底して闘う。が、おそらく有罪事実が積み上がらず悩みは深かった。そこで裁判所がうまく結論を出した、いろいろ言うが（判決読み上げは二時間に及んだという）、要は無罪……。

この無罪判決は日韓両国にとって政治外交面では結果良しとして、私を含めて概ね世の中は歓迎ムードであるが、韓国にとって失ったものは決して小さくない。韓国の政治と司法のあり方に基本的問題があるということ。韓国に真の言論の自由、報道の自由、真実を知る権利はあるのか。大統領が報道で傷ついたのは分かる、が報道の自由の守られた国であればいきなりの権力的抑圧はいけない。その意を受けて警察が動き遂には検察が起訴までしたというのはますます許されない。

韓国の司法、この場合警察、検察、さらに裁判所を指すが、政治外交など権力機構から独立していないことが明らかになった。法の支配、三権分立こそ先進民主主義国の最小の要件であり、とりわけ司法の権力機構からの独立は絶対的要件のはずであるが、この国は未だそれが満たされていないのか。

なお先月末、私と平沢勝栄代議士の韓国ウルルン島訪問にあたって、定期便が不可解にも欠航したことはこれらと無関係とは思わない。友好国韓国のために敢えて憂う。

12月19日（土）

太宰府・水城プロジェクト

太宰府市にある水城堤（みずきてい）に群生している楠古木の間伐材を活用しての彫刻展が行われています。一千年以上の眠りから覚めて古木たちは今、何を訴えようとしているのでしょうか。

『水城堤』六六三年に朝鮮で起こった「白村江の戦い」で新羅・唐連合軍に百済と共に敗れた大和（日本）はその襲来を怖れて急遽壮大な人工堤防を築いて九州政庁（奈良朝廷の南方支局）を防衛しようとした。筑紫平野を横断する土塁水濠で幅八〇メートル、全長一二〇〇メートルに及ぶ。「日本遺産」に指定されています。

12月21日（月）

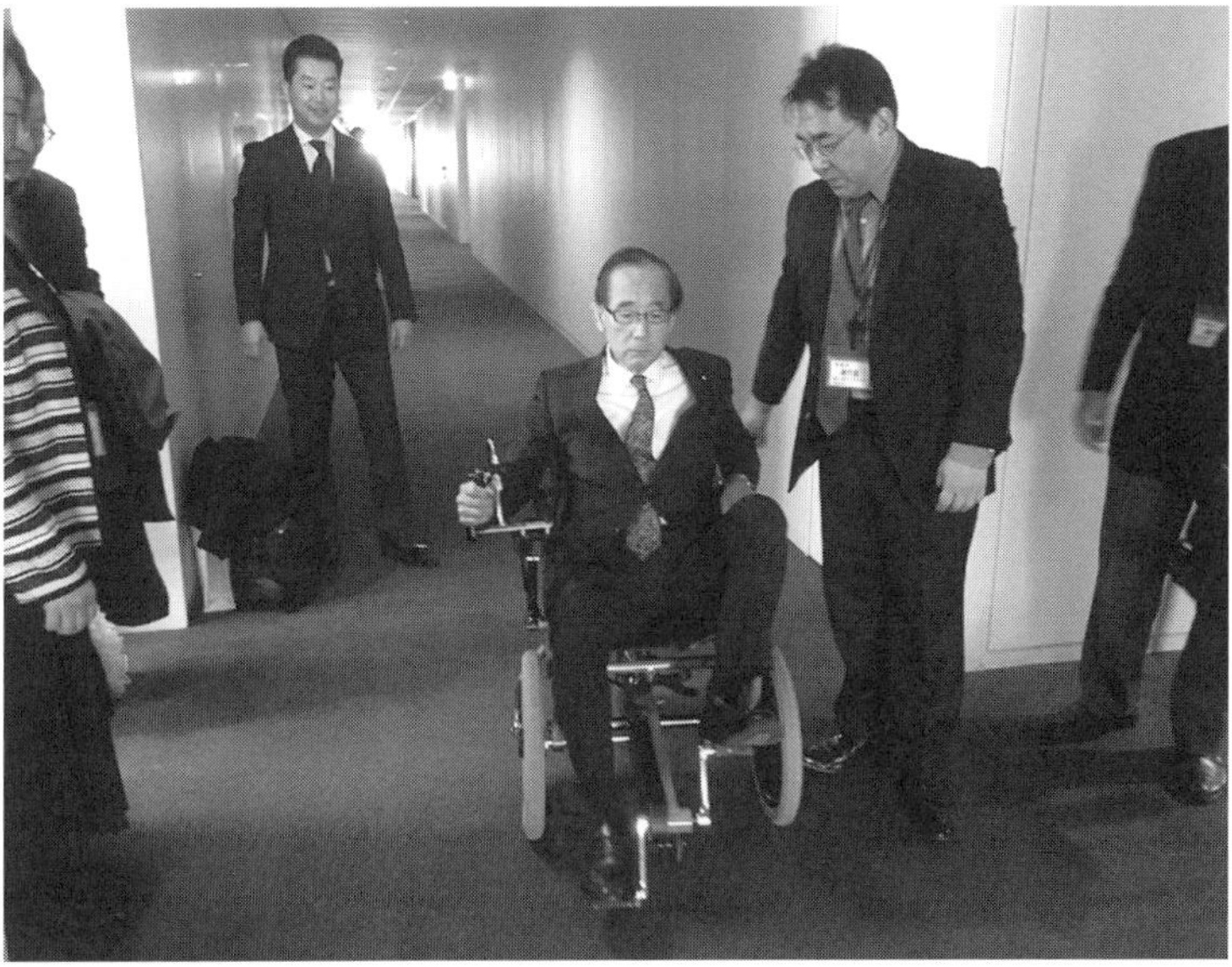

大相撲故北の湖理事長の葬儀に参列

東京の国技館で執り行われた大相撲理事長・故北の湖関の日本相撲協会葬に参列し、焼香（指名）をして来ました。元横綱、理事長の偉大さを改めて感じてきたところです。

12月22日（火）

アイデア商品、車椅子を「足こぎ」にしてリハビリ機能を

福祉団体からの相談です。車椅子は歩行の困難な障碍者やお年寄りが、専ら背中から押してもらうか手漕ぎで動かすもので、何れにしても椅子に座ったまま受動的。

ところが今回の新アイデアは、車椅子に乗った人が自分の足で漕ぐ、自ら足を鍛えるリハビリに役立つことを重点に置く。自分の足で漕ぐのは一見自転車のペダルを踏む感じ、医者からはそのリハビリ効果に高い評価を頂いている。この新アイデアに「福

祉器具」としての位置づけを行い、例えば電車への乗り込みにも便宜を図って欲しいなどが陳情の中身。受動的な車椅子を能動的なリハビリ用具に転化することが大きなポイントです。

12月24日（木）

筑前町元町長と産廃施設。叙勲祝賀会にて

福岡県筑前町元町長「手柴豊次」氏の叙勲祝賀会が盛大に行われた。旧三輪町長で三期、また夜須町と合併して十年が過ぎるがその初代町長も務められた。合併した二つの町を隔てなくまとめ立派に今日の筑前町の基礎を築かれた。

多くの実績のうち「サン・ポート」という産業廃棄物処理場の建設は特に大変であった。産廃施設は全国何処の自治体にとっても深刻な悩みである。手柴氏はそれを敢然と引っ張り実現された。私も直接間接、側面から協力した一人であるが、経過は思い出すだに凄まじい。その落成式典には多くの住民が幟りと赤旗を打ち振り、反対のシュプレヒコールが正面ゲートを塞いだ。関係者は物々しく警備に守られて出入りした。「三百回、地元集会を開催した」と氏の履歴書にさらりと報告されているが、その意味するところは大きい。平成十五年四月、業務開始。今、「サン・ポート」が地元社会で如何に大きな機能を発揮しているか、述べるまでもあるまい。

12月25日（金）

このままなら危ない、日韓慰安婦問題

日韓の慰安婦問題が終息の兆しを見せている。岸田外務大臣が近々訪韓して妥結を目指すという。十一月二日の安倍首相、朴大統領の日韓首脳会談以降、両国の雪解け、関係改善のムードが出てきたのは事実で、過日の産経新聞元支局長無罪判決もその一環。慰安婦問題につき、水面下の折衝も営々と続けられている。

日本側は国としてまたは首相として「お詫び」をすること、さらに結局は金銭支払いに応ずること、一方韓国側は慰安婦像の撤去と完全解決の約束と

で折り合うことなどが固まりつつある、とメディアは一斉に報ずる。私はただこれが本当なら極めて危険な兆候と懸念する。高度な政治判断が必要であることは間違いないが、一方でこの慰安婦問題、一九六五年の日韓請求権協定で完全処理されていたこと、「アジア女性基金」（二〇〇七年解散）などで精一杯対応してきたこと、何より朝日新聞、吉田誠治発言の撤回で「強制連行」などの史実は完全に否定された。ただそのことを我が国は韓国や国際社会向けに十分に情報発信することを怠ってきた。再びここでお詫びなら「河野談話」の二の舞いとなる、まして新たな賠償まがいの資金提供をするなど日本国民が許すはずがない。

謝罪すれば今までの歴史闘争は何だったのか、国の誇りや国益はどうするのか、竹島、尖閣、東シナ海、南京事件、北方領土等々他の多くの国際案件でも譲歩を強いられるのではないか、そこまで屈して日韓関係の回復、首脳会談が今必要なのか……危惧の念は止まるところを知らない。

安倍首相、岸田外相は当然熟慮しておられると信ずるが、この際限りなく慎重であることを祈る、決して自虐史的、宥和的解決としてはならない。外交は決して全てが政府の専権でない、国民の名誉と誇りが乗っている。失ってからでは遅過ぎる。

12月27日（日）

慰安婦問題、私は反対の立場

慰安婦問題は外相会談が行われて、多分今日（十二月二十八日）にも決着がつく。正確には不明だが、様々情報では責任の所在の明確化と資金負担、いずれも日本にとっては受け容れられない内容だ。外交的には表現や形造りを考えているようだが、そんな小手先の問題ではない。

今回米国が深く関与している、東アジアで日韓の融和を一番望んでいるのはむしろオバマ政権と言われ、安倍政権がそれに応じた可能性は強い。国際政治は高度に複雑だが、しかしそのツケを国民が当然に負う理由はない。私は一連の動きに対し自民党の担当者（国際情報検討委員長）として限りなく「慎重」、「反対」を訴えていきたい……。

私は昨日来、別用で中東のドバイ（アラブ首長国連邦）に来ており、慰安婦問題では電話、メールで懸命に外務省や議員、マスコミ達と情報収集、対応を検討しています。大方全ての議員が強い懸念を示しています。時間切れと外国出張で身の不自由をかこちながら、なんとか食い止められないかと腐心しています。

12月28日（月）

中東のポテンシャル、ドバイからの便り

私は今中東の「ドバイ」に出張しています。ドバイとはサウジアラビアのあの大きな長靴のような半島の東の先端に位置する国で、ペルシャ湾、ホルムズ海峡を隔ててイランにも直面しています。「アラブ首長国連邦」のひとつでアブダビに次ぐ首長国、国際的にも経済的にも、また中東、欧州の金融センター、国際航空の要衝（ハブ）としても近年目覚ましい活躍をしています。

私も一度は訪ねなければという年来の思いが、漸くここに実現しました。実際に来て見てこの国の想像以上の豊かさと発展ぶりに驚きました。先進国のいかなる都市をも凌ぐような都市づくり、林立する巨大かつ超高層のビル群、その一つ一つが個性を凝らして建築美を競うような。世界一の高さを誇るブルジュハリファ・ビル（八二八メートル、注：東京スカイツリーは六三四メートル）もここにあります。道路網、鉄道、高速網を含めて旧都市と新都心とが上手に配備される。海洋に突き出すパーム・アイランド（椰子の島）と称する人工島の開発……。そして遙か郊外に出れば、今にもラクダの隊商が出てきそうな砂漠だか土漠だかが延々と拡がる、ほんの二十年前は国中こんなものだったという。

今回の私の旅は、エネルギー、医療、産業廃棄物処理など、どの国でも直面する社会的問題について何か日本として協力や投資に結びつくものはないか、まずは情報収集と人脈作りがメインですが、好奇心と併せて見たもの聴くもの全て新しい学習の毎日です。経済や金融の実権は王族やその系列が握

り、今回大銀行の頭取クラスとも見えることが出来ました。日本企業の一層の奮起が望まれる。
人口は二百十万人程度、内一〇%が自国民、残りは出稼ぎ外国人が生活している人種の坩堝で、自国民には税制、医療福祉、教育など徹底した優遇措置。雨は一年にほんの数日しか降らず側溝の下水対策など施さず、そのため少し雨が続けば道路などは水浸しとなる、日本では考えられない話も。

12月29日（火）

《ミキモト真珠と湾岸諸国》意外な出会い

ドバイを含むペルシャ湾岸の国々はその昔真珠の採取生産で賑わっていました。何千年もの間、真珠の美を発見し世界中に装飾、美術工芸品として広め、それを富の源としたのもアラブ人たちでした。その栄華は二十世紀中盤まで続き、大国クウェートなどはその収入の九五%が真珠ビジネスによるものだったという。

中東のポテンシャル、ドバイからの便り

そこに強敵が現れた。二十世紀初頭に優れた養殖真珠が現れて、世界の市場は瞬く間に暴落し、湾岸諸国の（天然）真珠採取は崩壊しました。その養殖真珠こそ日本の「御木本幸吉（みきもと）」の開発したものでした。御木本こそ湾岸諸国にとって最も憎むべき人間でした。

アラブ人たちはそれでも餓死するわけにはいかない、時の指導者たちは懸命に生きる道を探しました。外国人らの指導も受けて遂にこの地域に膨大な石油資源が眠っていることを発見しました。この石油の埋蔵こそ、その後この地が常に世界紛争の火元となり、また現在の富を産み出す源泉となっています。

「あの御木本の真珠の養殖がなかったら、今でもこの国は真珠で食っていたでしょう。」「じゃあ今は、御木本や日本人を恨んでいませんね。」「もちろんアラブ人は皆、御木本に感謝しています。何年か前には御木本の孫がこの博物館を正式に訪問してくれました。」

（「アラブ首長国連邦銀行」本店の最上階にある「真珠博物館」にて、私と管理部長イブラヒム・ソワイダン氏との会話。写真は本店の正面、本店の全景とガラスミニチュアです）

12月30日（水）

遠くにイランが見える

ドバイのホテルの窓（二十五階）からすぐペルシャ湾とホルムズ海峡、ずっと遠くにイランがあり、時には陸地や光が見えるという。

12月30日（水）

《新年のご挨拶》

明けましておめでとうございます。

昨年は大変にお世話になりました。政治経済も一年を通じて多くの出来事があり、私もその時々において全力を尽くしてきたところです。今年は夏の参議院選挙を控えて一層の頑張りが必要となります。

暮れには中東ドバイにも活動領域を広げ、また日韓慰安婦問題が新展開するなど、自らの政治使命の大きさには身の引き締まる思いであります。

何卒のご指導をよろしくお願い申し上げます。また本年における皆様のご健勝ご多幸を心からお祈り申し上げます。

平成28年1月1日（金）

「慰安婦問題」私が渾身の力で訴えること

日本と韓国で懸案の慰安婦問題が「最終的かつ不可逆的に解決」した。このことが両国の外交的不調の主因であったとしたら、これをもって今後両国関係は一層融和し、未来志向の新時代を迎えることとなる。

いわゆる慰安婦問題は戦後四十年以上経った頃に突如として両国間で政治問題化した。そもそも慰安婦問題は、「吉田誠治」なる旧日本軍関係者が著書で言い始め（一九八三年）、それを朝日新聞が広く喧伝した（一九九二年）ことに始まる。日韓間でもつれた時に出された「河野談話」（一九九三年）が一応日本の公式発言となった。国連人権委員会にまで報告（「クワラスワミ報告」一九九六年）された。二〇一一年、ソウルの日本大使館前に慰安婦像が設置され、それが米国（二〇一三年）、オーストラリア、欧州にも伝播した。呼応するかのように日本の歴史問題に関連し中国、韓国が反日運動を激しく展開、日本人の誇りと名誉を痛く傷つけることとなった……。

二〇一四年、吉田証言はそもそも虚偽で「強制連行などなかった」ことが判明し、朝日新聞も正式にその誤りを追認、謝罪した。それなら本来「河野談話の撤回」こそ、本筋であったが、それは外交的には採り得なかった。日本にとってはこれら一連の紛争は一九六五年の「日韓請求権協定」、および一九九五年の「アジア女性基金」で全て解決済みとの立場を一貫してきた。近年、二〇一四年以降には特に、政府でも自民党でもその検証作業を集中的に行い、日本の認識と主張を正しいものとし、少なくとも中韓の反日的な情報戦争に対抗できる対外情報の発信こそが不可欠という事となった。

この流れの中で今回政府のとった日韓合意は予想を超えるものであった。日本が例え正しい主張を繰り返しても韓国が納得する可能性は低い、この問題で争いを続けている限りは、日韓両国は歩み寄れない、という外交的配慮。さらに日韓の不調が中国を利すること、北朝鮮への安全保障対策を遅らせる、という東アジアへの米国の強い懸念が後押しをした。まず日韓間を正常化すること、安倍首相は国の年来の思想や行動に敢えて捉われず、より高度な立場、外交を優先することを決断した。最も保守的と言われてきた安倍氏がその決断をしたところに今回の合意の凄みがある。「河野談話」どころではない、全体に責任ありと認め、謝罪したのだから、韓国が満足するのは言うまでもない。当然日韓関係は好転する、関係司法の動きもそれと連動してきた。

一方で、我が国は本当にそこまで譲っていいのか、将来にわたって禍根を残す、国の誇りを傷つけることにならないか。「強制連行はない」と断乎否定してきた首相がそれを事実上認めて謝罪したこと、違法と非難さるべき慰安婦像を撤去することを資金まで積んで依頼したこと、これら政府の決断を日本人は本当に受け入れることができるのか。いわゆる旧慰安婦が高齢であって「生存中に解決」という要請があったとすれば、ことは国家、民族の問題であって個人的な問題に矮小化してもならなかった。慰安婦像は今や韓国の日本大使館前だけでなく米国ほか世界中に広まっているものを如何に撤去するのか。また中国その他が韓国に対したと同じような賠償的措置を要求してきた時はどう反論するのか……。

私がさらに、最も恐れるのは、外交関係さえ改善すれば原則論は問わない、または謝れば済む、という日本的な解決でこれからの外交、国際関係は本当に大丈夫なのか、悪しき先例を作ったのではないか。竹島問題、南京事件、東シナ海資源問題、尖閣諸島、北方領土問題、靖国問題、拉致問題、南シナ海問題など我が国には周辺諸国との間に深刻な課題が山積している。これら難問を正しく、国益を踏まえて追究していくためには、最後まで毅然として闘い抜く気迫と姿勢が必要ではないか。

私は今回、日韓合意が出るまでは徹底的にその問題点を挙げて反対の立場を明確にした。多くの議員たちとその懸念を共有した。実は今でもその思いは変わらない。然し外交は政府の専権である。外交に権限と責任を有するのは政府である。そしてその政府が一旦国際的に約束したものを誠実に守ることは国として当然の責務である。私はそれを支持する、それは議員としてまた国民として当然のことである。その際今後の運営にあたっては、これら憂国の士たちが真剣にかつ深刻に悩んだことはしっかりと踏まえて欲しい。

一方で韓国には次のことを望みたい。わが安倍首相は国の年来の主張と多分個人的な信念をも懸命に抑えて今回の合意に達した。ひたすら自由と民主主義という共通の価値観を持つ両国が争ってはならない、日韓両国の堅い絆こそ世界平和への不可欠の要衝という熱い使命感に燃えたもので、首相のその「世界精神」を是非とも理解し、合意内容の履行と今後の両国の友好増進に努められたい。

1月3日（日）

北朝鮮の水爆実験

北朝鮮が核（水爆）実験をした。安保理決議違反を言うまでもなく、この国のやることはいつも説明がつかない。非難声明と制裁がとられるが、何をやっても効き目がない。米国を直接交渉に引っ張り出す「瀬戸際作戦」と言われているが、この国には「対話」も効きそうにない、結局は「圧力」しかないのか。

国民が苦しんでいるが、今の金正恩体制ではもはや期待もできそうにない、その崩壊しかないと思う。国民が本当に可哀想だ。各国挙げての厳しい追加制裁が予想される。

1月7日（木）

私のビジネスネームは「元気溌剌」

東京と地元と数多くの新年互礼会に出ていますが、この短期間で半年分くらいの挨拶が一気に済むようで、本当に有難いものです。我々の社会生活は基本的に年間の四季、それに沿ったカレンダーの行事で動きます。当たり前のようですが、実は日本の素晴らしいところで我々のように政治に関係しているものにとっては、特に有難い。忙しい中で出会える人の数だけでも、凄まじいものがあります。

今日は珍しい会社の人々と出会った。全ての社員が本名とは全く別、「ビジネスネーム」を持つ。男性が養子で姓が変わる、女性が結婚後も旧姓を使うのとは全く異なり、入社して退社するまで何十年でも、社内、営業、対外交流は全てビジネスネームを使う、名刺も署名も全てそれを使う。家庭や個人に戻ればその時だけもちろん本名を使う。その徹底ぶりは驚くほど、かくして『レンタルのニッケン』社は実に大きく伸びてきた。建設土木現場の機材リースやレンタルで全国最大手の一つ、創業四十年、社員四千人、営業利益一千億という。実は我々の選挙事務所の事務設備、機器なども今や全国でも「ニッケン」社抜きに語ることができないほど。

例えば執行役員の奥田裕之さんは「努力実」がビジネスネーム、全て努力実で仕事はこなす。本人の意気込みから始まり、公私の区別を峻別し、社員の連帯意識を強化するなど、人間改革を通じて社業、ビジネスに徹することを目指す。鈴木、佐藤、中村など社内でダブる同姓は全くいない。

是非は問わない、社長から平社員まで一人の例外もなくそれに徹するところに、当社の気迫を感ずる。

原田義昭のビジネスネームは努力さんに倣って「元気溌剌（はつらつ）」にしてみるか。

1月8日（金）

我がファミリーの賑やかさ

五十年前、私は高校生でアメリカに一年間留学していました。楽しくも本当に貴重な経験でした。その時滞在してお世話になったのがShacklett（シャクレット）家。今でも二男一女と兄弟として付き合っています。そのファミリーからメリー・クリスマス・カードが来ました。何か圧倒されそうで、私も幸せ一杯です。

1月9日（土）

『母と暮せば』（山田洋次監督）

話題の映画『母と暮せば』を観た。長崎の原爆で死んだ医学生浩二とその許嫁町子との哀しくも美しい純愛物語。母（吉永小百合）は如何に悩んだか、その母と亡霊と化した浩二との不思議な交流。感情を抑え遂に冷静さを失うことはなかったが、母は一度だけ、たった一度だけ、「あなたの代わりに彼女が死んでくれていたら」と泣く。それを浩二が母を強く諌める、絵も言われぬ母子の愛情と哀しさを織り上げていく。原爆のことも戦争のことも、何の非難も出てこない、しかし何より強い反戦映画でもある。

なお、縁あって山田洋次監督に近い人がいて、私が自著を名入りで贈ったところ、監督からご懇切にも名入りの返礼が届き大変感激しています。

1月12日（火）

「衆参ダブル選挙」はあるのか

国会が始まり、すでに予算委員会も本格稼働。安倍総理は誰よりも元気がいい。総理は次なる政治目標に「憲法改正」をはっきり挙げる、自由民主党立党六十年、憲法改正こそが最後で最大の政治課題である。我が憲法は立派な憲法だが、もはや時代にはそぐわず、矛盾点も多い。憲法改正にはこの夏の参議院選挙に大勝し、参議院で憲法改正発議のための三分の二の議席を取らなければならない。だが至難の業である。参議院選挙に衆議院選挙を当てれば、参議院勝利の可能性が高まる。リスクはあるが、これが衆参同時選挙への直接的な動機である。さらに今は、タイミングも悪くない。

同時選挙はあるのか。誰にも分からない。衆議院解散は総理大臣だけが持つ権能であって、安倍氏が肯定するはずはない。しかし年が明けると一気に同時選挙のニュースが増えてきた。政界の有力者が雑談的に予想する、聞かれれば無責任に応える。「一犬吠えれば万犬吠ゆ」の譬え通り、あちこちが無責任に吠えていると、世の中に雰囲気が出てくる、しからば議員や候補者が浮き足立ってくる、走り出す、もう止められない。かくして総理も解散を決断する……。

しからば自分はどうだ。選挙が好きな人はいない、が来る者は拒まず、敢然と受けて立つしかない。衆議院はいつも「常在戦場」（いつでも戦場にいると思え）だから、そろそろ我が運動体も「戦時モード」に切り替えていかなければならない。

1月13日（水）

新春将棋大会

太宰府天満宮（余香殿）に於いて、二十回目の「新春飛梅杯将棋大会」が行われました。私は第一回目から協力、今や福岡県内でも有数な大会となりここからプロ棋士も出ています。私は今、「福岡県将棋連盟会長」を務め、免状は五段、実際の実力は初段くらいですが、地元の主催者鬼木幸市さんを助けながら棋界の発展に微力を尽くしています。

将棋は規律を守り論理的に物事を詰めていく、攻撃と防御が切れ目無く変化する高度な知的ゲームで、小学生前からでも学ばせようとする親御さんが沢山おられることは大変いいことです。私は小学校二、三年の時にルールを憶え、三歳上の兄と随分勝負しましたが、何故かいつも兄弟喧嘩になったのを思い出します。

1月17日（日）

痛ましいスキーバス事故

長野県軽井沢ではスキーバスが高速道路脇に転落して死者十四人他多くの傷害者を出した。死者のほとんどが若い人、大学卒業予定者で就職も決まり、これからの人生に胸膨らましている人々であって、家族にとってはもはや悔やみても悔やみ切れない事故であった。バス会社の法令規則違反がぽろぽろ発覚し、一緒に死んだ運転手は経験も技量も健康管理も出来てなかった。後付けで、悔やみ、罰し、今後改善させてももう十四名は戻ってこない。なんと罪深いバス会社で運転手であったか。親御さんを想うと胸が締め付けられる。

1月18日（月）

ひたすら民主主義ルールを、台湾に民進党政権

台湾の総統選挙で民進党の「蔡英文」氏が圧勝し、八年ぶり国民党政権から政権交代が行われる。早くから予想されていたので驚きはないが、議会（立法院）でも民進党が単独過半数を得て、安定政権となる。中国との距離感が両党を分けるとすれば、中国との統一を標榜する国民党に比べ独立を志向する民進党は国として余程健全で日本にとっても極めて良い結果であった。

馬英九氏は昨年十一月、シンガポールで習近平氏と「中台合意」を演じたが、これほど臭い芝居はなかった。政権交代を見込んでの駆け込みを認めるほど台湾国民は馬鹿ではなかった、馬氏は歴史的にも評価を下げた。

民進党政権は様々大陸中国から謀略を受けることになる。外交的にもまた経済的な不利益も予想されるが、今や中台関係は両国相互間で、かつまた日米や国連、ＴＰＰを含む国際社会で、直線的な虐めを許すほど時代は単純でない。蔡英文政権が細心かつ賢明な政権運営を続けることで、むしろ習近平中国こそが、現在の全体主義的、閉鎖的、非民主的、さらには国際法と国際平和を無視した対外侵略の動きに自制と抑制を促すことにもなり得る。今回の選挙結果は国民党の宥和政策を捨て、台湾人の民族自決的な誇りを決然と示した何よりの証左であり、さすがの中国もそれを無視することは出来ない。

翻って我が国は、新生台湾に対してただ黙々と自由と民主主義のルールに沿って、質量ともに交流のレベルを上げてさえいけば良い。

1月19日（火）

麗しき、父子鷹

「渡辺勝将（かつまさ）」県会議員はいきなり父親「英幸」氏を舞台に呼び出し、感謝状を読み上げた。政争の町「那珂川町」を立派にまとめあげ、自分を育て、そして遂に自分に繋いでくださった、父親への愛と感謝の気持ちは何よりも大きい。読み上げる言葉は途切れに途切れた。

福岡県那珂川町での『渡辺県議・「武末茂喜」町長・合同新年会』でのこと、これで勝将君もいよいよ一人前の政治家として大きく羽ばたくに違いない。

1月20日（水）

「自動車免許」を取らせよう

「児童養護施設」から十八歳で卒業する際、出来るだけ彼らに「自動車免許」を取らせましょう。しからばそれが生活の安定をもたらし、これからの人生設計がしっかりと立てられる、もちろん悪の道に誘われることもないだろう。こういう崇高な考えのもと活発な社会運動が始まっています。

一人の青年が免許をとるまでには最低五十万円くらいかかります。その負担分を一般の寄付、取り分け自動車関連の業界からの浄財と自動車免許教習所の減額サービスなどでなんとか賄える。今では僅かだが、国の予算と自治体の補助金ももらえるようになった。昔は「孤児院」と言われたところ、親の愛や家庭の温かさを知らずに育った彼ら、しかしみんな本当に立派な子供たちです。社会全体で育ててあげましょう。

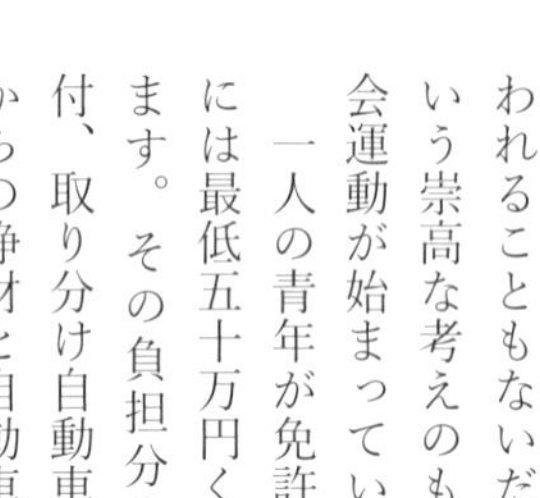

この運動に私は最初から携わっています。今全国には予備軍が千五百人いるといわれます。埼玉県が非常に熱心ですが、福岡県も含めて他県にも働きかけています。

どうぞ皆様には寄付、企業、教習場への働きかけなどなんでもよろしくお願いします。

連絡先：〇四八‐八一五‐四一一一
写真は「コンパスナヴィ基金」の皆川さんらグループです。

1月21日（木）

自民党「道州制推進本部」役員会

私はこの国会で、自民党「道州制推進本部長」に指名された。

「道州制」とはわが国の中長期将来を睨んで、中央と地方との関係を整理、構築し直すことで、将来の日本のあるべき国家像を模索することです。具体的にはきたるべき人口減少に対応し、また地方を再生し「地方の時代」をより確実に実現するために、一方では中央に集中している法律上の権限、財源の地方分権を進め、他方で今の都道府県、市町村の地方制度の見直しをする、例えば全国都府県を十前後のブロックに分けてそれぞれにより多くの自治権を与えることや全国市町村の千八百に近いものが人口減少で消滅するとも言われている中で市町村合併を進めることなども考えられます。

北海道だけは、面積の広がりと法律的権限の分権が進み道州制の「先駆け」と扱われています。

道州制は政府、政党、地方団体などですでに十年近くの議論が続いていますが、ことの大きさと意見集約の難しさから未だ具体的方向は定まってはいません。私にはここで今までの議論を再活性化するという重い役割が与えられています。

1月22日（金）

「八丁峠トンネル」工事起工式

国道322号は福岡県の北九州市から久留米市まで続く将来の物流ルート、大動脈です。その最大の難所と言われたのが嘉麻市と朝倉市を結ぶ「八丁峠」と言われており、そのトンネル工事の起工式が行われました。

計画されて二十年、具体的に工事に着手されて十年という大工事でその竣工が待たれます。私は来賓としての祝辞を「……私は嘉麻市で生まれ育ち、今朝倉市でお世話になっています。両市を結ぶ『八丁峠トンネル』こそは、私にとって特別の個人的思い

入れがあります」と結んで、笑いを誘いました。

福岡市は十年ぶりの大雪

1月23日（土）

大陸からの大寒波で、西日本、北陸、北日本は空前の大雪、我が福岡も十年ぶりの大雪とか。道路は基本的に閉ざされチェーンかスノータイヤでなければ一般車はとても無理、都市インフラの弱さが出た。この雪は明日まで続く。今日は日曜日で助かったが、明日以降業務日となれば世の中結構混乱しそう。

私は用心して今日中に上京した。飛行機は混乱しつつも飛んでいた、多くの知人が同じ飛行機に同乗。羽田に着いてみると、東京地方は好天だった。

確かに朝は大雪で、起き抜けに見る一面雪景色は本当に久しぶり、格別のものがあった。ただ周りの大騒ぎと、私は少し違う。

私は小学校の四年間、北海道で育った。一年の半分近くは雪の中、零下は十度以下が毎日で、雪は身の丈の三倍以上、山スキーや雪スケートで日がな過ごした。屋根の雪下ろしは男の子の仕事だった……。だから自分は絶対に雪や寒さに強いと自負しています。今でも私は密かに「道産子」（北海道生まれ、育ち）としての誇りを持っているのです。

1月24日（日）

嬉しい二勝、沖縄と大相撲

大雪で大騒ぎした昨日、日本中が大いに湧いた。沖縄「宜野湾市」の市長選挙で自民党与党推薦の現職市長が、予想を覆して大勝した。直前に甘利大臣の不祥事が表面化し、内心心配をしていたところ。これで基地問題が直ぐ解決する訳ではないが、反転攻勢に向けて着実な一歩になり得る、安倍政権にとって何よりの幸先である。

大相撲で大関「琴奨菊」が初優勝、ちょうど十年間外人ばかりが優勝してきたが、初めて日本人力士が優勝したとのこと。自慢にはならないが、嬉しいには違いない、わが福岡県出身、よくやったと誇らしくなる。

琴奨菊は今までだめ大関の典型で、ケガが多くカド番五回、勝ち越すのがやっとだった。人が変わったように強くなったが、その裏にトレーナーを選び、科学的トレーニングを取り入れたという。

なお、大関の祖父「故菊次一男」さんの存在が大きかったと報じられる。十五年ほど前、一度菊次さんに食事に呼ばれたことがある。「孫が高校（明徳義塾）の相撲部におり、いずれは大相撲に行かせたい」と懸命に訴えていた。一度東京に一緒に来てくださいと別れた。あの祖父愛がその後彼を大関に昇進させ、遂に今度の優勝にまでつながった。菊次さんも今天上でさぞかし喜んでおられるだろう。

1月25日（月）

外国人を育てる、究極の「山元学校」

旧友「山元雅信」さんはその人格に加えて国際性、語学力、行動力、発信力を活かして多くの国々を訪問し、また在京の多くの各国大使らと接触して、国際親善、国際平和に向けて堂々たる民間外交を展開しています。また毎月欠かさず例会を開き内外の若き人材を育てており、人呼んで「山元学校」も二十年に及びます。

私も初めて呼ばれたのですが、外交官おり、政治学者おり、音楽家おり、歌舞伎役者おり、旅館の女将おり、事業家おり、演劇家おり、レポーターおり……。それぞれが一言話し、実技も伴います。英語も日本語も飛び交い、さしづめ「小地球」という感じです。本当に楽しい、また学ぶ処の多い「学校」で、続く二次会が盛り上がったのは言うまでもありません。シリア大使の切々たる訴えは、中東情勢の複雑さと人々の平和への渇望について改めて認識を深くしました。

1月28日（木）

甘利大臣、誠実に説明、大臣辞任

甘利大臣は週刊誌が指摘した一連の政治と金の不祥事について、自らの金のやり取り、秘書の顛末などを詳しく説明した上で、政局を混乱させてはならない、事務所の責任は全て自分にあるとの理由で大臣を辞任した。国中の耳目を集めての記者会見であったが、甘利氏の説明は逃げずに詳しいものであった。今後どのような反論やまた司法がどう動くかは予測できないが、少なくとも甘利氏の態度は十分に誠実なものであった。甘利氏の政治的役割、その実績を否定するものはおらず、またその真摯な政治姿勢と人生観を近くで知っている者にとっては、彼の胸中、とりわけ無念さは察するに余りあるが、この潔い決断で慌ただしい悩みから解放され、心身しばらくは充電されるといい。政局への影響は大きくないと期待する。

今回の事件はおよそ政治家、当然私も含めて、政治活動する上で身を律することの必要性を改めて喚起せしめた。

1月29日（金）

天皇皇后両陛下、フィリピンをご訪問。リサール記念碑

天皇皇后両陛下がフィリピンを訪問された。テレビ、新聞でも懸命に務められるお姿に接すると胸が

熱くなる。

太平洋戦争末期には日本は米国とフィリピンを巡って激しい戦闘を行った。米国人数十万、日本人五十万、フィリピン人はなんと百万人以上、これがこの戦闘の犠牲者という。比較の是非はともかく、日本人の原爆犠牲者が合わせて二十万人という時、フィリピンの被った被害がどれほどだったか、察するだに余りある。フィリピンは、しかしそれを赦してくれた、いや赦してくれようとしている、なんと痛々しいまでの温情ではないか。両陛下は慎ましくも真摯な祈りでかの国の人々に揺るぐことのない謝罪と感謝を捧げていただいた。両陛下は英雄「ホセ・リサール」の記念碑にも献花された。リサールは国民を、

武力や権力でなくそのペンと言葉の力で、スペインからの独立へ奮い立たせ、そして一人十字架に繋がれ断頭台の露と消えた。その時三十五歳。フィリピン人はいつの時代もリサール抜きには語れない。

私は昨夏、フィリピンを訪ねた。所用の合間に偶々リサール記念碑にも立ち寄った。そこで強い感動を受けた。初めての名前であったが、何処の異国にも「建国の父」がいる、というのが率直の印象であった。

そして今両陛下が参られた。天皇陛下は公式の席でリサールを讃えられたという、「ペンの力で国民を救われた」と。天皇皇后両陛下の今年も恙なきをお祈りいたします。

1月31日（日）

東シナ海の油ガス田問題

東シナ海の日本と中国の中間海域では埋蔵する油ガス資源を巡って長いこと揉めている。二〇〇八年には綿密な協議をしようと両国で「合意」したにも関わらず、中国は二〇一〇年以来その協議に応じて

いない。のみならずいわゆる中間線の西側では明らかに違法なガス田の開発を続けている。

日本は開発の停止と協議の再開を目指して抗議、呼びかけを続けているが梨のつぶて、業を煮やした日本は、昨年七月に中国の違法な開発の全容（航空写真）を発表して、開発の即時停止を押念した。中国はその抗議にも応えず、開発を止めることなく続けている。

これらは「法の支配」を守ろうとしない中国の常套手段で、他国の国益や主張を無視する外交姿勢は改めさせなければならない。本件、ひとり海洋資源問題ばかりでなく、外交、安全保障、国益など国全体に関わってくる。

私は委員長として自民党の資源エネルギー調査会「東シナ海資源問題委員会」を開き今日までの状況を整理し今後の対策を検討した。もはや総花的な議論ではあり得ず、より具体的かつ目に見える対策を講じ中国からは実質的な効果を得なければならないと決定した。

2月3日（水）

モンゴル民族の団結小屋

新宿のモンゴル系スナックで楽しい時間を過ごしました。モンゴル人は大相撲の白鵬などが有名ですが、日本にいる人数は多くない。でも民族として結束が固く出身がモンゴル国であれ内モンゴル（中国）であれ皆仲良く暮らしています。私も昔からモンゴル・ファンで、数年前には単身でモンゴルに渡りモンゴル相撲を取ったり、ジンギスカンの発祥の地カラコルムを訪ねたりしました。

2月4日（木）

学校教育に大新風を!!

ＴＯＳＳ（Teachers Organization of Skill Sharing 教育技術規則化運動）という教育団体があり、多くの現役教師が参加、学校教育に大きな新風を起こしています。子供達に道徳、人倫、しつけなど人間としての基本を学ばせ、将来立派な日本人として国際社会に活動できる人材作りを目指しています。三十年を超す歴史を持ち、日本各地で様々な活動をしており、「五色百人一首」という特異な手法も生み出しています。二〇一九年に世界ラグビー選手権が日本で行われますが、福岡県支部ではそれを一つの梃子として、子供達を一層活動的に育てようとする運動を展開しています。有名になった五郎丸歩選手も実に我が福岡県出身です。ラグビーがこういう形でも社会発展に役立っているのです。

なおＴＯＳＳ運動の創設者「向山洋一」氏は私の古くからの友人で、福岡県支部の活動には私もとりわけ力が入ります。

2月6日（土）

恒例、「新春の集い」盛況

「新春の集い」を開催しました。毎年欠かさず、もう三十年も、この会は続けていますが、その年その年の苦労と成果があるものです。今年も厳しい寒さは覚悟していましたが、天気予報を超えて朝から大雪が降り出したのには慌てました。それをも押して本当に多くの人々が出席していただいたのには頭が下がります。

来賓各位にはそれぞれ力強い応援を頂き、また私への大臣近しの期待には励ましとプレッシャーを覚えました。私も今年に掛ける思いをしっかり述べましたが、少し趣向を凝らし今年は現下国政で争点となっている諸問題、例えば北朝鮮のミサイル打ち上げ、憲法九条改正、消費税軽減税率、電力自由化、日韓慰安婦問題、ＴＰＰ問題、さらには参議院議員選挙、衆参同日選挙などを具体個別に取り上げ解説し、自分の意見を加えました。

大会が終えて外を見ると雪は止み良い天気になっていました。来週は朝倉地区です。

2月7日（日）

安倍総理へ紅白梅を献上

太宰府天満宮の「梅の使節」が総理官邸を訪れ、「思いのまま」という名の紅白梅を安倍総理に献上しました。既にこの時季の恒例となりましたが、予算委員会、北朝鮮問題などで超多忙の安倍総理にとっては一時の安らぎになったものと思われます。

2月8日（月）

安倍総理へ紅白梅を献上

エルサルバドルの女性大使来訪

中央アメリカのエルサルバドル共和国の女性大使（マルタ・シスネロスさん）が挨拶に来られました。私は予算委員会の最中だったので、委員会室隣の会議室で面会しました。私は「エルサルバドル友好議員連盟会長」を務めており、大使とは時々行き来しています。日本語も流暢、見識も高く、在京の女性大使の中でも優秀でかつ人気者という評判です。今年は一年、両国の友好交流をどう高めようかと話し合いしました。

エルサルバドルは中米の小国ですが、漁業や農業とりわけコーヒー生産が主力です。私は七、八年前同国の大統領就任式に出席したことがあります。

2月10日（水）

米大統領選、ニューハンプシャー予備選の思い出

米大統領選はとにかく凄い、想像を絶する。候補者も選挙陣営も本当に大変だと思う、予備選は八月、本戦は十一月まで続く、およそ民主主義の極限と言える。

予備選がニューハンプシャー州で済んだ。全米、第一発目の予備選だけに、その結果は殊の外他への影響が大きい。民主党はサンダース氏が勝ちクリントン氏は大敗した。共和党はトランプ氏、前週のアイオワ州の負けを挽回した形。筋書きのない物語として、失礼だが実に面白い、各州での死闘はこれからも延々と続く。

ところで私はその昔、ニューハンプシャーに住み、この大統領予備選に備えたことがある。留学先、マサセッチュー州ボストン・タフツ大学大学院を終えた後、すぐ北に隣接する州のニューハンプシャー大学に転学した。そこで本物の予備選挙を体験した。寒い豪雪の中を陣営の運動員とともに走り回り、戸別訪問をした。候補者の演説会にも行った……。私は密かに政界進出を決めていたこと、学び得たものは多かった。一九七六年（昭和五十一年）の二月、私が三十歳の頃。その予備選ではカーター氏とレーガン氏が目立ち、秋の本選挙では民主党カーター大統領が誕生した。遠い昔の思い出である。

2月11日（木）

慰安婦問題「日韓合意」について

慰安婦問題は昨年十二月の「日韓合意」によって政府間また外交的には収まったことになっている。核、ミサイルの北朝鮮問題でも日韓の外交、安全保障関係は米国を入れて顕著に改善した。ただこの慰安婦問題は歴史認識と民族意識に複雑かつ深くに関わる問題であって、「合意」というひとつの政治決断で全てが解決したものではない。むしろ今回の外交手順や今後起こり得る懸念などで国民の批判や不満が鬱屈、沈積した面もある。韓国でもそうらしい

が、日本でもあの合意を否定する人々は少なくない。日本大使館前の慰安婦像一体すら、今のところ撤去する約束が果たされる見通しはない。

議員会館講堂で大規模な勉強会、実際は激しい抗議集会が開かれた。強く出席を依頼されたので私も敢えて出席した。さらに覚悟の上、思うことを率直に発言した。自民党の与党議員であって政府方針に徹底反することはできないとまず断った。さらにはこの合意が外交安全保障へ積極的に貢献し始めていること、然し決して手放しで喜ぶべきではないこと、この問題が吉田清治や朝日新聞の欺瞞から出発しそのために日本の歴史と民族が汚名に包まれたこと、国際社会でもその恥辱が増幅されて国益を損なう所まで来ていること、国民の名誉と尊厳を回復するためには情報発信などで新たな運動を展開する必要があること、などが私の論旨である。

出席者や会議全体は非常に厳しい批判が大勢であった。与党議員は他に誰もいなかったが、私はこは政治家の役割であると思いました。

2月12日（金）

新春の集い・その二

先週に続き「朝倉地区・新春の集い」を行いました。多くの人に集っていただき、自信を頂き、大きな責任を感じました。私は演説の中でTPP問題、憲法改正、北朝鮮問題などにも触れ、来る参議院選挙、あるいは衆参同時選挙に向けての決意表明としました。政治家は意思を外に発することで自らを鼓舞して、次なる行動に結び付けていくものです。

2月14日（日）

北海道知事「道州制」来訪

高橋はるみ北海道知事の来訪。私は自民党「道州制推進本部本部長」を務めていますが、北海道は「道州制」議論ではモデル地区として全国の先頭を走っています。高橋知事も道州制議論には大変力が入っており、今後の扱いにつき二人でしばし懇談しました。

なお高橋知事は昔、（旧）通産省に私の後輩として勤めており女性官僚の草分け的な存在でしたが、今その期待通り政界では大活躍をされています。

2月18日（木）

北海道知事「道州制」来訪

道州制問題県知事会陳情

道州制問題につき県知事会の代表が陳情に来られたので、自民党道州制推進本部の役員で応接しました。代表は「村井嘉浩」宮城県知事と「鈴木康友」浜松市長です。二人から陳情書を受け取った上で活発な意見交換を行いました。

2月19日（金）

大川隆法さんの講演

誘いを受けて「幸福の科学」総裁大川隆法さんの講演を聴いた。大変な盛況で、その主張と力強さには率直学ぶところも多かった。宗教者とはいえ、安保政策や社会政策もしっかりしたものを持っており、IT革命の先端を行くもので、自民党も地方組織から強化していかねばならない。

2月20日（土）

柔道七段、昇段の祝い

「根岸伸太」氏はこの度「講道館柔道七段」の免状を授けられ、東京銀座で多くの関係者と共に祝賀会を致しました。根岸さんは東京品川区で柔道場を代々経営され、同区柔道協会会長などを歴任、地域柔道の発展、多くの若人たちを育成されました。

私には小山台高校（品川区）の後輩にあたり、根岸さんはその柔道部の生徒たちを今日まで大変よく世話をされています。お互い五十年以上も前になりますが、私は大学時代には高校生に稽古をつけに行ったり、夏の合宿に引率したり、その中には全日本柔道連盟会長の「宗岡正二」（新日鉄会長）さんもおりました。

もう一人「内田順康」さんという十歳年長の先輩がおられ、彼は個人的にも私が最もお世話になった人で、高校大学時代を超えて就職し遂に選挙に出て議員になるまでも一貫してお世話になった。私が挨拶の中で内田さんの話しを出すと、出席の古老たちは皆大変に懐かしがっておられました。

今日の盛会を見ても根岸さんの来し方、人徳が偲ばれます。

2月21日（日）

歌手トクマさん、唄う

売り出し中、歌手のトクマ（TOKMA）さんが議員会館に訪ねて来た。ギターを持っていたので、弾いて欲しいと言ったら、ここでですかと問う。もちろん、と言って、私の部屋のソファーで朗々と唄ってもらった。

「パパとママへ、ありがとう」という歌、心を揺さぶるような絶唱は、部屋のドアは全部開いていたので、私の八階の廊下は半分くらいには響いたかも。

2月23日（火）

自民党経済産業部会

TPPに関連する関係法案が次第に出来上がっています。経産省、公取委関係の法案審議で私は担当の「独占禁止法」の説明をしました。まず自民党内

で審議し、続いて公明党と与党内審議となり、ここで政府案となる。これが国会に提出されると衆議院TPP特別委員会、続いて参議院の委員会で審議、採決されると正式な法律となる。

一方「TPP協定」自体は国際条約であるので、その受け入れを巡って「批准」という手続きが行われる。国際条約は条約と法律が両方成立して初めて法的な効力を持ちます。農業分野を含み未だたくさんの論点が残っており、これからの国会は少しの緩みも許されません。

2月24日（水）

特命全権大使、一堂に

自民党の外交関係委員会において、アジア諸国への大使が一堂に会し、それぞれ任国の政治、経済、外交、対日関係などにつき報告を行った。最近時の現況を最も生々しく報告されるので、我々には本当に得難い機会であり、各大使の苦労は率直に評価しなければならない。

写真は左から韓国、中国、ベトナム、インドネシア、オーストラリア、インドへの大使。なお大使は正式には「○○駐箚（ちゅうさつ）特命全権大使」と呼ばれ、任地では国の代表、天皇陛下の名代として扱われる。

2月25日（木）

熊本県市長、来訪

熊本市長、来訪

熊本県の「元松茂樹」宇土市長が挨拶に来られた。宇土市は熊本県の中腹部、加藤清正とキリシタン大名小西行長で争った歴史都市です。宇土市が廃棄物環境問題で悩んでいた。私が側面から少しお手伝いしたことがあるのですが、それが上手く解決できたということで、義理堅くもお礼に来られた。私は畏れ入るばかりで、これからも協力しあおうと硬い握手を交わしました。写真は元松市長（右）と西山宗孝熊本県議（左）。

2月26日（金）

朝倉市、一般国道開通式

朝倉市の「一般国道322号バイパス」の開通

式。福岡県では北九州と筑後（久留米）地区を南北に最短で結ぶ幹線道路として、地域の発展にも大いに役立つものと期待されます。

2月27日（土）

那珂川町「市」昇格へ

福岡県那珂川町では、昨秋の国勢調査の速報ベースで人口「五万二十九人」と初めて「五万人」を超えた。五万人を超えれば「市」への昇格が認められる。正式には秋の確定値を待つことになるが、しかしらば晴れて全町悲願の「那珂川市」が誕生する。

思えば五年前の国勢調査では二百二十人足りずに涙を呑みました。地域一帯にとっては、この二十年、市昇格の議論が常に大きなテーマとなってきました。そして今、私はわが町の努力と発展に心から誇りを覚えます。

（なお、五年前には愛知県の某町が市昇格を果たした後、国調手続きに不正があったとして刑事事件となりました。私は、翻って落選に失意するわが町の関係者に「真面目が大事、誠実が一番」と慰めたことがあります）

2月27日（土）

嗚呼、シャープと鴻海（ホンハイ）

経営再建中のシャープ社が台湾のホンハイ精密工業社の子会社になる。やむを得ない、それが国際経済かも知れないが、それでも悔しさは拭えない。なぜ日本が、なぜ「産業改革機構」が救えなかったのか。

六千億円規模の打ち合いだった。ホンハイはどんどん積み増してくる。産業改革機構は三千億円まで、それ以上は主力銀行の融資に頼ったが、所詮は出資と融資、贈与と借金では勝負にならなかった。日本の敗因は本当に様々、まずはシャープが液晶技術に頼り過ぎて世の中を見失ったこと、東芝など国内電機業界の不始末と混乱、国内銀行のドライな割り切り、国の限定的担保力……要は日本経済の底力、絶対に守り抜くという気迫の問題だった。

しかしこれからの国際経済はもはや国籍やナショナリズムの支配するウェットな時代ではないことを

覚悟すべき。

　資本の移動に国境はない、インターネットや通信業界、ヤフー、グーグル、アップルを見よ、今や日本中が無国籍企業に乗っている。シャープ問題はまさに国とは何か、国益とは何か、国際社会とは何か、それは経済だけか、政治や外交にも関係するのか、を考えさせる。

　無念ではあるが、この非情な（merciless）国際社会では、技術開発で先頭を走り、ＩｏＴ（物の情報化）を駆使し、国際投資を怯まず、国際金融に打って出る……結局は強い戦略を立てて国力を強化していくことしか、国益もまた国の誇りも守ることは出来ないということ。

2月28日（日）

筑前マラソン大会

　珍しくも濃い霧の朝、筑前町で健康マラソン大会が行われました。同じ時間帯に東京ではすっかりメジャーになった「東京マラソン」が行われているはずです。私は出発前の開会式で「今年夏のリオデジャネイロ・オリンピックにはムリだが、四年後の東京オリンピックには十分間に合うので、若い諸君はこれからしっかり実力を付けて頑張ってください」と挨拶しました。

2月28日（日）

真に立派な日本人

「藤都（ふじと）一臣（かずおみ）さん」は偉大な市井人である。近所の小学生を集めて野球を指導した。監督としてチームを作り、地元リーグを作り、今ではチームが九州大会、全国大会の常連にまで育てた。毎年六年生の卒業に合わせてチーム卒団式を開く。昼には「愛の一○○本ノック」で鍛え、夜にはひとりひとりに記念のことばと激励の金メダルを胸に掛けてやり、家族もろとも中学校に送り出す。四十二年の間に育て送り出した子供は七、八百人になる。甲子園やプロで活躍するのもいる。

　自身の生計が楽であろうはずはない。奥さんも裏方で助けてきた。遠征にはいつも同行した。若い母親を率っ張って資金稼ぎにも奔走した。自らリヤカーを引いて野菜の売り歩きもした。

　そして今日、監督は遂に引退された。七十代も半ばに差し掛かり、そろそろ休みたいというのが本人の弁、今は中年になった多くの教え子たちに囲まれての引退式は十分に感動的であった。私にはこっそり、（本業の）タクシーだけはまだ週二、三日は乗れますよ、とのことで、余り無理せんで下さいよ、と私は返したものである。

　藤都さん、私たちは貴方のことをこそ「真に立派な日本人」と呼びます。折しも、貴方のような人がいたから、今度那珂川町は晴れて「市」に昇格するのです。

2月29日（月）

キッコーマン名誉会長

　キッコーマン醤油の「茂木友三郎」名誉会長を表敬訪問しました。同社の最高責任者であって、財界の大御所。これには多少、背景を説明する必要があります。

　古い話、一九七二、三年ごろ、キッコーマン社は米国ミシガン州に国外初めての醤油生産工場を作りました。日本の醤油が未だ外ではほとんど知られてなかった時代。

　私はその頃、ボストン・タフツ大学大学院に留学していました。その学校の指導教官から指示されたので、私はアメリカ人の友人ブルース・ストロナック君と二人でそのミシガン工場に出向き、一週間ほど泊まり込んで調査研究に臨みました。人種も言葉

キッコーマン名誉会長

も文化も違うアメリカ社会で、日本の立地企業がどう生きていくのか、というのがその研究テーマでした。終えると学校に戻り研究報告をしたり論文を書いたりしたと思います。

それから随分と年月が流れて、つい四年ほど前、日本経済新聞の終面「私の履歴書」欄に茂木友三郎氏が執筆されていた。その中にあのミシガン工場の進出の話、初めてのアメリカ進出がいかに大変で、いかに苦労したかを綿々と綴られていた。

その草創期にこそ我々があの調査訪問をしたことになる。そのことで茂木氏と連絡を取ると、一度是非会いましょうということになった。それが今日ついに実現したということです。表敬は一時間弱でしたが、話は昔に及び大いに弾みました。

なおブルース・ストロナック（Bruce Stronach）君とは親友として長い付き合いとなりました。彼はすっかり日本と縁が深くなり、「横浜市立大学学長」を経て今は東京で「米テンプル大学日本校学長」を務めています。

3月1日（火）

東シナ海資源問題役員会

自民党慰安婦問題委員会

自民党国際情報委員会で慰安婦問題を議論しました。日韓では外交的に改善はされましたが、韓国での慰安婦像、ましてや米国やカナダにおいての慰安婦像についてはなんら解決の見通しは立っておらず、私はそのことについてしっかり発言しておきました。

役員出席は稲田朋美政調会長、中曽根弘文参議院議員ほか

3月3日（木）

東シナ海資源問題役員会

東シナ海では資源問題に関して日本と中国は共同開発の「合意」が出来ているが、中国はその合意に反して大掛かりな開発を進めている。我が国はこれに対し一貫して抗議を続けているが中国は一向に改めようとしない。私は自民党「東シナ海資源対策委員長」として断固これを阻止するよう頑張ってい

ます。中国の「法の支配」、「法治意識」は一体どうなっているのか。このことは中国の南シナ海での領海侵犯でも同じことが言える。（右端はヒゲの隊長佐藤正久参議院議員）

3月4日（金）

愛のかたち

愛息「福ちゃん（ダックスフント）」とは月に二、三回、しばしの時間を過ごします。疲れや悩みも直ぐに吹っ飛びます。私はどの犬も大好きです。

3月6日（日）

爆撃機の帰還、太平洋戦争七十周年の「友好」

太平洋戦争末期、米軍の編隊が大分県の軍港佐伯市を爆撃した。コルセア機一機が撃墜、佐伯湾に落ちた。機体は長く海に沈んでいたが十年前、町の篤志家（河野豊市会議員ら）の尽力で陸に揚げられた。町の片隅で戦争の無残さを伝えるものとして密かに保存されている。

「イントレピット号」は太平洋戦争で勇猛を馳せた戦艦であるが、今はニューヨークのマンハッタンで「太平洋戦争博物館」として退役生活をしている。博物館の人々があのコルセア機を取り戻したいと熱望していた。ある日本人がそれを聞きつけ、佐伯市にその話しを繋いだ。佐伯市は苦渋の議を経て機体・残骸をアメリカに返還することを決めた。

かくして三月六日、佐伯市で「米軍機『コルセア』アメリカ合衆国への返還式」と銘打った式典が盛大かつ厳かに行われた。海軍佐世保基地司令官、福岡領事館首席領事というアメリカ側代表を賑々しく迎え、式典は粛々と進む。大戦の反省と戦死者、遺族への鎮魂の祈り、世界平和と日米連携の絆の強化を全員で誓い合った。米海軍儀仗兵による日米国旗の入場。両国の国歌が独唱された。「海ゆかば」と「星条旗よ永遠なれ」を載せたトランペットの高音が雨空一杯に響き渡った。ついには天も涙雨を止めることはなかった。

昨年の夏頃か、若き友人「岸田義郎」君が国会事

務所に訪ねて来た。国の主権、領土や領海、そして何よりも日本人の誇りを大事にする活動的な国際人である。私と馬が合う。様々議論の途中で、彼は言う、イントレピット博物館が佐伯市と連絡したがっているが、手掛かりがない……。それなら「衛藤征士郎」代議士の地元だ、衛藤先生に頼もう。ついでに外交に絡むから外務省の米国担当も電話で呼び出しておいた。大臣と同じ苗字（岸田）なのも何かの縁だ。岸田君は行動が早い、早速お二人にはあの足で会ってきました、と翌日には報告してきた。

爾来半年余、岸田君は佐伯市関係者と懸命に接触した。事は容易くはない。戦時遺品であること、市民感情もある、外交にも関わる、軍にも関係する、一体費用は誰が見るのか……。今は「佐伯市長事務代理」の名刺を持つ彼はアメリカとの折衝も一手に担った。ニューヨーク市、博物館、国務省、国防省……戦時遺品を受け入れるのは実は単純でない、許認可や税関の扱いは複雑極まった。

「拾う神」とはいるものだ。最後の難関、あの大きな機体の輸送費はどうする。「日本郵船社」が引き受けてくれるという、衛藤征士郎先生の説得によるもの。今月三月二十七日に、ワシントンの国防省で正式な機体「引き渡し」が行われるという。

多くの多くの人が関わって両国の思いがここに成就した。そのうち誰れ一人として途中で欠けても、このChain Reaction（行動の連鎖）は完成しなかったろう。奇しくも数日前、飛行士イズレイ少尉の遺影が見付かったという。遺族の消息は未だわからない。

3月9日（水）

中国外交の危険性、「敵か味方か」発言

中国の王毅外相が日中関係を語る中で「改善の兆しはあるが、安倍内閣が面倒を起こしている。中国を友人と見るのか、敵と見るのか」と言った。これは看過してはならない発言だ。

このところ王毅外相の発言は険しさを増しているが、いささか外交的言辞としては度が過ぎている。感情的になることはないが、しかし、わが国も正しく反論したほうがいい、さもなくば日本の外交が、いや日本そのものが貶められたままになる。岸田外務大臣が習近平氏のことを同じ言葉で非難した時の中国の反応を考えれば、事の重大さが分かってくる。

尖閣諸島、東シナ海での対日侵入はおろか、南シナ海の侵略と軍事化、「大国外交」やらを臆面もなく標榜して国際法や法の支配の丸無視を決め込み、世界中への経済的進出とその暴落で混乱を引き起こしている。中国は今、世界の政治、外交、経済の不安と懸念の大きな要因となっていることを自認、自覚すべきであって、およそ自制とか自粛という内的な動機が見当たらない。本来何処かで誰かがそれにストップを掛けなければならないのだが、その抑止力を米国もまたG7も失おうとしている処に大きな問題がある。

北朝鮮制裁で米国を始め周辺国は中国を過大に恃（たの）む傾向にあるが、北朝鮮の無謀さはそれとして、中国が米国に外交戦略を仕掛けていることの本質を見誤ってはならない。

3月10日（木）

「漆の美」展――日本文化の象徴

明治神宮文化館で開催中の「漆の美」展（日本漆工協会主催）に行って来ました。漆の美は日本の伝統文化として世界の美術芸術に大きな影響を与えています。明治天皇がその振興に特にお力を尽くされたという。本展では旧知で鎌倉彫りの泰斗「松永龍山」先生と子息「松永匠一」さんが同時表彰されたので、御祝いを兼ねて訪問しました。

3月11日（金）

大震災、五周年追悼式

三月十一日、東日本大震災から五年目、東京の国立劇場で行われた政府主催追悼式に出席しました。天皇皇后両陛下ご臨席のもと、式典はしめやかに進みました。陛下のお言葉はお心のこもった、力強いお声でした。宮城、福島、岩手三県の遺族代表の言葉には私も含め議員席からすすり泣きも出ました。地元の人々は大変ですが、日本中が応援しているのでこれからも頑張って欲しいと思います。世界中の外交団も弔問に参加していました。中国はなぜか不参加でした。

3月11日（金）

地元、国政報告会始まる

いよいよ国政報告会が始まりました。まず大野城市大池地区、続いて筑紫野市永岡地区、これから毎週週末に予定されます。よろしくご出席ください。

3月12日（土）

自民党党大会、盛り上がる

東京で党大会が開かれた。例年になく盛り上がり、大きい会場から人が溢れていた。安倍総裁の演説も力が入っていた。参議院選挙への候補者紹介、頑張ろうコールで最高潮に達した。ノーベル賞の梶田隆章教授の記念講演も大変良かった。

3月13日（日）

ポーランドから風力発電事業説明

衝撃、囲碁プロ、コンピューターに完敗

心底、大きなショックを受けている。近年囲碁、将棋においてコンピューター（人工知能）の実力が上昇しているのは分かっていたが、今回韓国でイ・セドル棋士が米グーグルの子会社 Deep Mind に三連敗したという。この社会では天地が崩れるほどの大事件。

イ棋士といえば、その辺のプロ棋士でない、恐らく日中韓でも最も強い、間違いなく世界一の一人という大棋士。その棋士が完敗したとあれば、囲碁は最早、人間にしか出来ない、最高の知的ゲームではなくなるということか。

囲碁界のショックは想像するだに大きく、わが井山裕太名人（六冠）も思わず「恐ろしい」と言ったというが、咄嗟の本音だろう。

人類の知恵と科学技術の交錯が少し早まったということ、かくして科学技術は進化し、人類は発展してきた。「私は負けたが、人類が負けたわけではな

い」と李九段は言ったが、彼にしてこそ万感の思いが伝わる。人は自動車から走る速度は負けたけれど、人同士が競うことを止めたわけではない、と解説する（慰める）記事もあったが、そう思って私は気をとり直したところ。泣くな、李セドル。たかが囲碁、されど囲碁か。

3月14日（月）

ポーランドから風力発電事業説明

ポーランドからのミッション。企業家として大変進んだ欧州の風力発電事業を日本に説明する人々で、合わせて格闘技の空手の名選手たちもダブっています（私はポーランド武道界の最高顧問に任命されています）。ゆっくりお話もしたかったのですが、忙しい最中で、三十分くらいで失礼しました。

3月15日（火）

東シナ海資源問題で菅官房長官と

東シナ海資源問題で首相官邸に菅官房長官を訪ね

しっかりと意見調整をしました。この海域での中国の資源開発は明らかに違法であって、安全保障の観点からも決して許してはならず、官房長官からも毅然と対応するようにと指示をされました。

3月15日（火）

ラテン・アメリカの女性人権問題会議

東京スペイン文化センターで行われた「ラテン・アメリカ地区女性人権問題会議」に参加しました。コロンビア、メキシコ、アルゼンチンなどラテン・アメリカ各国の女性の人権問題が発表されましたが、わが国以上に女性の政治、経済界への進出が目覚しく、特に「女性クオータ制」（一定割合の女性枠を法律で確保する）が普及していることは驚きでした。私も指名されたので、日本の実情とこれからの方向について発言しておきました。

コーヒーセッションでは多くの人々と楽しい会話を楽しみました。

3月15日（火）

東シナ海問題、対中提言を議決

東シナ海ガス油田問題につき、自民党本部にて経済産業、外交関係の合同部会で政府への提言を決議した。既にある日中合意を誠実に遵守させるべく協議を再開せよということ、さもなくば国連海洋法条約のもと「国際仲裁裁判所への提訴」も辞さないというもの。時間は掛かったが一歩前に進んだものと考える。これからは政府、外務省の努力に掛かっており、そのために安倍総理、岸田外務大臣らにもしっかり訴えていく。

3月16日（水）

消費税増税は延長か、しからば「同時選挙」か

消費税増税二%は来年四月に施行されるが延期されるのでは、その場合安倍首相は解散総選挙を打つのではないか、とする観測が急激に強まってきた。安倍首相の下で行われる「世界金融経済分析会合」

でノーベル賞だかの米国の経済学者が、今の経済環境では増税はせずむしろ積極的に財政出動すべきと明言した。日本経済は今構造的にはアベノミクスが効いて生産も雇用も家計もデフレから概ね脱却したといわれているが、しかし短期的には中国経済、原油価格、ＥＵ経済などで減速局面に入っている。その学者は日本のためにも世界経済のためにも今は増税すべき時期でないと言った模様。

増税は誰でも嫌であって、国としても最も悩ましいところであるが、慎重派の外国人学者をいきなり呼んで慎重論を聞くとしたところなど、安倍首相を含めて政府は公然と増税延期に傾いているということ。しからば「四月の増税は延期する」ということで衆議院解散を打つという政局に直結、いよいよ参議院との同時選挙が現実化する。年初頃は世の中もまさかと思っていたが、今は七月の衆参同時選挙は「ほぼ確定」というのが私の認識でもある。ただ野党はアベノミクスはやっぱり失敗であってそれを政府与党自ら認めた、と一斉に攻撃するであろうことは必至。

3月18日（金）

台湾実業団の来日

台湾から貿易関係者が大勢来日し、その歓迎会に呼ばれました。台湾も政権が代わることとなり、経済的にもますます元気、わが国とはいっそうのパートナーとしてやっていきます。幹事役の「蔡桂良」さんとは長い付き合いで、彼の国際的活動は私への強い刺激にもなっています。場所は東京・明治神宮、邸内の書画の展示は圧巻でした。

3月19日（土）

地区別「国政報告会」進む

地区別に「国政報告会」（ミニ集会）を進めています。今の時期のルーティーン（習慣）です。集まってくれるのは大体二十人前後、テーマも待機児童、消費税、その施行時期、衆参同時選挙、憲法改正、尖閣問題、ＴＰＰなど新聞やテレビで話題となっているものに及びます。日頃のご無沙汰を詫びたうえで、皆さんからの議論や質問も大事にします。喋っていると自らの不勉強に気付きます。やはり選挙はface to faceが大事で、インターネット時代になっても本質は変わりません。集会所の周辺にビラ撒きをするのでそれなりに選挙運動にも繋がります。

民主主義を実践するには多くの人の手間を要するものです。

3月20日（日）

山奥に桜の木を植えよう会
――Green Wave運動

朝倉市の環境運動、Green Wave運動に参加しています。山奥に皆んなで桜の木を植えて近い将来一帯を桜の名所にすることを目指しています。四年前は一度一斉に植えたのですが、全部新芽を鹿に食べられて失敗、翌年からは防護線を張っての行動、中学生、高校生、オイスカ国際組織の外国人研修生も参加しています。

3月21日（月）

東峰村「小石原焼」がここに

東京の新宿区、超高層ビルの三十二階に「ウエスト社」の本社があります。太陽光発電などエネルギー関係では、今や全国最大手のひとつです。本社正面入り口に、「小石原焼」の壺が飾られています。もう六、七年になりますが、私の地元「東峰村」（宝珠山）に太陽光発電が設置されました。今も順調に動いているようです。この発電所はウエスト社にとって本当に初期のもの、第一号とも言っていますが、私がその設置に多少お世話しました。東峰村がその記念に贈ったのがこの小石原焼ということです。

地球温暖化が叫ばれ、東日本大震災で原発が駄目になり、日本中電力の供給に不安が出てきたことで、太陽光発電が俄然注目されていました。ウエスト社と東峰村とが結びつくには多くの幸運にも恵まれました。（写真はウエスト社社会長吉川隆氏と小石原焼を挟んで）

3月24日（木）

ウエスト社長吉川隆氏と小石原焼を挟んで

豊臣秀吉と「名護屋城」

佐賀県唐津市の名護屋城跡。豊臣秀吉は天正年間の一五八七年に九州を平定し、八九年事実上全国を統一した。秀吉は引き続き世界に目を転じ、「高麗」の李氏朝鮮に中国（明）征伐の協力を強いたが、李氏は拒否した。

反発した秀吉は九一年「唐入り」（中国攻め）を決し、肥前の名護屋を前線基地として僅か八カ月で

城を築いた。文禄（九三年）、慶長（九七年）の二つの役では朝鮮に二十万の出兵、在住十万の兵を抱えた。朝鮮とは和平交渉まで進んだが、九八年に秀吉自身が没したことで、全軍撤退、ここで秀吉の野望は消えた。

　最盛期には人口十万を超え、百二十の陣屋（大名居住）が置かれた。国特別史跡に指定、名護屋城は一〇〇名城のひとつに列せられる。（写真は歴史館と城跡）

3月26日（土）

「玄海原子力発電所」の見学

「九州国会議員の会」の会員五人で、九州電力の「玄海原子力発電所」を見学しました。佐賀県玄海町。

　日本のエネルギー事情は五年前の東日本大震災を境に一変しました。それまでの電力政策はむしろ原子力発電を中心に組み立てられていましたが、以後原発は安全性確認の観点から全て停止しました。

　政治、行政、経済、社会を含んでの議論の末、今では原発は一部「再稼働」の方向は認められましたが、当然安全性の確認は絶対的に強化されました。具体的には国「原子力規制委員会」などの厳しい審査手続きが法定化され、今の処国全体では九電の川内（せんだい）原発一、二号機のみが運転を許されています。

　原発の休止には石油や石炭など火力発電で対応しますが、経済的、環境的な負担は非常に大きく、出来得れば原発の再稼動をこそ急ぎたいというのが政府や電力会社の率直な思いです。今この玄海原子力発電所（三、四号機）も国の安全審査を受ける態勢を整えている段階で、私どもは国会議員の立場でその実態を見学したところです。余りに壮大な装備であって科学的な評価など到底出来る立場ではありま

せんが、ごく個人的にはここまでやるのかという印象を持ちました。

3月27日（日）

「民進党」発足

「期待する二六％」、「期待せず六七％」、夏の参院選挙「投票する一〇・五％」……いよいよ「民進党」が発足したが、新聞のアンケートの出だしは良くない。「寄せ集め」、「数合わせ」、「選挙目当て」等の形容詞が並べば国民人気も上がるはずはない。

政党というのはまず明確な政治思想や確固たる公的目標があって、それを目指し、実現する人々の集まりである。今回の民進党議論で、それを聞いたことはない。多分これから議論されるが、旧民主の中もバラバラ、旧維新とはもっとバラバラ、多分これから内部で安保も憲法改正もアベノミクスも福祉も議論されるだろうが、政治家の政治信念など簡単にまとまるものでない、必ずズレが出る、互いに反目し合う。参議院選挙でも終わればまたぞろ離党、分裂が起こる。要は今回の民進党議論、その基本的手順が決定的に間違っていたのだ。他所のことはどうでもよい。七月の同時選挙はだんだん真実味を増してきた。自民党はどう戦うか、自分はどうするか。相手は全て民共（民進党・共産党）連合が予想されるが、決して民共侮ってはいけない。潜在力はどこにもある、馬鹿力は火事場でこそ発揮される。

選挙で一番怖いもの、『外のライバルではなく、わが内にある慢心と油断』ということを改めて認識しなければならない。

3月28日（月）

『切り継ぎ』陶展

東京銀座の高島屋、『切り継ぎ』陶展が行われています。「森山寛二郎さん」の個展です。森山さんは未だ無名ですが、「切り継ぎ」という独創的な手法で、ほぼ未開の芸術域を開拓しようと取り組まれ、すでに日本各地、ロンドン、ニューヨーク、ローマ、パリなど外国でも精力的な活動をしています。

私の地元東峰村、小石原焼の窯元で生まれ育ち、小石原焼や佐賀大学では有田焼、伊万里焼などを学んで新境地を目指し始めました。

「切り継ぎ」というのは二つの陶器を鋭く切り裂き、釉薬で繋なぎ焼き直したもので、非対称asymmetricかつ奔放な躍動を強く感じます。欧米での評価が先行しそうですが、日本の伝統美とのコラボや競い合いも面白そうです。

3月31日（木）

札幌、「和田よしあき」氏の選挙応援

選挙応援で北海道札幌に飛んだ。自民党公認「和田義明」氏の選挙で、昨年亡くなった元衆議院議長「町村信孝」氏の補欠選挙、和田氏は町村氏の女婿にあたる。

当初は比較的楽勝と見られていたが、相手は民進党と共産党、絵に描いたような民共連立で政局に大きく影響する可能性も。非常な接戦というのが専ら。私は生前町村氏とも親しかったし、また私はその昔（小学生の時）北海道に住んでいたりして友人も多い、和田氏の応援に一度は行きたかった。

今日は十数カ所、企業訪問などをしてかなりの応援にはなったろう、地元の道議会、市議会議員とも同道した。地域の経済事情にも接することが出来た。和田氏の選挙事務所を訪問し運動員たちを激励もした。戦況いかん、楽観出来ないというのが率直な感想……。

なお、小学校からの旧友二人。「高橋正義」君、私の北海道キーマン、永く重篤ながんに冒されていたが、奇跡的に治癒しその精神力に医者も驚く。「増田武志」君、北大医学部を出て今や大病院二つの理事長、股関節治療の日本的権威という。我ら三人は雨竜郡沼田町浅野で純朴な小学校生活を過ごした。街は今、湖底に沈んでいる。写真は札幌近景、残雪の遠景。

4月1日（金）

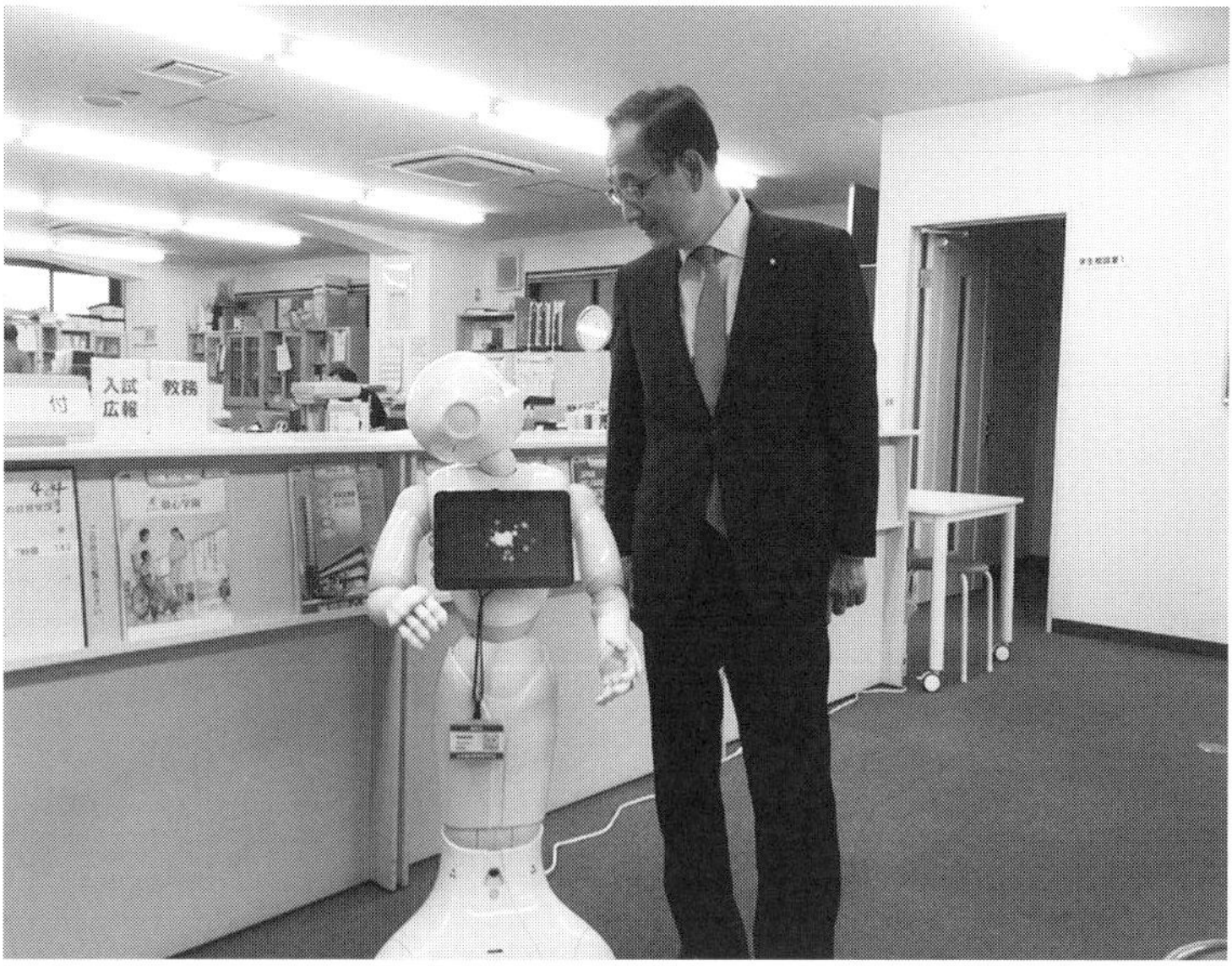

ペッパー君との対話。「全専各」訪問

ロボット人間「ペッパー君」と初めて対話しました。テレビで見たことはあったのですが、本物と出会うのは初めてです。

身振り手振りで表現力も豊か、声が小さいと「もっと大きい声で言ってください」と注意もされました。本当の人間と話しているような錯覚になります。人工知能（ＡＩ）が注目されていますが、時代は本当に大きく変わってきています。

場所は東京高田馬場の「全専各」（全国専修学校各種学校連合会）本部事務所。専門学校などには今全国で三十万人以上の人々が学んでおり、これらの学校本来は中卒、高卒の人々の職業訓練機関として出発したが、今ではその役割が大きく変化した。大学卒後の人が八割に達し、より高い専門技術、専門教育、就職後のスキルアップを目指した高度な教育機関となっている。

日本は、ものづくり、工業技術の伝統をもっと自信を持って維持発展すべきであって、日本は世界中の途上国への技術発信基地となれる、留学生をさらに多く受け入れることで、国内の人口問題、労働力問題は解決する、ドイツの経済的勢いを学ぶべきだ、という「小林光俊」会長の熱のこもったご意見は、ひとつひとつに強い説得力がありました。

4月5日（火）

那珂川町、町長、議長ら、大活躍

福岡県那珂川町の武末町長、上野町議会議長ら一行が大挙して上京された。新幹線「博多南駅」の活性化について国土交通省（鉄道局）に陳情することが主であったが、石井国土交通大臣、宮内政務官にも実情を訴えました。続いて麻生財務大臣まで足を伸ばし、地元（福岡）のことでも大いに盛り上がりました。那珂川町は二年後には「市」に昇格することで、非常に活力ある町として全国から注目されております。

4月6日（水）

「ペダル式車椅子」または「椅子式自転車？」

介護や障害者のための車椅子ですが、さらに工夫を加えて「自分でペダルを漕ぐこと」も出来る、という新しい発想が実用化しています。

普通、車椅子は後ろから押してもらうか、または両輪を手で回すことで自走するとなっていますが、この器具は自分でペダルを漕ぐことで自走するのが特徴です。

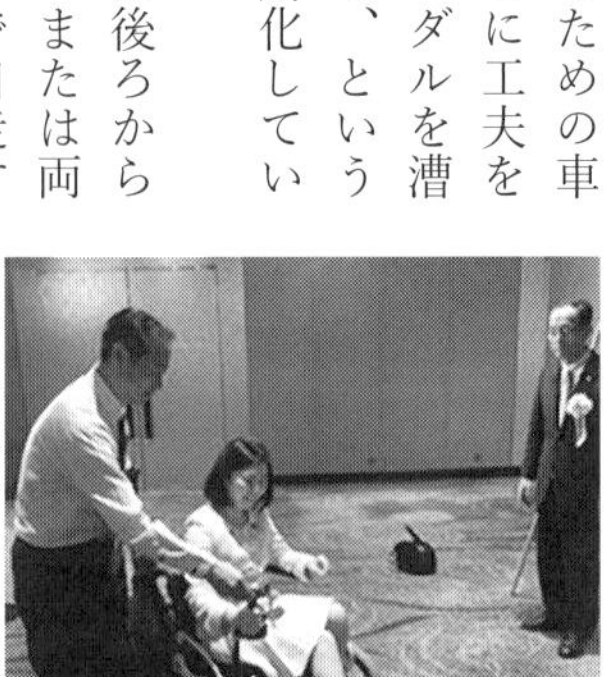

障害者の圧倒的多くには今だ「脚の力」は残っているそうです。それを動かすことで心身のリハビリに役立つ、というコンセプトです。「介護からリハビリへ」、「受け身から攻めの人生へ」にも役立ちそうです。難病といわれるパーキンソン病の人々にも既に強い関心を持たれているようです。先日の私の

パーティーでも出口で展示実演をしたところ多くの人が試乗、体感していました。

　日本も総出で四年後の「東京パラリンピック」を目指す時代、介護や障害も前向きに「再生、リハビリ」が主流になってくるでしょう。パラリンピックの提唱者はルートビッヒ・グートマン（Guttman）博士、ユダヤ系のドイツ人医師。傷ついた傷病兵たちに「失なったものを嘆くな、残ったものを活かせ」と励ましました。（写真は試乗の私と「牧島かれん」内閣府大臣政務官）

4月11日（月）

外相会談と「広島宣言」

　広島市で先進七国（G7）外相会合が行われた。五月の首脳会談「伊勢志摩サミット」の前哨戦で外交、安全保障、テロ対策など、国際的な問題が幅広く扱われた。とりわけ広島が開催地となったことで、核問題についても廃絶、不拡散、軍縮など突っ込んだ議論が行われ、最後は「広島宣言」として歴史的なエポックを刻んだ。日本の外交が着実に成果を上げていること、岸田外務大臣が（ご当地出身もあり）特別な活躍を果されたことには特段の敬意を捧げたい。

　サミット時来日の米国オバマ大統領が広島を訪問するかがクローズアップされている。原爆の投下について未だ、米国では「太平洋戦争を終止させるために行ったもので、結果、多くの戦死者を未然に救ったことになる。反省や謝罪すべきものでない」というイデオロギーがある。日本では受け入れられない認識ではあるが、七十年の時空を経て、人道的立場から、大統領には是非謝罪に来て欲しい。

　外相会談の共同文書の取りまとめの過程で、南シナ海、東シナ海などへの違法な海洋進出を「中国」を名指しで非難する件（くだり）があったところ、中国が激しくそれに抗議した。それが影響したか、最終文書には中国の名が抜けて抽象表現になった。自民党の外交関係委員会で、私はそれを質したが、外務省担当官は説明を濁した。

4月13日（水）

熊本大地震

非常に大きな地震が熊本市を襲った。震度七というのは九州では初めてだという。地震だけは止めようがない、起こったいじょうは如何に災害、二次災害を防ぐかである。余震が頻繁に続いているので未だ気は緩められない。その時、私は東京にいたので揺れの激しさは知らないが、わが福岡でも本当に大変だったようだ。

政府も自民党もしっかり対応しており、被害者の救助や復旧作業などで特段の問題などは見られない。被災者には深甚なお見舞いを申し上げる。

4月15日（金）

熊本、大分、九州広域地震続く

大地震の揺れや被害は九州全体に広域化している。四月十四日の熊本大地震は「前震」と呼び換えられ、十六日午前一時半の熊本、大分震源のＭ七・三が「本震」とされた。被害も大きく死者も四十一人、行方不明も捜索中、傷害者は千人以上、避難者は、十万人と報道される。政府の対策は自衛隊二・五万人投入を中心に一応万全としており、周辺市町村もきちっと手を打っている。対策の遅れや不手際を批判する論調は特段には聞かれない。

福岡県の我が地域でも大きな揺れを感じたが、今のところ大きな被害は聞いていない。相次ぐ余震の揺れや携帯電話の緊急警戒ベルに緊張は続いた。土曜日（十六日）の夜半は強い雨が降ったが、熊本、大分の人々のご難儀には同情を禁じ得ない。地元市町村でも消防団や職員の派遣も検討されており、こういう時の団結力こそ日本人の証しである。外国からの支援の情報もある。

地震関係のニュースや情報活動に並行して、普段の地元活動は当然に続きます。多くの地元行事や自らの国政報告会では、地震災害への警戒と事後の対応について出来るだけ注意を促すようにしています。五年前のあの「東日本大震災」以降の国民の意識は確実に変化した、というのが私の率直な印象です。

4月17日（日）

パーティー・ラッシュ、四月の行事終える

四月十八日は福岡地元での政治パーティー、十九日は所属麻生派「為公会」の全体パーティー。今月は、七日の（自分の）東京での政治パーティーを入れて、私どもにとっては大変な一月でした。いずれもお陰様で大盛況で、多くの皆様に心から感謝します。政治家にとって政治活動を続けるには経済的な裏打ちも必要です。日頃の政治的活動、主張を披露しつつも、浄財を集めるのに政治パーティーは必要なものです。

四月十四日に発生した「熊本地震」で政治環境は大いに変わりました。十八日の地元パーティーも被災地のことを慮って派手目は自粛しました。参議院選挙との同時選挙は少し遠のいたとの観測もあります。経済的ご負担を掛けながら政治を続けるには多くの人々、周りの環境と密接な関わりがあり、それ故に日頃の行動、付き合いが特に大切ということを改めて感じます。

4月20日（水）

私の「神様」たち

国会事務所は私の全て、「生活の場」であり「闘争の場」でもあります。私は多くの神々にその身を守られています。私は毎日神々への感謝を忘れません。『敬神の家に必ず多幸あり』を信じています。

4月21日（木）

敬神、その二

私の背後には神々が控えておられます。真ん中は「昇竜大観音」（朝倉市香山）、周囲を世界中の守り神が固めています。私の亡き父母も、いつも一緒です。

4月21日（木）

被災地、熊本を視察

熊本県の被災地菊陽町、益城町、熊本市を急ぎ巡回、視察しました。災害の現実（特に益城町）を見て自然の恐ろしさに言葉を失いました。避難所を訪ね、被災者とも言葉を交わし、援護の自衛隊員の苦労話も聞くことができました。熊本城の石垣崩壊も目の当たりにしました。テレビ、新聞など報道では見てきましたが、百聞は一見に如かず、本物の凄さは言うに及びません。

地震が勃発して一週間経ち、街並みは落ち着いてきましたが、ずっと余震が続いてきた、これからの余震が依然心配なこと、避難所では疲れが目立ち始めたとの指摘がありました。災害にはいつも思うのですが、止めるわけにはいかない、しかしその被害を小さくする（減災）ことは、人間の努力と知恵、お互いの協力で出来るということです。

4月23日（土）

「道州制」を進めよう、「新しい国のあり方」を目指して

日本の「国と地方の新しいあり方、国のかたち」（統治機構のあり方）を検討する自民党の組織が「道州制推進本部」で、私がその本部長をしています。十年以上続く伝統的な組織で、「道州制」という言葉、概念は普及しているものの、必ずしも具体的な結論や政策に結びついていない。余りに大きなテーマだけに、これを収斂（しゅうれん）させるは容易でない。一歩一歩理論を積み上げ、かつ粘り強く世論を換気していくしか方法はありません。

今日は私がこれまでの議論、今後の方針を説明し、総会の了承を得ました。「道州制」を議論するには、三つのキーワード、即ち「新しい国のあり方」、「国からの地方への権限移譲（分権）」、その受け皿として「地方組織の広域的結合」などの論点があり、それぞれ基本概念の整理や今後検討すべき方向にも及んだ。多くの関係者がそれぞれ（独自の）認識を有しており、この認識、イメージをある程

度まとめていかなければそもそも議論が前に進まない。

本部長として最も苦労しているところです。やり甲斐はあるが、特効薬はない、どんな仕事にも共通するものです。

4月26日（火）

「春の園遊会」

ほどよいお天気のもと、東京・赤坂御苑にて「春の園遊会」が挙行され、私ども夫婦も出席しました。天皇皇后両陛下、各皇族方も大変お元気そうで、国の安泰と繁栄を感じたところです。中近東の外交官と暫く列の中で一緒でしたが、民主主義が定着している日本で皇室がこれほど大事にされている日本はなんという国か、と羨ましがられました。日本は国中何処に行っても美しい、日本人は本当に親切だ、としきりに褒められました。私たちはもっと自国を誇っていいと思いました。

（写真は、両陛下がお立ちになる高台ほか）

4月27日（水）

『日本の医療と医薬品等の未来を考える会』のスタート

わが国の医療界には様々将来的課題が山積しています。「二〇二五年問題」というのがありますが、その年以降いわゆる「団塊の世代」が一斉に後期高齢者（七十五歳）に入り、全国の医療提供体系や医療人材（医師、看護職、介護職など）の教育や需給など、また財政制約の中での医療負担のあり方が大きく変わります。今のうちから十分に備えておくことが必要です。

これらを幅広く検討するための研究会『日本の医療と医薬品等の未来を考える会』（『医療未来の会』）が結成されました。医療専門誌『集中』出版の主宰で、私がその国会議員側の代表に選ばれました。発会式には、日本医師会会長「横倉義武」先生ほか多くの医療関係者が出席しました。私の責任も大変に大きなものがあります。

4月29日（金）

「みなみの里」七周年

地元の筑前町に「みなみの里」というショッピング・センターがある。広々とした田んぼ、田園風景のど真ん中、そのセンターの七周年目は多くの人で賑わっていた。センターの所長との歓談では、大いに売れています、特にバイパス完成後は、売り上げも二、三割増しです、と弾けるような言葉。大方が町外の車ナンバーという。

その何年も前、当時の手柴豊次町長にショッピング・センター計画を打ち明けられた。咄嗟に私は、いやや、無理じゃないですか、誰も買いに来ませんよ、と応じた。しかし町長は真剣で、いずれバイパス（国道３６５線筑紫野三輪線）も通るし、開通に合わせれば、必ず博多や筑紫野からも客は呼べる、と自信と決意は固かった。爾来バイパスの開通は、私への無言の圧力となった。

日は経ち、「みなみの里」は立ち上がった。バイパスは到底間に合わなかった。その日、開会式の日、私は実は複雑な気持ちで式典会場にいた。選挙に落選して、尾羽をうち枯らしていた。以来、センターには客が少ない、駐車場が埋まらないという悩みが長く続いた。

苦節三年、議席の回復を果たした。そしてようやく昨年にバイパス線の完成を見た。もちろん私の力とは言わないが、それでもなお、「みなみの里」には、私の重い想念が秘められている。

5月1日（日）

日中外相会談、敢えて問う

本当に成功だったのか。

久しぶり、四年半ぶりという、日中外相会談が行われた。良い出来ではなかった、と率直に言った方がいい。岸田外相は全力で頑張ったと思う、しかし現実には中国に押し込まれた。王毅外相は手強かった、遠来の岸田氏を強面で迎えたという。いきなり四項目を注文として突きつけた、「会談冒頭から不信感を岸田氏に伝えた」(五月一日、毎日新聞)。

不信感とは何だ、と私は思う、どれほど今の中国が国際社会に脅威をばら撒いているか。日本は、もう少し明確に反論しなければならない。中国は東シナ海では資源問題で合意を破って違法な開発を止めない、尖閣諸島では二日をおかず公船が領海と接続水域を侵し続ける。南シナ海では国際法に反した海洋収奪を進めている。アセアン諸国にとってこれ以上の脅威と不信感はあるまい。

私はこの外相会談においては日本の立場を強力に主張するよう、自民党の委員会、役員会で発言を繰り返し、また岸田氏に直接申し入れもした。期待をしていたが、多分その環境にはなかったのだろう。何故に日本は中国に遠慮する……。「中国へ反論しないのか」と櫻井よしこ氏も大書して詰問する。(五月二日、産経新聞)。

かつて王毅氏は日本に対し「中国に敵か味方かをはっきりしろ」(三月九日)とさえ言った。そもそも今回の訪中が本当に何故必要だったのか、頭を下げてまで会いに行く理由はどこにあったのか。秋の首脳会談向けと言うのなら、なぜ日本だけがいつもそれを頼み込む側なのか。私は実はそこの処がよく分からない、国と国、凄まじくも奥深い事情が多分あるのだろうが。

今日本外交は順調である。G7サミットを目前にして、今わが国は高揚している、オバマ米大統領も歴史初、広島の原爆跡地訪問も実現するかも知れない……。これらの中にあってもなお、その他国際事象は常に動いている、動きを止めることはない。中国は尖閣諸島への浸出を止めず、東シナ海への資源開発は間違いなく潜行している、ユネスコでの記憶遺産は南京事件、慰安婦問題でまさに火を噴く前夜にあり、遠く南シナ海での軍事化は誰の目にも明らか。この時の外相会談で、「経済交流を深め、日中関係の歯車を回す端緒」と評価するのを聞くことは、国民として手放しで楽しいことではない。我が外交は自信と正義感、もっと怒りを持ってもいい。岸田氏ももっと感情を出してもいい。

中国の裏ネットに「遠来の外務大臣に王毅氏はな

んと失礼な扱いをしたのか」という大量の書き込みがあったという。中国も変化している、確実に成長している、せめてもの救いである。

安倍政権を支える一心で、何より日本という祖国を愛し国益を守るために、与党の議員だが、いや与党自民党の議員だからこそ、敢えて本心（の一部）を明らかにしました。皆様のご理解とご批判を仰ぎたい。

5月3日（火）

熊本地震に再訪

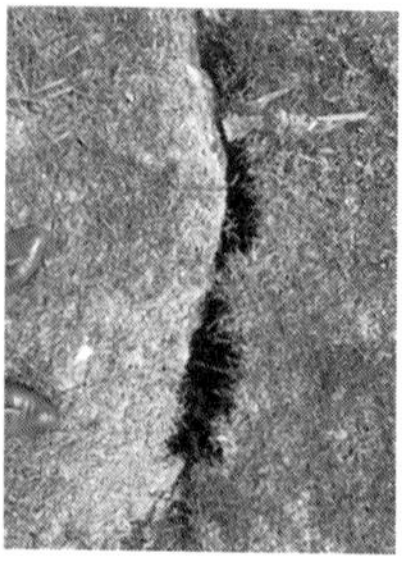

前回から一週間後、熊本を再訪しました。道路交通はほぼ回復しており、街並み、街角にはゴミ袋が夥（おびただ）しく溢れていましたが、よく言われること、日本人はなんと紀律の整然とした清潔な民族であろうかということ。未だ余震が続いており、その中で被災の人々は営々と頑張っておられました。

写真は「益城町」で地割れと最も建物被害の酷かった場所、あるいは本当の震源地か？

5月4日（水）

「始皇帝大兵馬俑（よう）」展

太宰府の九州国立博物館で「秦の始皇帝」展が行われており、今日、こどもの日、時間を見付けて観て来ました。中国の壮大な歴史には改めて深い感銘を受けました。

始皇帝は紀元前二二一年に秦として中国史上初の統一を果たした。一族世襲の封建制から郡県、官僚制度を巡らせた中央集権国家を作った。貨幣や計量単位、交通規制などの社会改革、万里の長城、始皇帝陵などの壮大な土木事業を展開した。巨大な兵馬俑（よう）（埴輪）も始皇帝陵の側に眠っていた。八千体を超える兵馬俑は基本的に実在を写す、その百体ほどが九国博で展示されている。

5月5日（木）

こども将棋名人戦

九州地区「こども将棋名人戦」が行われ、私は「日本将棋連盟福岡県会長」の立場で出席しました。私は将棋こそ、情報収集、戦術、戦略を駆使する「知能力」と、勝負への執念という「精神力」を極限まで鍛える、日本に伝統的な文化活動であって、こどもの教育にも非常に大切なものと挨拶しました。小・中学生といっても私より強いこどもはたくさんおります。

5月6日（金）

憲法改正の「九条問題」

憲法改正というと憲法九条が最大の論点となる。私はこの問題、次のように考えており、皆様の議論の参考になれば幸いです。九条一項はそのまま、二項は全面改正とするもので、実はこれは自民党の改正素案でもあるのですが。

憲法九条一項は「永久に戦争を放棄する」とあり、正しくは「『侵略戦争』の放棄」こそが正しい。なぜなら自衛戦争、個別的、集団的自衛権は、パリ不戦条約（ケロッグ・ブリアン条約一九二八年）にも国連憲章（五十一条）でも禁止されていない、むしろ保障されている。

第二項前段は「陸海空その他の戦力はこれを保持しない。」と書く。今の自衛隊が「戦力」でないと見ることは極めて不自然で、いかなる意味でも「戦力」である。戦後七十年、今国民の九〇％以上が自衛隊の存在と必要性を認めている。しからば国民の圧倒的な国防意識を素直に憲法に書き込むことこそ自然であって、国民にとっても分かりやすく受け入れ易い。遠に使命を終えた条文に固執して自衛隊が「違憲」であると言い募る憲法学者の論法こそ改めなければならない。

第二項後段には「国の交戦権はこれを認めない」とあるが、「国防」は国家のなすべき最も根本かつ普遍の仕事

で、外敵から国民を守り、生命や財産、人権を守ることが国家である。「交戦権」を否定するとは、国が憲法の義務付けている国民の生命、財産、人権を守ることを放棄すること、敵が攻めてきても反撃しないことを意味する。

「戦力」と「交戦権」を否定したら国の存立そのものも成り立たないので、憲法条文との整合性を繕うために「自衛隊＝実力」などと無理、無体な憲法解釈を重ねてきた。国の将来を思う時、屁理屈や詭弁をこれ以上続けることは許されない。

かくして九条第二項は「自衛隊の保有」と「自衛権を行使する」ことをしっかり明記するよう改正すべきである。これによりわが国は初めて、晴れて、名実共に「平和を希求する国」となる。

（五月三日の憲法記念日、福岡市での記念大会にて、私は以上のことをあいさつで述べました。持ち時間が短く（四、五分）、真意が伝わらなかったことを心配していますが、意のあるところをご理解ください）

5月9日（月）

地方道開通式

朝倉市黒川地区地方道が拡幅開通しました。小石原川ダム工事の進捗に伴って、着実に周辺地域の整備が進んでいます。

5月10日（火）

地元歌手の歌謡大会

親友成富三郎さんの記念大会にお祝い駆けつけたところ、いきなり唄うはめに。プロ級の人ばかりの間で唄うには、相当の「心臓力」が必要です。選曲は「宗右衛門町ブルース」で、一応やんやの喝采を頂きました。

5月10日（火）

「大家さとし」候補予定者、事務所開き

来る参議院選挙、「大家さとし」候補予定者（福岡県）の選挙事務所開きの神事、決起大会が行われました。すでに事実上、活動はフルに行われていま

すが、選挙事務所が正式に立ち上がるとまた格別の気構えが出てくるものです。参議院選挙は全県規模なので、衆議院小選挙区選挙とはまた違った大変さが加わります。選対本部長には麻生副総理財務大臣、代行には蔵内自民党県連会長、私も福岡地域選対本部長となり、責任の大きさを覚えます。（写真は決起大会）

5月10日（火）

オバマ大統領、広島訪問

米オバマ大統領が五月二十七日、伊勢志摩サミットの後、広島を訪ね原爆慰霊碑に参拝することが正式に発表された。わが国外交の大きな成果であって心から誇ってよい。このことを単に歴史的な快挙に留めることなく、今後は世界に向けて核兵器廃絶、核拡散抑止への力強いモメンタム（契機、きっかけ）とすることが必要である。

なお、米国には原爆投下の有用論、即ち太平洋戦争を早期に終息させ多くの人々の犠牲を未然に防いだという根強い思想が残っている。今回オバマ氏は「謝罪」にまでは踏み込まず「慰霊」だけと観測されているが、やむを得ない選択だろう、戦後七十年の風雪は両国と両国民の感情の差を埋めるに十分な長さが経過したと私は考えます。

5月11日（水）

若者と討論会

いよいよ選挙権が十八歳からとなる。日本の政治にも新風が吹くであろう。参議院選挙（もしくは同時選挙）を前にして、多くの議員は若者の票をどう獲得するか、各党それが一番の課題らしい。今回若者、学生をメインのメンバーとして討論会を開きました。普通の政治集会と異なる雰囲気で、皆さん、楽しんでくれたと期待します。（パネラーは、岸田芳郎さん、ランダムヨーコさん）

5月12日（木）

東北の中学校を激励

東北の津波被災の中学校からお礼の様子が届きました。

三月のある日、テレビで東北の被害の様子が映っていました。宮城県石巻市雄勝(おかつ)中学校は津波で校舎が流され、今も県内他の中学校に仮住まいを強いられています。図書館も一緒に仮住まいですが、当然本の数が足りない、生徒たちはいかにも淋しそうでした。私は生徒たちを元気付けたく、高校時代の留学記『ヨッシーが町にやって来た』を三、四冊、多少の激励金を添えて、地元宮城県の代議士に託しました。かくして、勝沼榮明代議士が及川牧・雄勝中学校長への伝達の様子が礼状とともに送ってきたところです。

5月13日(金)

日産が三菱自動車を買収

驚くニュースには事欠かないが、日産が三菱自動車を買収する(出資する)という話には正直驚いた。三菱自動車の燃費偽装に弁解の余地はない、その伝統も権威も名誉も一気に失った。ほんの出来心か、失ったものは余りに大きい。三菱は、当然のこと、自ら立ち直るしか道はない。

事件発覚直後、日産のゴーン社長は三菱の益子会長に電話した。直ぐ支援の用意があると伝えた。そして一週間で出資することを決めた。「三菱の株価下落が好都合、日産の買収時は大赤字だったが、今回の三菱は黒字で資金も持っている」とゴーン氏は平然と言う(読売新聞、五月十四日)。ゴーン氏の凄さと決断の早さには言葉もないが、台湾企業のシャープ買収といい、このところ日本の企業、日本人の経営者の凋落ぶりはどうだ。経済、金融の国際化で、国籍など偏狭なナショナリズムに拘るべきでない、経営がうまくいき、雇用が守られることこそ重要なのだが、やはり淋しさは隠せない。「ジャパン・アズ・ナンバーワン」など日本人の元気が溢れていた時代はもう来ないのか。

(カルロス・ゴーン氏が倒産寸前の日産に乗り込んできたのが一九九九年という。今日産は世界のビッグ3(トヨタ、GM、フォルクスワーゲン)を追い、いよいよトヨタを抜いて世界一を目指すという。ゴーン氏に改めて敬意を表したい)

5月14日(土)

「西南学院」よ、永遠なれ。百年を祝う

西南学院が創立百年を迎え、盛大な記念式典が行われた。一九一六年、米国のバプテスト宣教師C・K・ドージャー師が開学した。私立学校としては福岡県で第一号、百四人の生徒から始まった「一粒の麦」は、今や幼稚園から小、中、高、大学までの一貫教育、在籍一万一千人を超える。なにより百年の間に十四万余を社会に送り出した。

私もその一人、中等部三年生の一年間だけ通った。田舎の中学校から都会の高校に進学するためのやや便宜的な転校だったことを私は敢えて告白するが、実はこの一年が私に与えた影響は計り知れない。初めて接するキリスト精神、西欧文化を漂わせた学園は私をして英語習得を急がせ、目を外（外国）に向けさせるに十分であった。米国留学など、当時としてはあり得ないことの実現もまた原点はここにあった。また長じて政治や選挙に関わった時、「西南学院」を経歴に持つことの偉大さは本当に本人にしか分からない。

創立百周年の統一理念は「愛と自由をたずさえて」。

5月15日（日）

少年柔道大会「君が代」斉唱

「文部科学大臣杯」目指して、県柔道整復師会主催の「福岡県少年柔道大会」が行われました。

私は多くの青少年の式典で役員、来賓として挨拶しますが、気付く時には必ずそのことを指摘します。国歌斉唱は小学校、中学校では教えないのか、子供達からほとんど声が聞こえてこないのです。大変残念なことです。

「日本の国旗『日の丸』に向かって国歌『君が代』を大きな声で歌うことで、皆さんはこの九州に日本人として生まれたことがどんなに幸せなことかを感ずるものと思います。これからしっかり勉強し、また柔道を一生懸命に頑張ることで立派な人間となって、将来世界中の人々と仲良く仕事をしてください……。」

5月16日（月）

道州制会議

「自民党道州制推進本部」の会合で、北海道から副知事ほか、北海道出身の議員多数が出席して「道州制特区法」につき議論しました。北海道は道州制議論が最も進んでおり、ここで地方分権が特区として進んでいくことで国全体の道州制議論に拍車が掛かります。

5月18日（水）

懐かし、ゾマソンさんの衝撃

黒人のアフリカ人で、一時期テレビタレントとしても凄い人気者だったこの人、ゾマホンさんは、今アフリカの「ベナン共和国」から日本への「全権大使」になっています。夜の「アパグループ」の勉強会でゾマホンさんの話を直接聴いて強い感銘、いや衝撃を受けました。

「日本は本当に豊かで素晴らしい国です。日本では当たり前の飲み水（ボトル）も実は、世界中の四〇％の人々は飲めていません。私たちのアフリカ諸国は本当に道路も、学校も、人々の環境も貧しいものです。しかし私たちは不幸ではなく非常に幸せでハッピーなのです。少しも日本人の豊かさを羨ましいと思いません。

一方、日本人は余りハッピーでなく、自信と誇りがないように思えます。その真面目さと勤勉さで、日本人こそ世界一の大国で強国になったのですから、もっと自信と誇り、なにより世界中にその素晴らしさを訴え、指導していく「責任」があります。日本の皆さん一人一人が（お掃除のおばさんまでも）その責任者であり、決して安倍首相だけが日本の代表ではないのです……」

5月20日（金）

日中企業グループを引き合わせ

縁あって日本と中国の企業グループを引き合わせしました。「ＣＩＴＩＣ集団（中国国際信託投資公司）」は中国最大の金融、通信、不動産などの企業グループですが、その総帥の一人王武氏（中信出版社長）がご挨拶に来られたので、「日本郵政」社長の長門正貢氏に引き合わせをしました。
いずれもそれぞれの国を代表する巨大な経済金融グループですが、お互い協力しあってより良い国際的活動を展開してくれるよう、私からもお願いしました。

5月21日（土）

介護保険問題

朝倉地区の介護保険事業者の総会後懇親会で。多くの事業者とそのスタッフたち。
介護事業は高齢少子化が一層進んだ今日、医療保険などと並んで最も重要な社会政策分野となった。増え続ける高齢者介護をどうするか、すでに十年に及ぶ議論が続いていたが、その上で『介護保険法』が成立したのが平成九年、ちょうど私は厚生省（当時）の政務次官として、小泉純一郎厚生大臣の下で汗をかいた。爾来五年ごとに制度見直しが行われ、今日の形まで普及定着した。制度の運営管理で大きな事件が起こることもなかった。しかし財源を今後も保険制度（相互扶助）のままでいけるのかという新たな基本議論も始まっている。

5月23日（月）

「汗かき、恥かき、義理を欠き」で私も大忙し

カラオケの集まりによくお誘いを受けます。地元で「城英二」さんは演歌歌手として売り出し中で、私とは長い付き合いです。彼の常連さんの集いに参加し、独唱は「宗右衛門町」、デュエットは「銀恋」と古い選曲で、汗かきながらこなしました。カラオケ友は皆さんいい人です。

5月24日（火）

「断食」の勧め

全ての病は食べ物からくる、という。人間はもちろん食べなければ生きられない、要は食べ過ぎるから病気になるのだという。
「田中裕規」という人の本『究極の断食』を読んだ。「断食」こそ万病を治すのだという。断食は難

しくない、努力して週三日間、できれば金土日、断食のくせをつければ生まれ変わったように健康になるという。それにしても難しくはないか、三日間も断食すれば死んでしまう、仕事も何も出来ないではないか。いや、指導さえ受ければ必ず出来る、と書物は言う。「断食で治せない病気は医者も治せない」(ドイツ)、「一番効く薬は休息と断食」(フランクリン)、「人間はその四分の三は医者のために食べる」(古代エジプト)など古今東西、どこにでも自然療法の極み、「断食」への言い伝えがあるそうだ。

しかし、ここで初めて明かそう、私は実は密かな「断食」信者なのだ。週一日、一食もしない断食日を決めてそれをほぼ正確に、愚直に守っている。体にもすっかり馴染んでいる、そのお蔭かどうか、私はずっと健康に恵まれている。だれにとっても健康以上に大事なものはない。私は国会でも選挙区でも、お蔭で元気一杯活動出来ている。本当に有難いことである。

その昔、若い頃から国会議員一、二期の頃、二十年前まで、私は体重八五キロあった、「巨体」を揺すって歩いていた。腰痛を含め内臓疾患も抱えていた。爾来、二度の落選を経て、食うに事欠く生活にも耐え、今では体重六七、八キロで静止、どこに行っても「細身」で通っている。お腹も出ていない。

週一断食を始めたのが二年も以上前、ある人のことばがきっかけだった。私は意志が固い、非常に意志が固い、一旦決めたことは必ずやり遂げる。かくして私は健康な心身を与えられ、常に感謝の気持ちを忘れない。

「病は祈りと断食で治せ」と言ったのはイエス・キリストだと、『究極の断食』には書いてある。

5月26日(木)

オバマ大統領の広島訪問
『日米、希望の同盟』を確認

G7伊勢志摩サミットが成功裡に終わり、引き続くオバマ米国大統領の劇的な広島訪問で今週の日本は大いに盛り上がった。サミットでは世界経済、テロ安保、難民、北朝鮮、環境などと合わせて南シナ海、東シナ海への中国の海洋覇権問題もしっかり議論された。

オバマ大統領の広島訪問は、オバマ氏の真摯な性格もあって我が国民に大きな感動を与えた。被災者への鎮魂の行事も終え、国際政治におけるこれからの非核化、核軍縮の動きには大きな弾みとなろう。

一連の活動は、安倍政権、岸田外交の成果として無条件に評価されるべきである。

5月27日（金）

「民間活力」を成長経済の柱に

自民党の民間活力（ＰＦＩ）調査会が中心となって検討中の「民間活力推進法案」を自民党、公明党両党で衆議院事務総長あて提出しました。これにより法案は正式に国会に上程されたことになる。会期は終わったので実質的な委員会審議は次期国会になるが、議員立法はこうしてまず事務局に提出することで正式な議案となります。

ＰＦＩまたはＰＰＰといわれる行政概念は、公共的事業を財政（税金）でやる代わりに「民間資金や民間技術」で施行するもので、古くは英国サッチャー政権で編み出され、わが国でも導入、すでに二十年近くの実績のある手法です。

私は自民党でも初期段階から一貫して委員会や党調査会の役員を務め、自らこの分野の権威を任じています。財政の豊かな時期には国の予算で公共的事業を進めるが、近時のように財政緊縮が続く時には、勢い民間資金の活用が経済政策の大きな柱となる。来年度のＰＦＩ／ＰＰＰ事業規模は二十二兆円くらいと見込まれている。この法案は、民間活力を一層円滑かつ活発に行うことを目指しており成立の暁には今後の経済浮揚に大いに貢献するとされている。担当委員長は佐田玄一郎氏、私は幹事長を務めています。

5月30日（月）

石破大臣に「道州制」問題を報告

自民党の「道州制推進本部」として石破茂国務大臣に報告書を提出した。「道州制」は日本の「新しい国の形、統治機構」を示すもので、人口減少、財政赤字、少子高齢化、消滅自治体等の国の基本問題を解決するものとして、中央集権から地方分権を進めることを内容としている。地方創生を担当する石破大臣の年来の主張でもあり、報告会も大いに盛り上がったところです。

5月31日（火）

消費税増税は先送り、同時選挙は見送り

会期末で政局は全て決着した。一〇%への消費税増税は来年（二〇一七年）四月からの分を二年半先送りして二〇一九年十月からとし、併せて衆参同時選挙は行わない、ということが最終的に決まった。個人意見を言うならば、消費税延期は二年未満、一年半くらいが良かった、同時選挙は今こそタイミングと思っていたが、これらは安倍首相の超高度な政治決断だからわれわれは当然にそれを踏まえて行動する。

民進党ら野党が一致して内閣不信任決議案を出したが、当然ながら自公与党は大差で否決した。

これからは参議院選挙に心置きなく邁進する。

6月1日（水）

日韓慰安婦合意、「慰安婦像の撤去」を国会会期末日、自民党「国際情報検討委員会」を開催

昨年末、日韓両国で慰安婦問題の合意が行われ、「最終的かつ不可逆的に解決」したとされているが、その実、合意に隠された問題はたくさんある。日本はいわゆる「慰安婦基金」に十億円もの拠出を約束したが、それは少なくともソウル日本大使館前の「慰安婦像」は直ちに撤去することを前提としている。今韓国政府はほとんどそのための努力をしておらず、仮に放置されたままなら絶対に拠出は認めてはならない、というのが今日の委員会の集約である。

さらに最新の連絡では、韓国は中国など数カ国と共同してユネスコ記憶遺産委員会に「日本の慰安婦

問題」採択を正式に申請したという。余りに舐められた話である。

6月2日（木）

アパホテル代表出版記念パーティー

「アパホテル」は今やわが国では最も規模が大きく伸び率と収益性の高いホテルグループと言われていますが、その総帥「元谷外志雄」氏は近現代史を本格的に研究発言する鋭い保守論客であって、「二兎を追って両方成し遂げる」を身を以て示される。

戦後日本の自虐史観の元となる「東京裁判」を根底から見直すとする論文集を出された。氏の底知れぬパワーにはいつも畏れ入る。（元谷氏、デヴィ・スカルノ夫人や、会場の熱気）

6月3日（金）

アパホテル、その二

奇妙なタレント「南部虎弾（なんぶとらた）」さん。私は初めて吃驚しましたが、若い人に聞くと「随分と有名なタレントさん」という。

6月3日（金）

「杉原千畝」と岐阜県

「杉原千畝（ちうね）」は第二次大戦時、領事館職員としてリトアニアに赴任していた。ナチスドイツの迫害から逃がれようとするユダヤ系ポーランド人を国外に逃がすために、日本向けのビザを懸命に発給した。その行為の多くは外務本省からの訓令に違反したため、その後外交官の地位を逐われた。

助けられたユダヤ人は二千人に上るという。その勇気と行動力は近年になって広く知られるようなり、内外各地でその人道精神が顕彰、記念されるようになった。

杉原は岐阜県の出身、地元には記念館もあるが、この度岐阜県が中心となって「ユネスコ記憶遺産」に登録すべく国民運動が展開されています。

その運動の一環として、「古田肇」岐阜県知事が国会事務所に立ち寄られた。古田氏は同じ（旧）通産省の出身、若い頃は親しく一緒に仕事をしていました。私は当然全面支援を約しました。

6月4日（土）

「杉原千畝」と岐阜県

「日韓トンネル」実現に向けて

「日韓トンネル」という超長期の計画がある。未だ夢のような段階だが、しかしあらゆる大事業は「夢」から出発するものだ。さらにこの事業は政治、経済、社会等非常に複雑な国際事情を背景に議論されている。

今日の交流シンポジウムにも韓国から政財界有力者が来訪しています。私は日本側代表としての冒頭のあいさつで「……両国には竹島問題、慰安婦問題など解決すべき重い問題が横たわる、これらをしっかり解決することが、トンネル計画にも求められる。それぞれの国民の支持こそが何より必須である……」と発言し、現下の両国関係は決して甘くないことも示唆しました。

如何に友好イベントでもお互い厳しい現実を率直に認め合うことが大切だと心掛けています。（距離一五〇キロ、十兆円、工期七、八十年とも言われる）

6月6日（月）

那珂川町、武末町長三選へ

那珂川町長「武末しげき」氏は今年八月に選挙を迎えます。この二期八年の町政期間には町が人口増で市政へ昇格すること、新幹線博多南駅が通勤鉄道として存続すること、五箇山ダムの建設など災害に強い町づくりを進めてきたことなど立派な実績と評判を得ており、大方の見るところ順当に三選を果たす雰囲気となってきました。今日はその選挙事務所開きが行われ、私も応援の弁を行いました。

6月6日（月）

「ジューロック」三嶋氏が紫綬褒章

旧友の三嶋隆夫君が「紫綬褒章」受章の栄に輝き盛大なお祝いが行われた。『フランス菓子16区』（ジューロック）のオーナーとして今や、名実、その業界では全国区となってきたが、私とは中学校（西南学院）、高校（修猷館）と同級で、お互い昔のことを思い出す。とにかく元気が良い。いつも仲間の真ん中にいて、いわば「ガキ大将」、「悪そ坊主」の典型だった。大学を出てヨーロッパやパリで料理の修行に出掛けていた。

五十代になって、私は福岡に戻って来た。福岡では「16区」の名前も次第に広がり始めていた。爾来私は選挙で苦労が続いたが、三嶋君には一貫して助けられた。とりわけ自分の落選中の彼の心遣いには、今でも胸が熱くなる。

「ダックワーズ」ほか数々の名菓を創り「現代の名工」の名をほしいままにしながら、実に多くの若手を世に送り出した。そして今、洋菓子界の全国指導者として一層の活躍を期待されている。

同じ同級の横倉義武君（日本医師会会長）も駆けつけた。持つべきは友である。

6月7日（火）

「博多万能ねぎ」拡大推進大会

「博多万能ねぎ」は福岡県筑紫平野が発祥で今や全国銘柄となった。出来立てを一刻も逃さずＪＡＬ

機で東京に送る、「空飛ぶ野菜」としてその名が広まった。毎年販売目標を引き上げ概ね達成、農協（JA筑前あさくら）の品目別部会としては特に元気が良い。今では静岡、佐賀、高知など類似品との競争も手強くなった。中国の白モノねぎの輸入も大きな脅威だ。しかし地元は東京、大阪などの市場関係者と合わせて生産販売の総力戦を進めている。

天候や社会制約と闘った四十年に及ぶ先人たちの苦労の上に、今日がある。農業も頑張れば出来る、という実証がここにある。

友のために泣く、舛添都知事のこと

6月8日（水）

意を決して、やはり書くこととした。舛添都知事のこと。舛添氏は今国中の怨嗟の中にいる。議会で火だるまとなっている。全ての報道で袋叩きである。全ての政治家から非難されている。

当然の報い、その所作は余りにひどかった。傲慢だった、人の意見を聞かない、公私を弁えない、金の管理にルーズ、とりわけ政治資金は公金なのだ、思いつきのやりとり、およそ政治家の資格はない、最後は辞めるしかないのかも……何より普段の不徳が今日を招いた、身から出た錆。

政治家というものは、実は特別の人間ではない。幼少の頃、若い頃、偶々人より早く世に目覚めた。そして刻苦勉励、貧しい中、学校では懸命に勉強した。社会に出るも、当然人より苦労は付いて回る。そして、さらに選挙は特別だ。地位があっても、家柄があっても、仮に潤沢な資金があっても、選挙に出ること、ましてや当選することは本当は大変なことだ。多くの多くの人との出会い、人智を超えた運不運が全てを決する社会でもある。

政治家は常に立派な人であろうと努力する。出来れば人格者、人望を備え、「聖人君主」とまでは望まない、最高の道徳者たるを目指すものだ。

舛添氏も例外ではない。最高の知性と学識を備え、野心とともに政治階段を登ってきた。ある時は総理総裁候補にも擬せられた。参議院選挙では百六十万票、都知事選挙では二百十万票を取ることは、自民党が背後にいたとしても実は並大抵ではなかった。繰り返すが、政治家も完全な人はいない。悩みもある、気迷いもある、法を冒す弱さも誘惑もある。普通の人となんら変わらない。

私は舛添氏とは政治家として、ある時期一緒に仕事した。切れ者に共通する剛直さと、しかし同志を気遣う人情は人一倍、だからあの圧倒的人気で当選した。この類い稀な能力と資質こそこの国の指導者として必要なものであった。五年も前、落選中、落魄の私の応援に駆けつけてくれたのも厚労大臣の彼であった。

かくして彼は今、地獄の渕にいる。身から出た錆であり、同情の余地はない。しかし今こそ彼が本当に真人間になるかの瀬戸際か。刑事事件ではない、知事になる前の事件であると言ってももちろん誰も許さないが、過去を洗いざらいに反省し再起を誓う彼に、もはや嘘はあるまいに。

『一源三流』という言葉がある。剣聖山岡鉄舟の言葉、「国のために血を流し、親、子のために汗を流し、友のために涙を流す」、そう、武士、武人の徳目は、一つの「源」、この国に生まれた者の持つ真心と強い絆から流れ出てくるという。万が一、君に社会復帰があるとしたら、君は本当に生まれ変われるか、国家社会のために全てを捧げられるか、地に堕ちた信頼を取り戻せるか。

舛添君、君のために泣いている多くの友がいることも決して忘れるな。

6月9日（木）

横浜で「中西けんじ」さんの応援に

横浜市の中華店で、少人数のミニ音楽コンサート、飛び入りで参加、自民党の参議院議員「中西けんじ」さんの応援演説を。中西さんはJ・P・モルガン証券会社の副社長など実業界を経て六年前に参議院に初当選、「経済の中西」として強力にアベノミクスを牽引しています。

私は二十年前まで神奈川県で政治活動、川崎、横浜、横須賀などにはまだたくさんの友人がいますので、多少の応援にはなりそうです。

6月10日（金）

地元行事① 天満宮「お田植え祭」

好天の下、太宰府天満宮の恒例「お田植え祭」が行われました。五穀豊穣、日本の農事は常に神に祈ることから始まります。

この祈りは筑紫平野一帯に及びます。田植えを手で行う所は最早全国どこにもありませんが、古式を通じて古えと先人たちを偲ぶことは、今と未来を臨むに当たって大切なことです。「西高辻宮司」を筆頭に懸命かつ苦闘のお田植えは、秋には豊かな稲穂となって私たちを満たしてくれることになります。

6月11日（土）

地元行事② 「高木ほたるまつり」

「朝倉市高木」は最も過疎化した地域のひとつ、確かに人は少ない。しかし秘めたるパワーと潜在力は決して小さくない。ほたるの乱舞は追随を許さず、多くの人が街場から、遠く福岡市からもやって来る。恒例の「ほたるまつり」も、あの大きな旧選果場を一杯にし、地元の歌手と芸達者で笑いと拍手は絶えることない、深き森に潜む鹿やイノシシの眠りを妨げているだろう。人情は細やかで、都会の喧騒からしばしの平安を求めるには格好の場所ではないか、地鶏の串焼きはミシュランでも三つ星くらいにはならないか。

6月12日（日）

日本人立ち上がれ！
中国軍艦、尖閣諸島を侵犯

最も懸念していたことが起こった。六月九日未明に中国軍艦が日本の尖閣諸島の接続水域を初めて侵犯した。同未明内に外務省は中国大使を呼び出し強硬な抗議を行った。

中国の「公船」と称する軍艦紛いが日本の接続水域、領海までも侵犯し続けてもう六年が経つ。日本政府は中国船には海

上保安庁（海保）の警備艇が追い出し、その都度抗議、警告を発しているが、相手は全く梨の礫、その侵犯の度合いは確実にエスカレートしている。中国の意図ははっきりしている、領海侵犯を常態化して、既成事実化を図る。日本の「実効支配」を突き崩し、きたるべき時に一気に攻め込むこと、武力の行使も辞さずというのがかの国の揺るがぬ国家意志である。南シナ海での海洋侵犯を見れば火を見るより明らか、如何に国際法や民主主義、平和主義のルールから逸脱しても自らは恬として恥じない。

　これら中国の「覇権主義」対し政府、自民党の中で最も強い危機感を持ち抗議活動を続けている一人が自分である。昨年には「日本領土」を証明する中国の新地図を発表し、秋には単身北京に乗り込んで、中国政府、共産党に抗議もしてきた。自分の力不足には甚だ慙愧に堪えないが、尖閣諸島と東シナ海、国家国益を守るという立場から懸命に党内を組織し、決議し、外務省、首相官邸にも幾度となく意見具申した。政府がこの問題に本当に十分に対処してきたか、私ははるかに満足していない。

　なぜ日本は効果的対策を打って、遂には衆知を結集してこの違法な輩を叩き出す工夫をしないのか。国際法上の権利をなぜ極限まで主張、行使しないのか。相手は中国である。極めて慎重、しかし周到かつ大胆な外交的、政治的行動こそ今必要であって、このまま推移すれば第二の軍艦が早晩やって来ることは必至である。

　日本は堂々たる一流国である、世界の先進国首脳会議（サミット）の議長国である。何を怖れることがある、直ちに違法行為を止めさせるべく、国民総力で立ち上がらなければならない。

6月13日（月）

中国へ厳重抗議
（中国軍艦の尖閣水域侵入）

中国の海軍が計画的、意図的に日本の海域を侵しており、日本として事態を甘く見てはいけない。六月九日未明に中国軍艦フリゲート艦が尖閣諸島の接続水域を侵したが、十五日になっては別の軍艦が鹿児島県口永良部島の領海を侵犯。中国は「無害通航」、「航行の自由」などと嘯いている。自民党国防、外交部会が休会中の緊急会議を開いたのを機に、私は敢えて原案を作成して自民党としての決議を行なった。中国への厳重抗議、外交活動の強化、防衛体制の強化、日米安保の堅持などを内容として政府に申し入れたものである。

議員からも多くの意見が出たが、これら一連の事象を以って中国の戦略的意図は極めて明確で、公船による侵入から軍艦によるものへと既成事実を積み重ね、日本の実効支配を無力化する方向に確実にエスカレートしている。未だ中国の意図がわからないなどという者が役人の中にいたので私は一喝して、国としての対抗策を取らなければならないと訴えた。国内は今参議院選挙や舛添問題の後処理（次期都知事選挙）などで大わらわであるが、外的な動きは一瞬も待ってくれない、いやこの時こそ外敵の一番の攻め時であろう。我々はこの時こそ「治にあって、乱を忘れず」を宗としておくことが大事。

さらに十六日には沖縄北大東島の接続水域を艦船が侵入、一連の流れが悪質な戦略的意図を持ったものであることが改めてわかる。

6月17日（金）

『日本一』のビラ配り

私にひとつだけ「日本一」があるとすれば、それは政治ビラの宅配でしょう。自分自身の広報紙から始まり、選挙ビラ、政党ビラなど、自分で配り配って三十年、その枚数は百万枚を超えます。自分一人で、事務所のスタッフ達と、また今でも毎月一回、後援会の有志三十人ばかりと一斉にビラ配りと決めています。常に私が先頭に立って配ります。

およそ世の中の郵便ポストのことを一番詳しく知っているのは私です、何故ならあらゆる形状の郵便ポストを経験し、またいかに複雑な家の形、大きな家、小さな家、庭のある無しでも、ポストの場所は即座にわかるのです。

選挙に出るにはまず有名になること、知名度が上がることが必須です。タレントや有名人ならいざ知らず、またお金があればテレビで名前を売ったりアルバイトもふんだんに使えるかも。私のように全く普通の人間は、これしか無かった、ビラを一軒一軒配れば、その家には知られるだろう、人を雇うには金が掛かる。こうして、いつの時代も、落選中はほとんど手配りだけが選挙運動の中心でした。何と不合理、非効率といわれつつ。インターネット時代でも必要か、実はデジタル全盛の今、紙の温もり、人と人の触れ合い、物々の手触り、いわばアナログこそ人は欲しているのではないか。ただ黙々と配ること、もっともっとと際限なく進むことで、ある時は道を求める修行僧、千里の夜道を走る荒業師のような気になることもあります。役に立ったのかと問われれば、実はわからない、ただこのことで自分自身が育ってきたという確かな実感がそこにあります。何かひとつ誇れるとしたら、議員の中で、いや、およそ日本人の中で自分こそ「ビラ配りの日本一」だということ。（ただし、誰も褒めてはくれませんが……）

今は梅雨、この日も雨に濡れながら配りました。大雨になったので、四十分でやむなく中止。

6月18日（土）

坂本九ちゃんを偲んで

自衛隊音楽隊のミニコンサート。大好きな坂本九ちゃんが出てきました。「明日があるさ」、「見上げてごらん夜の星を」、そして「上を向いて歩こう」。九ちゃん亡くなって三十年、九ちゃんの歌にどんなに勇気づけられているか、日本人。

6月19日（日）

Yellow Spece（黄色の世界）

福岡市出身で女流画家「楠本恵子」さんの作品が、福岡市「市民福祉（ふくふく）プラザ」の一階ロビーに大分以前から飾られています。楠本さんは一貫してYellow（黄色）を基調とする画風を追求されています。Yellowは「太陽の光」を象徴するもの、およそ人生において喜びや悲しみ、悩みの中から究極の希望こそ「太陽の光」であると説明されています。地元の芸術家が世界に向けて活躍されるのは本当に嬉しいことです。

6月20日（月）

Yellow Space（黄色の世界）

難病ＡＬＳ対策、「希望」を届ける

ＡＬＳという神経性難病（筋萎縮性側索硬化症）は、全身の筋力が次第に萎縮して、いずれは死に至るという恐ろしい病気で、全国で一万人弱の患者がおり、その原因も治療法も解明されていません。

私は国会において二十年前から、いち早くこれら「難病問題」に取り組んでおり、今でも一貫して自民党や超党派の難病対策議員連盟では役員を務めています。

国の対策はしかし、こと「志」とは違い十分に体制が整っているとはとても言えない状況で、政治活動の強化、家族協力会の皆様と手を携えて、さらなる運動が必要です。

今日の家族協力会、重い患者でもある古江和弘会長さんは「no cause, no cure, no hope（原因もわからず、治療方法もなく、希望もなく）」と悲痛なあいさつをされたので、私は、「皆様に希望の光だけは伝えるので私に何でも言って欲しい」というあいさつで返しました。

参議院選挙、「大家さとし」候補跳び出す

6月21日（火）

いよいよ参議院選挙が始まった。自民党の福岡選挙区は「大家さとし」さんで、現職二期目、前財務省政務官、現在は参議院財務金融委員長、財務金融畑を順調に育っている気鋭の政治家である。

夜来の豪雨の元、福岡市での出陣式は野外からホテル内に場所を急遽変更、盛大に行われた。

全県の選対本部長は麻生太郎氏、私は福岡地区の選対本部長の役割と非常に高い得票目標を与えられその責任は重大である。私は応援演説の中で、経済政策、自公政権の安定と強化、国の外交と安全保障、中国問題の脅威などについてもしっかりと述べておいた。

（演説は麻生財務大臣、私、小川県知事、大家候補）

6月22日（水）

「医療と医薬品、未来を語る勉強会」

地元での選挙出陣式を終えて、所要の後上京、夕方には議員会館国際会議場にて第三回「医療と医薬品、未来を語る勉強会」に出席しました。私が主催者の一人となっています。厚生労働省の担当課長と精神医学の専門家でタレントの「和田秀樹」氏の講演が行われ、その後活発な質疑応答が行われました。私は、精神医学は目に見えない「心の病」に関する学問で他の医療部門とは違った難しさがあり、官民挙げてその研究、治療に特段の努力が必要だと講評を行いました。なお私の秘書待遇で二人のトルコ人も参加しました。

6月23日（木）

青少年を国際人に育てよう

「国際青少年研修協会」（公益財団法人）はすでに四十年近く活動している、文科省、外務省関連の青少年育成団体です。日本人、外国人の青少年（小学生～高校生）を海外研修、国内研修に連れ出し、新

しい環境や未来への夢作りを一緒に体験させて、有為な国際人を育てようという遠大な理想を持っています。私はその会長を務めていますが、一度は子供達と一緒にゆっくりと研修受けたいと思っています。

行き先は富士山麓、北海道、小笠原、与論島、イギリス、オーストラリア、ニュージーランド、フィジー、モンゴルなど本当に多岐にわたっています。夏休み目がけて今は準備も大詰めです。

今日は役員会ですが、外務省、文科省ばかりでなく企業、自治体、個人の応援支援の強化が必要ということになりました。

お問い合わせは（☎〇三-六四一七-九七二二）。

6月24日（金）

英国EU離脱の衝撃

英国がEUを離脱する。神聖な国民投票の審判であって、議論の余地はない。影響は大きいだろうが見通せない、言えることは国際金融が大混乱、ポンドが下がり、円が急伸する、円高になれば日本の輸出産業中心に収益が落ちる、株価が下がり景気が悪化する、観光収入インバウンドも冷え込む……と辛いことばかりが思い付く。

こういう時は、しかし、じたばたしても始まらない、なるようにしかならない。そして程なくして、どの国も、だれも、変化に慣れて調整していくものだ。何故なら、所詮は他所の国の話だし、我々はひたすら自分たちが雄々しく生きていけばいいだけの話だから。

6月25日（土）

『炭坑節』、哀しみと喜びと

夏になるとまた盆踊りがやってきます。盆踊りといえばなんたって「炭坑節」でしょう。私は「炭坑節」の発祥の地、福岡県筑豊地区で生まれ育ったので、「炭坑節」には子どもの時から馴染んでいます。踊りも多分、上手です、何処でも踊るし、皆んなに褒められたり、笑いを誘ったり。昔の選挙区、神奈川県横須賀市の盆踊り大会でも、余りに上手、というか面白いので中央の上がり台に上がって踊りの模範を見せ、やんやの喝采を浴びたこともあります。

「炭坑節」はその名の通り、坑内で働く炭鉱夫たちの仕事唄から始まりました。炭鉱の仕事はきついものでした。何百メートルの地下で真っ暗、熱くて湿度は一〇〇%以上、粉塵で鼻の穴は真っ黒になり、何より危険なことは落盤、ガス爆発、水没……多くの多くの労働者が亡くなりました。どんなにきつくても、しかし、彼らはもちろん止めるわけにはいきません、食べるために、家族を養うためには黙々と働きました。過労や苦しみを紛らすために口ずさんできた、深い地底からやっと生きて出てきた時に感じる切ないほどの幸せ、これがあの唄となったのでしょう。

原田巌さん（私とは縁はありませんが）が「炭坑節語り部」として日本経済新聞（六月二十四日）に「炭坑節」の縁起を書いています。父も坑内夫、祖母は坑内事故で死亡、一家が炭鉱マンでした。彼が学校出る頃、炭鉱は今やエネルギー革命で斜陽産業、遂に炭鉱への就職は出来なかった。それを聞いた父親が、「ああ、やっとこれで炭鉱と縁が切れる」と呟いたという。

原田さんらは、この「炭坑節」を日本人の心を歌う大衆歌としてさらに広めていきたい、できれば外国に行って外国の人たちにも聞かせたい、という大きな夢を持っています。月が〜出た出た〜月が出た〜、今年も全国、夏の夜空にあの哀愁と万感を込めたバチの音が響き渡るのでしょうか。

6月26日（日）

尖閣諸島、政治研究会

選挙中ではあるが、私自身の「政治研究会」を予定通り自民党本部で開いた。民間の人約三十人が参加してくれた。講師に石井望氏（長崎純心大学准教授）、石井氏は広くアジア文化史と中国文学を専門としているが、とりわけ尖閣問題には中国を含むアジア地域の徹底した史実、文献を通しての実証的研究を行っている。

まず私から尖閣諸島に関連して近時までの歴史概略、新地図（一九六九年、中国政府発刊）の発見を含み自民党内や政府間での政治的動向、抗議活動などを説明した。続いて石井氏から、多くの古典史実に即しながら、日本はこの島を一八九五年（明治二十八年）に正式に編入したこと、それ以前にもおよそ尖閣諸島が琉球（沖縄）に帰属するデータは数多あれど、中国に属するという的確な資料は皆無に近いことを検証された。

六月に入って中国の軍艦が尖閣諸島を含む日本海域の接続水域、領海までも侵犯しているが、我々日本人はそれがいかに意図的、戦略的なものかを認知した上で、適切な対応をしなければならない。私はいつも言う、「治にいて乱を忘れず」、「国内問題が如何に忙しかろうと、国際政治は非情なもの、決して待ってはくれない」。

6月27日（月）

東シナ海上空で日中衝突か

六月二十九日午前中のいきなりの情報。元海上自衛隊幹部ＯＢからメディアへの報告で、「尖閣、東シナ海の上空で日本の空自スクランブル（緊急発進）に対し中国戦闘機が攻撃動作を仕掛けてきた。空自創設以来初めての実戦によるドッグファイト（格闘戦）の可能性があった……」という。

日時不詳、私が外務、防衛省に聞く限りでは、事実確認中、特段の行動は不明、とのこと。

6月28日（火）

「国際仲裁裁判所」への提訴はあるのか

南シナ海の南沙諸島を巡ってフィリピンが中国と争っている。フィリピンは国連海洋法条約に基づく国際仲裁裁判所に訴えたところ、昨年秋に裁判所から司法管轄が認められ、本案審査に進むことになった。ここにはフィリピンが鋭くも粘り強い法律的な工夫をしたあとが見える。

今日本も東シナ海においてガス資源問題に絡み中国と鋭く対立している。実はフィリピンの裁判手法には大いに学ぶことがあったので、日本政府も仲裁裁判所への訴えを本格的に検討することとなった。その理論的立論は、しかし決して容易くない、実は判例もほとんど無い。実例も無いのでその分野の専門家も見つからない。

しかし決して日本は諦めるべきではないと私は思う。今回ようやく一応の原案を作り上げたので、外務省、法務省、衆院法制局らの専門家を集めて議論した。基本的には官僚たちは難色を示す、勝てる保証が見えないと懸念する。私は言う、裁判に行く時、勝てる保証などあるはずは無い、勝つためにあらゆる努力をすることだ、勝ち負けは後から付いてくる。フィリピンを見ろ。

フィリピンの裁判判決は近日中に出される。世界中が、中国も実は、強い関心を持って見守っている。日本にとってもこの裁判の帰趨は極めて重要である。日本は細心の準備を進めて事態に備えなければならない。

6月29日（水）

「大家さとし」候補、奮戦

七月一日、長丁場の参議院選挙も中日（なかび）となりました。自民党公認「大家さとし」候補の街宣車が我が選挙区に入って来ましたので太宰府地区で同行しました。地域支部の同志とともに朝八時前から駅前活動、さらに二時間ほど街宣車にも同乗し大家候補の推薦を訴えました。

私も選挙生活は早や三十年を超えますが、いつも具体的選挙戦が始まると政治に関わっている自分を自覚し、改めて初心に返ることの必要性を感じます。

大家さとし候補の圧勝を皆で誓い合いました。

7月1日（金）

囲碁の神様、井山裕太七冠のこと

閑話休題。「井山裕太」さんは囲碁の神様です。名人や本因坊などプロの七つ全てのメジャー・タイトルを取っていて「七冠」と尊称されています。一つ取るのも大変なのに、一人で全てを独占するということの凄さがお分かりでしょう。

私は囲碁が大好きで、いつでも趣味の一番に囲碁を挙げます。一応アマチュアの三段となっていますが、同レベルの対戦では平均二勝三敗くらいの実力です。ごくたまに碁会所に行くこともありますが、夜中にネット・ゲームで打ったりする程度で強くなるはずもありません。しかし何年も長くやっていると囲碁の持つ難しさ、奥深さは少しづつ分かってきます。数年前、井山さんと握手してスナップ写真を撮って、感激したことがあります。

　囲碁は元々世界でも日中韓の三カ国が圧倒的に盛んで、その昔は日本がほとんど指導的立場にありました。中韓の多くの棋士は日本で勉強して強くなった。ところが十年以上前からすっかり事情が変わってきた、韓国が断トツに強くなり、中国がこれに続き、我が日本はかなり後れを取っているのが現状です、国際棋戦でもほとんど日本人は勝てなくなった。とにかく国の競技人口が圧倒的に違うと説明されています。日本人は皆内心は悔しく思い、井山七冠をはじめ日本人の棋士の奮起を期待しています。

　先日韓国の最強プロ・イチャンホさんが人工頭脳コンピューターに完敗した。世界中の囲碁ファンが等しく声を失ったのは、まさにこのような背景があったのです。そのうち囲碁がオリンピック種目になるとも真面目に議論されています。

7月2日（土）

「大家さとし」街頭演説会、「麻生ぶし」炸裂

　福岡県の自民党公認「大家さとし」候補の街頭演説会。福岡市天神にて。大雨が降ったり、いきなり太陽が出たり、この選挙は全体を通して本当に天気が不順だ。福岡地区の国会議員、本人、続いて麻生太郎副総理（全県選対本部長）が応援演説、相変わらずの「麻生ぶし」で天神の一角を埋めた二千人は満足されたものと思う。大家がどれほど取れるか、我々のこれからの踏ん張りに掛かっている。

7月3日（日）

少年将棋・県大会

地元春日市で少年将棋の福岡県大会が行われました。私は県「将棋連盟会長」として激励の挨拶をしました。先般将棋の羽生善治さんを破って「佐藤天彦」さんが「名人位」に就きましたが、彼は福岡県の出身です。私はそのことも話して少年たちに刺激を与えました。観戦するに中々の素質も見受けられます。

7月3日（日）

愛知県、「藤川政人」候補への応援

東京からの帰り道、国会での同志である、愛知県自民党公認「藤川政人」候補の選対事務所（名古屋市）に立ち寄り、スタッフの皆さんを激励して来た。当選ラインは越えているようだが油断はできないという状況で、選対役員も真剣に飛び回っておられた。二時間ほど街宣車に乗り込み、国会先輩としてのエールを送らせてもらった。

7月4日（月）

オリンピック選手は堂々と「君が代」を唄おう

オリンピック代表団の壮行会が行われた。その際森喜朗組織委員会会長が「オリンピック選手たる者、国の代表として国歌「君が代」は大きな声で唄って欲しい」と挨拶された。当然のことをよく言っていただいた。思えばだらしない選手もたくさんいた。ずんだれた服装で叩き出された雪競技の選手もいた。

何も難しいことを言うのではない、まずは日本人としての誇りと素養を身につけ、その上で立派な競技者として全力を尽くすことである。オリンピックはなお依然として国vs国、国民vs国民の対抗戦であって、わが代表選手の姿を通してその国に生まれたことを誇り、だから他の国の選手たちの健闘もまた素直に誉めることが出来る。

森喜朗会長（元首相）におかれては、老躯を圧してご精励のところ、国立競技場やエンブレム等々問題の続発する中、「珍しく」高い評価点を飛ばされたことに心から敬意を表したい。

7月5日（火）

あゝ父なる富士山

下界から離れて、富士山は超然と立っておられました。

（七月六日八時五十分、機内にて）

7月6日（水）

神奈川県自民党「中西けんじ」候補の応援に

神奈川県自民党「中西けんじ」候補の応援に

参議院選挙も最終盤、神奈川県の自民党「中西けんじ」さんの応援に横須賀市を回りました。横須賀市は私の昔の選挙区で、今でも多くの友人がいます。神奈川県は自民党候補を二人出しており、一人はトップ当選の見込み、二人目の中西さんは大苦戦中で、彼を当選させれば与党としては最高の形になります。

7月7日（木）

今日は川崎、「中西けんじ」候補

今日も神奈川県「中西けんじ」候補のために川崎市中心に動きました。川崎市にも昔苦楽を共にした後援者がたくさんおります。二十年近く経ちますが、久しぶりの再会でつい昔話に盛り上がります。別れはいつも、日本の政治を良くしよう、選挙を頑張ろう、アベノミクスを前進させようということを誓い合います。

7月8日（金）

銘車「ミツオカ」など

「光岡自動車」は国産の自動車メーカーです。独自のスタイルを手造りで発表し、日本の技術水準を内外に誇る「隠れたる」世界企業です。わが国産業の奥深さ、底力を思わせます。その車名もユーガ（優雅）、ガリュー（我流）、リョーガ（凌駕）など。

神奈川県横須賀市の友人飯島さんの修理工場にて。

7月9日（土）

最終日、参議院選挙打ち上げ

七月九日土曜日、自民党参議院「大家さとし」候補の選挙は今日で終わった。朝から自民党県連車「あさかぜ」号が地元に入ってきたので、ずっと同乗して地域を回り、最後は博多駅にて締めくくりの演説会に臨んだ。多くの多くの応援者に囲まれ、大家候補も強い力をもらったに違いない。

7月9日（土）

参議院選挙ご報告

「大家敏志」さんはお陰様で再選を果たしました。皆様には大変ご苦労いただきました。

神奈川県選挙区では、「中西健治」さんが滑り込みました。原田事務所として総出で応援した甲斐がありました。多くの自民党同志たちが当選を果たし、これからの政権運営に自信を持って取り組むことができます。

7月11日（月）

鳩山邦夫先生お別れ会

鳩山邦夫先生は参議院選挙中に急逝され、選挙翌日七月十一日、地元久留米市で「お別れ会」が行われた。

鳩山先生と私は、余り接点はなかったが、十年以上も前、先生は東京から福岡県に選挙区を移すこととなった。しかも私の真隣り（福岡六区）。ある時先生から相談を受けた、遠く福岡に選挙区を移すことに不安はなかったかということ。私こそその昔、東京（神奈川）から福岡に移ってきた先駆者であったことを意味する。もちろん鳩山先生にとって問題が有ろう筈はない、福岡の人も東京の人も皆同じ、先生の真心で接すれば直ぐに親しくなりますよ、類いの話をしたと思う。

先生は超名門の出であるが、実に気さくな性格で、誰にも好かれた。奔放に育ったか、実にのびのびしておられた。趣味も多彩で、蝶の研究ではもはや素人の域を脱していたし、また食通でも有名、何をするにも話題となった。政治家としては気が多過ぎた、多少不器用だと言われたりしたが、それが彼の持ち味、いつも賑やかな雰囲気の中にあった。若い議員を十人以上育て上げ、今それぞれ与党野党の垣根を越えて政局の要にいる。グループを率い、政治的な影響力も決して小さくない。

兄「鳩山由起夫」氏（元首相）のことは、いつも明るいジョークで済ませておられたが、本当は結構、内心では悩んでおられたと思う。

私は類稀な、そして愛すべき政治家「鳩山邦夫」先生に極近くご指導いただいたことを大変幸せに思います。六月末、国会会期末の日、本会議場でお会いしたのが別れになりました。

（七月十二日、自民党葬。於東京）

フィリピン「仲裁裁判」で中国に勝訴

7月12日（火）

フィリピンは中国を南シナ海の海域について国連海洋法条約に基づく仲裁裁判に訴えていたが、その訴訟に勝訴した。中国が南シナ海の広範な海域に勝手に引いた「九段線」は「根拠無く、違法」と断じたもの。極めて妥当な判決でフィリピンはもちろん日米を含む全ての国際社会が高く評価、敗訴した中国だけがこの判決やそもそもこの裁判自体が「違法なもので認められない」として反論している。この判決は当然拘束力を持つ。中国は「法の支配」という近代社会の大原則さえ拒もうとしており、国際社会での孤立化の道を歩きかねない。

ところで私はこのフィリピンの仲裁裁判に非常に強い思い入れを持ってきた。昨年八月フィリピンのマニラを訪問した際、単身でデルロザリオ外務大臣及びガスミン国防大臣と会談した。この仲裁裁判の話を持ち出したところ、両大臣とも如何にも自信なさ気だったので、私は、日本はあらゆる応援を惜しまないと激励した。一転、十月になってフィリピン提訴の「裁判管轄」が認められ、この裁判が内容の審査（本案審査）にまで入ることとなった。勝訴への光が見えてきた瞬間である。

私は裁判の動きを注意深く見守ってきたが中国が裁判をボイコット（欠席）している状態では勝訴す

る可能性は非常に高い、と読んでいた。

年が明け、平成二十八年になると中国が微妙にしかし無闇、露骨に騒ぎ始めた。彼らは裁判の行方が不利に動いていることを察知したのだろう、三月頃以降は異常なまでに、裁判の結果を認めない、守らない、と叫び出した。さらに判決に事前の脅しをかけるつもりか、南沙海域で空前の海軍演習を展開したのはこの七月に入ってからである。（なんと稚拙な反応かと可笑しくなるが）中国がその判決をいかに怖れ慄（おのの）いていたか、しかもその現実が白日のもとに露わにされた今、中国の受けた衝撃は想像を超える。いかなる武力よりも、一介の「ペンの力」（訴訟）の方が遥かに大きいという格好の実例がここにある。

明日からモンゴルでＡＳＥＭ（アジア・ヨーロッパ首脳会議）が開かれ五十カ国が集まる。中国が国際法を遵守し、より真っ当な国際国家に進むよう首脳会議総出での働きかけを祈りたい。

7月13日（水）

「仲裁裁判所」日本がフィリピンに学ぶこと

フィリピンの動きに啓発されて、私はかねがねわが国の外交にも応用できないかと考えてきた。およそどこの国でも隣接国とは国境問題を抱えている。日中間でも東シナ海での油ガス資源問題は長く紛争の種となってきた。両国様々努力がなされ、協定も作り、協議も続けられるはずであるが、今や中国は海洋法条約上の義務や二国間約束を破り専ら違法な開発を続け、翻ってわが国の国益は日々毀損されている。

ゆえに自民党は、遠くは平成二十五年十二月、近くは本年三月二十二日に「国際仲裁裁判所への提訴」を党議決定し、政府ならびに安倍首相にも直々に進言してきた。「提訴」と言っても単純ではない、精緻な法律的検討はもとより、外交的検討、最後は高度な政治判断が不可欠である。外務省ら政府内外の事務的専門家との概ねの検討を経て、今は私の元で訴状の原案を創り上げたところで、今後は自民党内、続いて外務省、法務省ら、当然首相官邸も含めて政府の決めるところになる。その壁は、決して容易くない。
　いかに熾烈な国境問題でもまずは外交手段でこそ解決すべきであるが、さらに武力行使や軍事行動はもちろん軽々に使われるべきではない、国際法規に則った司法手続きこそ最後に残された「平和的手段」であることを知らなければならない。
　フィリピンは危険を賭して、国際社会にはいまだ「正義」があることを世界に示してくれた。

7月14日（木）

インドからの訪問者

　インドの中学生が二十人、国会訪問に来ました。首都ニューデリー郊外の全寮制の学校、裕福な家庭出身で全国一の学業を誇っているそうです。態度も受け応えもしっかりしていて、かの国の未来も大変明るい。私は日本とインドはこれからもしっかり絆を強めていこうと挨拶しました。

7月15日（金）

「甘木山笠」祭り

「甘木山笠」は「博多山笠」にも決して負けてはいません。
（商工会議所会頭、須賀神社宮司と一緒に）

7月15日（金）

明治の愛国者、「日露戦争とマダガスカル」

日露戦争（一九〇二年）は日本とロシアだけの戦争ではなかった。日本という有色人種の後進国が、ロシアという白色人種で圧倒的な帝国主義大国を倒したことは、日本がこれを境に富国強兵を進め帝国列強への道を一層歩み始めたこと、他方アジア、アフリカの植民地でただ蒙昧（もうまい）（無知）なだけの民族たちに等しく生きる希望と誇りを与え、遂には独立運動への明確な契機となった……というのが、今日の

甘木山笠祭り

近現代史の通説である。

　実はその日露戦争に日本が呻吟（苦悩）していた頃、ひとりの日本人実業家がマダガスカルにいた、「赤崎伝三郎」で熊本県天草の出身、国では食い潰して一攫千金を目差して海外にいた。赤崎は大きな艦隊がしばし港に逗留していることに気付きインドの日本領事館を通じて「露艦隊見ユ」を本国に打電した。日本はロシア艦隊の動きを察知したので、東郷平八郎元帥はここに万全の態勢でバルチック艦隊を迎え撃つこととなった……。

　赤崎はその後海軍から表彰を受け、また実業家としても大きな成功者として明治列伝に名を残している。

　マダガスカルは日本より一倍半大きい島国で、アフリカとは全く異なる民族と歴史、マレーシアやイスラムの影響が強い。未だ最貧国で実質一握りのインド人が経済支配、近時は中国人の進出が顕著。

　今日は筑紫野市文化学芸連盟の講演会、講師は「藍澤光晴」久留米高専教授。

7月16日（土）

「国民の祝日」、「国旗」を新調

今日（七月十八日）は「海の日」、「国民の祝日」です。福岡本部事務所の国旗が古くなったので新調しました。アメリカやヨーロッパの町でよく見られる横掛けとして、心新たに今日の日をお祝いしたいと思います。

7月18日（月）

誇るべき、歴史文化財の保存と継承

九州国立博物館で文化財の防災と保存、継承などの特別講演会が行われた。正倉院、京都御所、五摂家の近衛家、遂には地方大名などの持つ夥しい数量の文化的収蔵品が自然災害、火災、戦乱、はたまた廃仏毀釈など社会的変動の中でいかに難を逃れ、保存され、今日に継承されてきたか。

近衛家は七世紀の藤原鎌足にその源を発するが、十八世紀の一族の記録書によれば膨大な所属遺産は実に百四十回に及んで保管場所を移転して戦乱や災厄を避けたこと、皇室の御文書は東山御文庫などに厳重に保管されているがそれには後西天皇、霊元天皇（百十一代、百十二代）という地味ではあるが文化に造詣の深い両天皇の存在が大きかったこと。

今日の東京国立博物館こそ明治新政府の先見と英断の結果で関東大震災、第二次世界大戦を乗り切ることを実証した。熊本の地方大名矢野家は二〇〇八年の古文書実習の時実に二八〇万ページの目録を作成しており、今回の熊本地震に備えることが出来た……。

何故これだけの膨大な歴史文化遺産が整然と保存されてきたか、「それはどの時代にもそれを赦す社会構造があったこと、さらにその文化財の価値を断固と守り抜いた人々の強い意志があったこと」と講師一人は纏められた。およそ日本人は、日本民族は、奈良の古来から、歴史文化に覚醒しその価値を認め維持し、それを国家意志へとつないできた、これほどの文化的民族はほかにいるだろうか。私には非常に素直にわが民族と先人たちを心から誇りに感ずる瞬間でもあった。

7月20日（水）

「海上秩序の正義」を求めて国連海洋法条約の検討会

フィリピンと中国の海洋法条約上の決着はついた。ただ中国はこれに従おうとせず、「法の支配」する国際社会から強い非難を受けている。

「国際仲裁裁判所」は国際社会、国際海洋秩序の発展のために作られた国連海洋法条約上の正規な手続きである。日中間の東シナ海油ガス資源問題の解決にも有効な手段となり得る。

国際海洋紛争は何処にでもある、先ずは外交努力を徹底的に行うことが必要。そして、軍事や武力を使わないわが国に、最後に残された「平和的手段」こそ司法的な手段であることを認識する必要がある。

前途は多難だが地道な準備と検討を重ねておくに如くはない。今日は議員を含めての検討会を開き、力強い意見が出された。

7月21日（木）

長野県の開発計画

長野県千曲（ちくま）市の市長、市議会議長が揃って陳情に来られた。新幹線、高速道路案件で地域の発展に懸命に頑張っておられる。私も県外からではあるが、知己も多く出来ることは沢山あるので頑張りたい。

7月22日（金）

中古車販売の風雲児「カーチス」筑紫野市に

全国で中古車販売で活躍している「カーチス」グループの筑紫野店がオープンしました。ここに至るに私も多少のお手伝いしたところですが、今日は好天のもと盛大な開所式、私も来賓挨拶とテープカットをしました。KABホールディングスの総帥加畑（かばた）氏は、久しい友人で本物の実業家、地元の黒木さんの獅子奮迅の活躍のことも披露しておきました。

なお、付設された「富の泉」(Fountain of Wealth)

嗚呼、ドーピングは今

はきっと評判になると思います。右手で三度、水に浸すと必ず「富と幸福、成功」に恵まれるということです。

7月23日（土）

嗚呼、ドーピングは今

遂に、ロシアの国挙げての薬物違反（ドーピング）に対して、国際陸上競技連盟とスポーツ仲裁裁判所は白日の下で断罪した。如何なる弁解も許さない。ただロシアの国民、とりわけ個々の選手たちが可哀想で仕方がない。

まず思うこと、驚くべきこと、ロシアのような（また中国のような）共産主義的、全体主義的な大国は本当に何処までこれらの違法に平然とおられるのだろうか。「法の支配」、「法治主義」こそがこの近代社会に生きるものの最高の規範でなければならないのだが。

ところでドーピング問題について、私はその昔、国際組織「反ドーピング国際協議会」の日本政府代表を務めていました。十年以上前、「文部科学副大臣」の時、当て職として常にその任に当たるのですが、もちろん当時はのんびりした時代で、ドーピングも世界中健全に運営されていました。ちょうど東京で行われた総会はただ友好的で和やかな雰囲気だったことを思い出します。時代は遠く過ぎ、今の荒びに荒んだ国際環境は一体何だろうか、来月にはオリンピック本番が始まる、ただひたすら選手たちが可哀想でなりません。

（写真の盾は総会の記念品で、総会議長は「イラン副大統領」と銘打ってある）

7月23日（土）

プロ将棋日本シリーズ福岡大会

「JTプロ公式戦」福岡大会の前夜祭が行われ、出席して乾杯の音頭をとりました。JT杯は名人戦などメジャーに次ぐ権威ある将棋プロ棋戦で、目下最高の棋士十二人のトーナメントで行われます。今回の福岡では広瀬章人八段と豊島将之七段との対戦、いずれも二十代の最も伸び盛りの棋士と言われています。

7月23日（土）

消防団を讃える

炎暑のもと、朝倉郡消防団の操法大会が東峰村宝珠山で行われた。操法大会とは、防火や消火活動で想定された器材操作と作業手順のスピードと正確さ、何より消防団、消防士としての姿勢と規律を競い合う過酷な競技。災害は忘れた頃にやって来る、酷暑であれ、厳寒であれ、いや熟睡の深夜であれ、消防士は瞬時に任に就く。そのための心身の鍛錬も並大抵ではない。

彼らの尊い使命を讃えて私がいつも使う言葉。

「イタリアのローマ市の市役所正面に一つの石碑が立っているという。『国家が危機の時、そこには必ず消防士がいる』と書いてある。古代ローマ、二千年前からの石碑だという」。

7月24日（日）

日本医師会会長、横倉氏のこと

日本医師会会長、横倉氏のこと

日本医師会（「横倉義武」会長）の役員披露パーティーが東京で行われました。参議院選挙は終わり、東京都知事選挙は大詰めの時期、国の医療界の代表、錚々たる人々が集まっていました。横倉会長は留任、医療政策にこれからも引き続き腕を振るわれます。

横倉氏と私は高校（修猷館）が一緒で、地元福岡県で私が選挙に初出馬の時は本当によく助けてもらいました。横倉氏は偉くなってもいささかも威張ることなく、誰とでも平たく付き合うその姿勢は見習わなければなりません。

九州の田舎から日本医師会会長になるのは極めて稀であって、熊本県出身で日本医師会の創立者、初代会長の「北里柴三郎」博士以来百年振りということです。本当に立派な同期生です。

7月25日（月）

農政、土地改良で農水大臣に陳情

7月26日（火）

農政、土地改良事業で地元の森田朝倉市長、林、栗原両県議、松岡委員長らの来訪を受け、森山裕農林水産大臣に陳情しました。TPP、農協改革、輸出拡大、インフラ整備など日本農業は様々課題は抱えていますが、大臣からは力強い回答を頂きました。

柔道オリンピック選手団「壮行会」

7月27日（水）

柔道のリオ・オリンピック、パラリンピックへの選手団「壮行会」が講道館大道場において行われました。山下泰裕選手団団長以下、選手全員が優勝と金メダルを目指すと力強い決意を述べました。

医療、医薬の未来を語る勉強会

「医療、医薬の未来を語る勉強会」は第四回目で、地味ながら着実に議論を積み上げています。日本医療のアウトバウンド（「海外での活動と展開」）が今日のテーマで、行政（経済産業省）の報告を含めて活発な議論が行われました。

「泡沫候補」諸君、健闘を祈る

7月28日（木）

選挙が続いている。参議院選挙が終わったら東京都知事選挙と賑やかで、自分も無関心ではいられない。ところで選挙で不思議なこと、それはいわゆる「泡沫候補」がたくさんいること。都知事選にも二十人近くいる、（失礼ながら）絶対に浮からない、誰が見ても通らない、マスコミも相手にしない、多分本人もそれをよく知っている。それでも何故選挙に出るのか、選挙に出るには供託金などキャッシュで五百万円は必要、諸経費は全部で一千万円は下らない、何故それでも出ようとするのか、何か余得でもあるのか。

実は彼らは本当に真面目なのだ、本当に真剣なのだ。初めて訪れた晴れの舞台に、自分の全てをぶつけたい、当選とその可能性をひたすら信じて。なんと活き活きした毎日であるか、民主主義に生まれたことに感謝して、世の中を直すために、自分の思う存分を発言し行動し聴いてもらえる……かくして候補者の毎日は、幸せと満足と快い疲労に浸っているのです。

何故、貴殿（原田さん）は分かるのですか？　何故なら、私が……「泡沫候補」だったからです。もう三十年も前、一回目の選挙、他人は私を「泡沫」と呼んでいたでしょう、しかし自分だけはもちろん自信満々、勇気溌剌、多くの人を引き連れて断固として活動しました。そして疲労困憊の中での投開票日、私は早々の落選を告げられた、何より辛かったのはこんなにも票が少なかったこと、供託金が没収されたことは「泡沫」の証でもありました。私がおよそ選挙で本当に泣いたのは、その晩のことでした。

私は、だから「泡沫」諸君が愛しくてたまらない。懸命に頑張り、一筋の光を信じ続け、他人は他人、自分は自分、ひたすらこの三週間を闘い抜く、その毎日の生き甲斐たるや「当選」の二文字に劣らないほど意味の深いものがそこにあるのです。

7月29日（金）

女性と不動産投資、出版記念会

『働く女性の不動産投資入門』と銘打った本を出版したのが、旧友の「前田潤」さん。株式会社アルファ・インベストメント会長、別に有名人ではないが大変な男である。元々不動産事業を国際的にも展開、その後エネルギー事業にも進出、私が太陽光発電に取り組んでいたことから深い同志となり、今やその業界の成功者でもある。六本木にレストランも出している。余り日本にいない。

その彼が先日、本を出したと挨拶にきた。私の一番の驚き、よくもまあ、あの忙しさの中で、ということ。テーマは「女性」、「不動産」と一般的だが、なんと言っても、自らのビジネス、商売の具体的経験と実戦を通しての陳述で、学者や評論家の本とは切り口が違う。多くの人に読んでもらい、むしろ実

行に移して欲しい、と訴えている。
（幻冬社出版、一五〇〇円）

7月30日（土）

東京都知事に小池百合子氏

東京都に初の女性知事小池百合子氏が誕生した。大変な選挙であり、また経緯からして話題も多かった。自民党にとっては分裂選挙としてやりにくい面もあったが、当選が野党候補でさえなければ小池氏でも増田氏でもよかった。国（自民党）との関係もなんら心配することもないし、小池氏ならしっかりとした都政をやってくれる。私も小池氏とは国会での付き合いも長く、心から健闘を祈りたい。

なお、自民党は当然大掛かりな組織選挙を展開したが、執行部が「他候補を応援すれば一族郎党処罰する」類いの文書を党員に通知したことが、開かれた民主主義を標榜する自民党としては多くの党員、無党派層を離反させることになった。奢りたかりこそ、何時なんどき最も戒めなければならない徳目である。

8月1日（月）

「中国の脅威」と「防衛白書」

「防衛白書」の原案が示されたのは最近であったが、私が最も激しく論陣を張った。中国の「軍事的脅威」をはっきり明示すべし、中国そのものを北朝鮮より下位に位置付けるのはおかしい、そもそも日本の防衛政策は今や中国の軍事情勢をこそ踏まえて行われている……。尖閣諸島や沖縄にも今や軍艦が攻めてくる時代、今朝の朝刊は東シナ海で中国の軍事演習を報じている……。

かくして「防衛白書」が発表された。たかが「白書」、されど「白書」。国際社会に対し、またわが日本国民に対し、現状認識を正しく伝えることこそ国の使命である。

8月2日（火）

韓国、慰安婦像の撤去

自民党外交関係委員会。昨年暮れの日韓外相合意に基づき、韓国が作る「慰安婦基金」について日本は十億円を拠出することになっている。これには韓国が日本大使館前の慰安婦像を撤去することが条件となっている。しかし像が撤去される動きは聞いたことがない。韓国政府はどんな努力をしたというのか。三月には釜山に三メートルもする慰安婦像を新しく建てたという。「十億円が金額として大きいか小さいかわからないが、大使館前が撤去されるまでは支払ってはならない。」と私は口火を切ったが、以後議員席から同意見が続出した。

今や慰安婦像は、韓国に四十体、外国に六体建てられており、世界中で増やす運動が続いている。

8月3日（水）

西アフリカ大使来訪

アフリカには実に五十二カ国があり、この八月末には〈TICADアフリカ開発会議〉と呼ばれる日本とアフリカ諸国との友好大会がケニヤで華々しく行われる。今日は西アフリカ地域の「ブルキナファソ」共和国大使の訪問を受けた。この国は特に親日

西アフリカ大使来訪

的で、経済開発に対し日本の支援を強く欲している。太陽光発電などエネルギー関連の民間投資も要請している。同行はプロの格闘家で社会教育家の「風間健」さん。

8月4日（木）

尖閣への侵入危機、諸君、立ち上がれ！

尖閣諸島に中国が本格的な侵入を始めた。中国の漁船二百五十隻と公船七隻が尖閣の接続水域と領海を侵入した。

かつてない規模であって、外務省は外務省と北京の大使館から中国に対し高度の抗議を繰り返した。しかし中国は丸無視を決め込んでいる。

尖閣問題については、多分私が国政にあっては最も強い危機感と警戒感を持ち、その対策を唱え行動もしているが、（私の力不足もあり）政府は十分に動かない、いつも外交ルートで抗議しているとだけ応えてくるが、実際中国から何の応答もなく、ただ馬鹿にされているだけ。こんなことで日本の領土、領海、国益と名誉を守ることが出来るのか。固有の領海とあれば、最早警察（海上保安庁）を離れて自衛隊の問題ではないかとの思いも頭を横切る。

今日は福岡市で「日本会議」（保守系市民団体の全国組織）の総会があり、私は敢えて挨拶の中で言った。「政府の対応は余りに弱すぎる、何故に毅然たる対策を立てない、外交的な抗議を何回重ねても全く丸無視ではないか。『日本会議』に物申す、憲法改正も大事だ、戦後の歴史を学ぶことも大事だ、しかし今日、わが国で現実に起こっていることにも立ち上がって欲しい、皆さんの組織力と行動力を駆使して政府を動かして欲しい、オリンピックも国内問題も大事だが、外国の侵略は一瞬たりとも待ってはくれないのだ」と訴えておいた。

8月7日（日）

少年空手道選手権大会

新国際空手道「武神会」主催「少年空手道選手権大会」では私が会長を務めています。今日はその年次大会で、小学生から一般女子まで、暑さの中、本当に力の限りの演武を見せてもらいました。どんな子供でも、正しく教えさえすれば必ず追いてくる、というのが私の率直な気持ちです。

8月8日（月）

平和の誓い〈筑紫駅銃撃事件、慰霊祭〉

昭和二十年八月八日、米軍機からの機銃掃射を受けて電車の乗客ら即死六十二人、都合百人以上の死傷者を出す大惨事が起こりました。終戦の一週間前、悔やみても余りある悲劇でした。場所は筑紫野市の西鉄「旧筑紫駅」、昨年には駅舎の恒久的な保存施設も出来ました。今年も灼熱の暑さの下、しめやかな慰霊祭が行われ、次代を担う保育所や小中学校の子供たちも参列して、地域全体で平和への誓いを新たにしました。

8月9日（火）

日中露選手団抱き合う

この乱れた画像はテレビの画面をスマホで撮った

もの、私の技量ではうまく捉えきれなかった。体操男子団体は日本が金メダルを取った。銀、ロシア、銅は中国、選手五人ずつが表彰台でメダルを授与された。授与式の直後、それぞれの選手たちが手を握り、肩を組み、抱き合って互いの健闘を称えあった。

日本と中国とロシアと、それぞれ国としては非常に難しい課題を抱えています。しかし選手の彼らには、国境も政争も領土紛争も存在しない、あるのはオリンピック、勝つというただ一つ、共通の目標に向けて本当に長い間、必死、懸命の努力を続けてきたことです。

戦い終わり日が暮れて、今や誰もが元々の「戦友」に戻る……。政治の真ん中にいる自分としては選手たちが羨ましくもある、いつかは政治家が抱き合うという見果てぬ夢を追い巡らすのもオリンピックの一つの楽しみ方かも知れません。

テレビ画像の乱れこそ政治家の複雑な胸の内を、実は精確に表わしているのかも知れません。

8月10日（水）

慰安婦基金十億円拠出へ、日本外交の勝利か敗退か

日韓合意に基づき日本は、韓国の「慰安婦基金」に対し十億円を拠出することとした。約束したことだからそれを履行することは悪いことではない。

一方、ソウルの日本大使館前の「慰安婦像を撤去」するという韓国側の約束は果たされなかった。この約束は外相合意に明記されたわけでない、韓国外相が「その方向で最大限努力する」と発言録に載せていること。日本政府は十億円支払いと慰安婦像の撤去は当然に「同時履行」「条件関係」にあると説明していた。韓国は逆にその認識がないと言っていたから、いわば当初から認識のズレ。合意から半年、予想した通り、日本だけが支払い、韓国は約束

を果たさずとも恥じるところはない。

自民党は何度にも亘って撤去の約束を守るべきことを訴えた。今外務省は、日本の拠出を先行させることで、韓国に撤去に向けて心理的圧力を掛け続けることが出来るとうそぶいているが、韓国はそんなに柔（やわ）ではあるまいに。

今世界には四十六の慰安婦像が建っているという。うち韓国には四十あり、合意後の三月末には釜山に巨大な像を新しく作った。さらに国内にはあと六体が計画されているという。さらに韓国はユネスコ記憶遺産に慰安婦問題を共同提案している。韓国政府は「民間のやることとは止められない」と説明する。

かくして日本人は民族の歴史と誇りを守るために、これからも世界中で厳しい闘いを営々続けることになる。今回の日韓合意が政府の「全面謝罪」と受け止められたとしたら、今まで以上に難しい闘争になることも覚悟しなければならない。

私は一連の日韓交渉につき、実は高く評価もしている。昨年暮れの合意を機に日韓関係は大いに改善した。さしもの根深かった慰安婦問題は「最終的かつ不可逆的に」解決し、最早お互いは紛争に持ち出さないこととした。現実の外交関係は飛躍的に静かになった。韓国の中国傾斜を止め、安全保障の日米韓トライアングルは対北朝鮮、対中国という共産国家への鉄の結束を強化した。

これだけの果実を呼び込むには、日本民族の歴史的屈辱は別におくとして、十億円など実は安いものであった。安倍外交の勝利で、肉を斬らして「骨を斬った」とも言える。いや逆に本当に骨を斬られたのは日本人だと思う人もいるかも知れない。

8月14日（日）

〈私が心血注いで訴えたいこと〉
尖閣諸島と国の主権を守れ

尖閣問題が深刻になってきた。中国公船による尖閣諸島の領海侵犯が頻発している。八月五〜十日までの六日間で延べ二十八回と過去最大規模になった。五日が三回、七日が十一回、八日が四回、九日が十回。八日には十五隻が接続水域を同時航行した。今まではひと月に四、五回の侵犯という、それ自体大問題なのだが、今回の侵犯規模たるや通常の対外紛争の域を超えて、軍艦の近接も始めたとすれば、中国は国家の意志として日本の主権の侵害と露骨な軍事的行為を開始したと見なければならない。日本にとってこれは最早「安全保障」、「国防」問題以外の何物でもない。

政府は中国に対し高度の外交的抗議を行った。並行して米国を含む国際社会にはことの事実と重大性とを開示して、日本の行動に理解を得ようと努力した。他方フィリピンに岸田外務大臣が出向いて、フィリピンの対中仲裁裁判所の判決に共同歩調を取るべく働き掛けた。ただこれらの行動で中国が態度を軟化することは期待出来ず……、仮にいったんこれらの侵犯行為が収束したとしても最早日本の主権を大きく蹂躙した実績は消えず、次なる侵略、侵犯にエスカレートしていくことは覚悟しておかねばならない。

尖閣諸島でこうなることは十分に予想された、だから自民党は、私も急先鋒の一人として、単なる抗議に留まらず徹底した対抗措置を取るべきことを唱え、政府や安倍総理に何回にも訴えてきた。外務省は中国に抗議したが、中国には完全に無視されてきたのが現実である。要は、わが国は外交的に舐められており、これを「国家の危機」と言わずして何と呼ぶ。

昨年の二月、私は尖閣諸島についての古地図を衆議院予算委員会で発表した。中国政府が一九六九年に作成し、毛沢東主席（当時）が裏書きをしたもので、自ら「尖閣諸島は日本の領土」であると認めたもの。尖閣諸島は歴史的にも国際的にも二義なく日本領である。国は何故その事実を強力に主張し、その正しさを中国に認めさせる努力をしない。日本の平和外交は、外交的手段を尽くすことで国際平和を守ることであって、ゆめ武力になどは依拠しないが、決して無法な脅迫や圧力に屈服するものではない。

中国外交は日本にとってとりわけ重要なもので、その友好的関係を維持することは特に大事である。首脳交流を進め、その動向には十分注意を払い、無用な感情的軋轢を起こさない、などはどこの国とでも同じ、しかし日本は中国には少し気を使い過ぎではないか。「不測の事態」は当然に避けるべし、しかし今や中国のあくなき挑発こそが「不測の事態」の発端になるとすれば、日本が徒らに自己抑制することは却って中国の野望を助長することにさえなりかねない。

どうすればいいのか。日本は外交的「抗議」こそ不断に繰り返してきたが、遂には「警告」を発することとする。領海を侵犯すれば主権国家として当然に警察措置または自衛措置により拿捕、乃至は船舶を臨検することも辞さない。一方、尖閣諸島への「実効支配」が十分かつ明白でないとすれば、例えば「船溜りの建設」など、この際本格的な国内行動を検討することが必要である。日中中間線を挟むガス田問題では仲裁裁判所に提訴するなど平和手段を選択するのも有効である。

いずれも米国を含む国際社会の理解と協力を得た上で、厳正な「法の支配」すらを無視しようとする中国の全体主義、膨張主義には毅然と対抗しなければならない。仮に中国が反攻するとすれば、たとへば尖閣諸島に上陸するなど、には警察権や自衛権の行使は当然のことである。言ったことは怯むことなく実行する、結局はそれがわが国の主権を毅然と守り、日本の平和主義を世界に向かって率先垂範する最も確かな方法である。

8月15日（月）

偉大なり〈父母の力〉熊本地震で行方不明の大学生、戻る

四月十四日に起こった熊本地震で多くの人々が被災したが、犠牲者のうち四十九人が（直接）死、一人が行方不明となった。その大学生大和晃（やまとひかる）さんの遺体が四カ月ぶりに発見された。

その捜索は難航を極めた。途中で「打ち切り」とは言わないまでも、もはや捜索継続は難しいかの雰囲気でもあった。しかし両親は諦めなかった。決して希望を捨てなかった。夫婦で、家族で、黙々と山と崖、災害跡を歩き回った。そして八月初め、阿蘇の麓で車の残骸を地中から発見した。晃の車ではな

いか。捜索隊も動き始めたが、二次災害の危険な場所、直ぐには近づけない。そして遂に晃さんは両親の元に戻った。「やっとお盆に間に合った」と父親は言った。父母の執念と偉大さを改めて感じます。

二年前、ほとんど同じことがありました。九州の青年が北アメリカのワシントン州の冬山で行方不明になった。日米、地元も挙げて尽力したが結局捜索は打ち切られた。日本の母親は諦めきれず、八方手を尽くし、翌年の夏、再び現地に赴いた。地元を動かし、遂に息子を探し出すことが出来た。

実は、この母親を日本でお世話したのが私だったので、熊本の件も、人ごととは思えない。母親、父親の持つ本当の強さを改めて感じたものです。期せずしてこの青年の発見もまた八月、お盆（十五日）に間に合うことになりました。

8月16日（火）

吉田選手、四連覇ならず

リオ・オリンピックも大詰めにきた。女子レスリングの吉田沙保里選手が決勝で負けた。金メダルの四連勝を目指していたし、間違いないとさえ期待されていた。しかし決勝は米国の選手に敗れた。

日本からすれば、最大の番狂わせで、国中のショックの一つかも知れない。試合を見れば、やはり押されていた。特に後半はバテていた。連勝を維持しようとするベテランと上昇気運に燃える若手とでは、勢いの差が年齢差以上に大きかった。

吉田は本当によくやった。他のレスラーに、アスリートに、いや国民全体に大きな勇気と自信、誇りを与えてきた。銀メダルで恥ずかしいどころか、悲しいどころか、これほど堂々たる競技人生があっただろうか、心から敬意を表したい。末長く日本人の中にレジェンドとして残っていくであろう。

8月19日（金）

「東峰村ブランド」へ、超おいしいコメ

「東峰村ライスセンター」の開所式が行われました。言うまでもない、コメは日本人にとってなくてはならない主食ですが、稲作は神代の時代から私達

日本人の社会、生活にとって最も密接した産業（農業）であります。

農家の汗とご苦労によって収穫されたイネは乾燥し玄米となり、精米して白米に生まれ変わり、美味しいご飯として私達の口に入ります。

この度精米事業を一手に引き受けるライスセンターが東峰村に出来たのです。東峰村のコメは冷たく清い水と澄んだ空気のもと「山付きの米」としてすでに高い評価を受けていますが、今後内外の農家からこの「ライスセンター」に持ち込まれたものも「東峰村ブランド」として売り出されると、必ずや多くの人々の健康と幸せをもたらすものと考えます。

8月21日（日）

将棋の羽生善治王位らを歓迎

将棋の「王位戦」が明日行われますが、その前夜祭が飯塚市で行われました。対局は羽生善治王位と木村一基八段。私は福岡県将棋連盟会長として歓迎挨拶をしました。羽生さんとは握手することが出来て、自分も少し強くなった気がしました。

8月21日（日）

オリンピックの舞台裏、競歩で銅メダル

リオ・オリンピックも終わりました。様々、歓喜と悲鳴と、ある時は本当に涙をもらいました。「世界の平和」、「平和の祭典」、人類もやれば出来るじゃないかと思います。ブラジルも政治、経済大変な折り、随分心配掛けましたが、よくやった。とりわけあのサッカー決勝戦はどうだ、本当に土壇場、ネイマールのPK戦一点などどう見ても神様が演出、お仕組みいただいたとしか思えません。

「競歩」という地味な競技があり、日本の荒井広宙が三位、銅メダルとなりました。偶々実況を見ていたら、日本選手が頑張っていた。カナダの選手と競り合い、途中肩が接触した。直後カナダ選手がよろけたりした。競技は進み荒井が見事三着、銅メダル、私は手を叩いて喜び、安心して、寝た。ただ、あの接触、妙に気になっていました……。

翌朝新聞には「競歩荒井『三位→失格→銅メダル』」と書いてあった。やっぱりカナダが抗議していて、違反失格とされた。すると日本が国際陸連の上訴審判に反論したため、協議、最終的に銅メダルに復活したという。新聞は書く、日本陸連の現場チームの行動は素早かった、東京からレース映像を取り寄せて分析、「先にカナダ選手の肘が当たった」

などの具体的主張をまとめた申立書を提出した、抗議、上訴は競技終了後「三十分間」だけ、現場チームには英語の堪能なもの、ルールに詳しい者、とりわけ日本陸連の横川浩会長の指揮は厳しかった。

「横川浩」、私の脳髄に電気が走った、横川は私の通産省時代の同期生。陸連会長になったこと、皆で祝ったことがある。誰にでも静かに接する男だった。「お前、陸上などやったことあるのか」と皆んなで大笑いした。

その瞬間の横川浩会長を思い浮かべた、競歩という地味だが凄絶な競技、それを支える日本チーム、三十分という究極の時間勝負あらゆる選手、競技にこういう舞台裏がいる、だからオリンピックというのは尊いのだろう。

8月22日（月）

那珂川町、町長選

福岡県那珂川町の町長選が公示され、現職「武末茂樹」氏が三選に向けて立候補しました。炎暑の出陣式には、私と周辺市長ら多くが応援に駆けつけました。「那珂川町」は武末氏の指導力もあって発展を続け、来年十月には「市」に昇格することとなります。今後の武末氏の大健闘が期待されます。

なお、対立候補は出ないと言われています。

8月23日（火）

嗚呼、元添田町長「山本文男」氏逝く

元福岡県添田町長、山本文男氏が亡くなった、九十歳。町長を十期やられ、その間全国町村会会長を長く務め、地方政治の真の実力者であった。私はその添田町で小学校、中学校を学んだ。長じて私が神奈川から福岡に戻って来て以来、先生は選挙区の外から終始私をご指導くださり、私もいつも敬意を尽くしていた。強面でぶっきら棒ではあったが、そこが先生のいいところでもあった。

先生は晩年、突然の事件に遭われた。福岡県庁の幹部を接待したかどで贈収賄事件となり逮捕された。県内地方組織の長として公務に懸命に尽くされ、私心などあろうことのない事件であったが、犯

罪を冒したというその汚辱は付いて回った。先生は無念の想いを雪ぐために、遂に次の町長選にも出られた、八十三歳だったか。被告人の立場で出た選挙の出陣式は、あの十期連続、無敵を誇った同じ人とは考えられない無惨なものであった。私は応援に立って先生の心中を懸命に訴えたが、結果はもちろん落選、身の潔白を証することは叶わなかった。

先生は如何に無念な想いで瞼を閉じられたか。地元紙の弔意文は山本町政の赫々たる成果と実績で埋まっている。ただ、合掌するのみ。

8月26日（金）

山崎拓『ＹＫＫ秘録』の衝撃（その一）

山崎拓氏が本を出された。ＹＫＫとは山崎拓、加藤紘一、小泉純一郎という三人の少壮政治家がグループを組んで一時代を作った。うち小泉は総理になり日本の今日、改革と繁栄の基礎を固めた。

山崎は昭和四十七年から平成二十三、四年まで実に四十年に亘って、少なくともその半分は政治の中枢にいた。自民党の幹事長や副総裁、各閣僚を務めた。赫々たる政治歴であるがとりわけＹＫＫ誕生、自民党下野、細川政権成立、自社さ政権、加藤の乱、小泉政権成立、郵政選挙……重大政局では常に直接の当事者として関わった。それらのことを驚くべき克明な記録で再現する。毎日の詳細な議員手帳記録（日記）を基礎とする。主観と評価を極力避けながら何より事実をもって語らせる。活動の日時は何時何分までも精確に記し、誰と何処で会い、どういう会話をしたことも細大洩らさず書き貫いている。その具体性と客観性は読む人、とりわけ直接関わったであろう人々には衝撃すら与える。

私は山崎氏に直接政界への手引きを頂いた。この記述の期間はほとんど政治行動を一にした、というより山崎氏の直接の指導の下で動いていた。「加藤の乱」において、加藤派は崩れたが、山崎派には一人の落伍者もいなかった。情況の説明と情報の開示で事件の全貌を改めて理解した。生々しかったその光景が昨日のことのように戻って来る。

政治家の書く本はたくさんある。回顧録で有名なものはいくつもある。その時々の情況背景を政治家は書くが、自らの行動を主観的、どちらかというと都合よく、書く。主観と評価が前面に出る、不利なことは触れない、それが人情というものであろう。だから政治家の本は、学問的には価値が低いとされてきた。ところが山崎本は多少異なる、彼の驚くべき記録癖がなせる業である。大雑把なところがない、毎日の行動を余りに克明に記録していた。飲んだ場所、飲んだ相手、その固有名詞も肩書きも全て記録する。几帳面な性格は知っていたが、かくも緻密な記録を書き起こしたことには驚嘆する。

山崎拓『ＹＫＫ秘録』の衝撃（その二）

8月27日（土）

ＹＫＫとは、畢竟（ひっきょう）、竹下派（経世会）統治からの脱皮と打倒であり、そのターゲットは他ならぬ小沢一郎その人であった。その小沢を遠く離れて敵視していたのではなく、多く直接の交流を求めていたことが意外な発見であった。山崎という政治家の重層的奥深さを改めて知る。

山崎本はすでに政治史資料として「第一級」との評価が出始めた。「事実を以って語らしむ」ということは学問の世界、歴史学の世界で特に重要である。「事実」という真理は一つしかないから。山崎本は一歩進めて、「記録を以って語らしめ」た。記録が客観的である限り、それは真理に近づく。克明な記録、この場合「日記」が歴史を解明した例は少なくない。因みに日本の裁判、訴訟では論文や論説には価値はないが、日記は「証拠」として扱われることが多い。

山崎は総理大臣になろうとした。真剣にそれを目指した（私を含め、全ての議員はまず総理を目指すが、それを長く「真剣に」目指す人はほとんどいない）。彼の政治的動機は戦後の政治家「緒方竹虎」氏であった。福岡で同じ付属中学校、修猷館から早稲田とずっと後を追った。選挙区の大先輩でもある。緒方は副総理、自由党総裁として総理の目前で斃れた。緒方の無念を晴らすのは自分しかない。しかし山崎も総裁選後ついに断念して、小泉を立てることとした。小泉の下で山崎は本当に狛ねずみのよ

将棋「名人」佐藤天彦氏お祝い会

うに働いた。

戦い終えて日が暮れて、今山崎氏の心は明鏡止水、黙々と日記帳を繰りながら、結局自分には総理は来なかったが、しかしＹＫＫこそが日本の政治を真に民主化させた。日本を変えたのは小泉純一郎であり、小泉を作ったのは自分である。だからこの「打算と友情」の血盟においてＫＫの順番はどっちでもよい、だがＹを筆頭に書き出すことこそ政治レジェンドとして最も大事なのだ。いみじくも彼は纏める、「小泉は信長型、加藤は秀吉型、自分は家康型と言いたいが結局軍師黒田官兵衛だった」。

最後に私は、私の真の政治的恩師、渡辺美智雄先生（平成七年亡）に二十年ぶり邂逅（再会）を果たした。

8月27日（土）

将棋「名人」佐藤天彦氏お祝い会

将棋名人になった佐藤天彦さんのお祝い会があり出席しました。私は福岡県将棋連盟会長の立場で、佐藤さんが福岡県出身で我々の誇りであること、名人を何期も続けて欲しいと挨拶しました。

また私はお祝い文の中で「将棋も囲碁もＡＩ（人工知能）との対決が本格化しました。ＡＩは全ての経験則と論理を記憶してしまうと言われています、然らば全く常識（定石）を外した手を選べば相手も戸惑うのではないか……」と書きましたが、出席の多くのプロ棋士たちはどう思ったでしょうか。

8月29日（月）

『麻生太郎節』炸裂

グループ「為公会」の研修会が横浜で行われ麻生太郎副総理の講演があった。「リオ・オリンピックの陸上四〇〇メートル・リレーでは、個々の選手の記録では劣っているが力を合わせれば（協働すれば）、米国にも勝った、ウサイン・ボルトにも並んだ、日本人の真骨頂を見た。」

安倍政権も政治、経済、アベノミクスも成果を着実に残している。今日本は個人資産一千三百六十兆円、企業内部留保三百六十兆円を誇っている、その金をいかに有用に使うか。企業は配当、賃上げ、設備投資に使うべきところ、賃上げは十分でない、労使分配率も昔の七八％台から今や七〇％を切ってきた。投資も五兆円増えたくらいで十分でない。国家予算百兆円と併せて港湾、道路、インフラ整備、投資することで日本は発展する。

メディアは悪いことばかりを書くが、そんなに悪ければ外国の投資も観光客も来るはずはない……と最後は『麻生節』が炸裂した。

8月30日（火）

追跡、菅原道真公終焉の館

菅原道真公が亡くなられるまで最後に過ごされた地「南館」遺構が発掘公開された。

道真公は、九〇一年京より左遷され太宰府にて蟄居、九〇三年二月二十五日五十九歳で亡くなるまでの二年間榎社（えのきしゃ）「南館」にて過ごされた。漢詩集『菅家後集』や世俗説話集『古今著聞集』などで学問的にも確認されている。没後牛車で葬送された場所が安楽寺で、明治になって現在の「太宰府天満宮」となる。

私は太宰府市に住居していますが、その太宰府の歴史文化の中で生活できることに限りない誇りと幸せを感じています。とりわけ件の榎社は同じ町内、散歩コースとあらば、道真公が如何に身近にあられるか、ご想像に任せます。私は市内外大方の歴史遺跡には実地に訪ねています。

8月31日（水）

提案、銀行への申し入れ

以下のことを金融庁に申し入れています。皆様のご意見、経験を教えてください。

《死亡時こそ家族には最も現金が必要なこと》

……

銀行預金者の死亡時払い戻しは速やかに応ずべし

〈死亡後〉

銀行預金について預金者が死亡すれば預金口座は閉鎖され相続財産に組み込まれる。以下、相続手続きに入るが、これには戸籍の照会など煩雑な手続きが必要で、数カ月から一年以上かかることがある。

これには「生活枠」（三百万円くらい？・）を設けて配偶者を含む身内については直ちに、または数日内に、現金化させる。仮に後日に相続で揉めたとしても、他の相続財産分割例と同じく調整は容易であって、銀行に負担をかけることはない。

〈存命中〉

預金者に死が迫っている時（存命中）も、銀行は預金引き出しには慎重になっている。何故なら預金引き出し事務委任に正常な意思能力が働いたかに疑義があるから。またその間に不正な引き出しが起こり得ると懸念しているらしい。銀行の配慮は過多であって、本人の希望に沿うことに何の問題もない。銀行に負担をかけることもない。

〈背景〉

人の死亡に関し、家族にとっては治療費、生活費、葬儀費など、葬儀の前後こそ最も出費、とりわけ現金出費が多い。その時に現金を引き出せない不都合は想像を超えており、家族にとって大きな負担である。現状では防衛的に預金者が事前に引き下ろし現金化しておく（たんす預金）傾向が強い。なお生命保険においては、事前の支払い（「リビング保険＝余命六カ月支払い」や「生活枠即日支払い」）などが実施されており、参考となり得る。

尖閣諸島、国の主権と誇りを守れ！「実効支配」を強化する

9月1日（木）

尖閣問題が深刻になってきた。中国公船による尖閣諸島の領海侵犯が頻発している。八月五〜十日までの六日間で延べ二十八回と過去最大規模になった。五日が三回、七日が十一回、八日が四回、九日が十回。八日には十五隻が接続水域を同時航行した。今までに常態化した侵犯自体大問題なのだが、今回の侵犯規模たるや通常の公船を超えて、軍艦の近接も始めたとすれば、中国は国家の意志として日本の主権の侵害と露骨な軍事的行為を開始したと見なければならない。日本にとって極めて重大な「安全保障」、「国防」問題として扱わなければならない。

日本は中国に対し外交的抗議を繰り返している。他方フィリピンに岸田外務大臣が出向いて、フィリピンの南シナ海中比仲裁裁判所の判決に共同歩調を取るべく働き掛けた。ただこれらの行動で中国が国際法を遵守し、覇権主義的行動を抑制する動きは見られない。仮に一旦これらの侵犯行為が収束したとしても、日本の主権を大きく蹂躙した実績は消えず、次なる侵略、侵犯にエスカレートしていくことは覚悟しておかねばならない。

昨年の二月発表された古地図は中国政府が一九六九年に作成したもので、中国自らが「尖閣諸島は日本の領土」であると認めたもの。尖閣諸島の日本領有は歴史的にも国際的にも二義なく日本領であり、「領土紛争はない」というのが日本の揺るぎない立場である。国はその事実を強力に主張し、その正しさを中国に認めさせる努力をしなければならない。

日本の外交は、平和的かつ外交的手段を尽くすことで国際平和を守ることであって、ゆめ武力などには依拠しないが、さりとて無法な脅迫や圧力に決して屈服するものではない。中国との関係は日本に

とってとりわけ重要なもので、首脳外交を含み戦略的互恵関係を維持することは特に大事である。現実に海洋紛争が起こっても、当然「不測の事態」は避けるなければならない。しかし中国があくなき挑発を続けている限り、外交が徒らに国民感情に引っ張られてはならないが、また徒らに自己抑制することは却って中国の野望を助長することにさえなりかねない。

この八月二日、中国は国内法を整備し、尖閣水域の外国船舶に対して警察権を発動する根拠を自ら作った。中国はまず国内法制を打ち出し、それを対外拡張に活用することを常套手段とするとされている。わが国が法的拘束を受けるわけではないが、実体としてわが国船舶は漁船も含めて極めて強い脅威を受けることになる。

これら中国がひたすら一方的に執拗な侵入や国益毀損に出てくるのは、日本の尖閣に対する「実効支配」が中国はもとより国際社会からも十分に認められていないことに起因する。現在の「実効支配」が十分かつ明白でないとすれば、例えば「船溜りの建設」、気象施設の設置など、常設的な外形標準足り得るものを国の行為として実行することが必要である。いずれも米国を含む国際社会の理解と協力を得た上で、「法の支配」すらを無視しようとする中国の覇権主義、膨張主義には毅然と対抗しなければならない。仮に中国が反攻するとすれば、たとへば尖閣諸島に上陸するなど、には警察権や自衛権の行使は当然のことである。

現在、日中関係は、中国でのG20などを控え大変重要かつ微妙な時期である。外交はいつをとっても重要でないときはない。その間日本の主権と国益が不断に侵されていることを忘れてはならない。

今日も中国公船が日本の接続水域を侵している。

9月2日（金）

医療関係と懇談

恒例、筑紫地区「医療三師会」（医師会、歯科医師会、薬剤師会）役員との研修、懇談会に出席しました。当方は市長、議会関係者ら。地元では医療者と行政関係とが相互、非常に円滑に運営されています。

9月3日（土）

児童養護施設の子供らに「ご馳走を腹一杯」

福岡博多地区の食品関係者の組織「博多食文化の会」（メゾン・ド・ヨシダ吉田安政氏ら）主催する恵まれない子供達への「ご馳走会」は今年で二十五年目になります。乳児院や児童擁護施設の子供たち三百人が参加し、豪華なもてなしで本当に楽しいひと時を過ごしました。

子供は乳児、幼児から小学生、中学生。幼児たちは施設の職員たちに懸命にしがみついて、その余りの健気なさについ涙を誘います。生みの親への怨みもありますが、まずは何としても社会全体で育てあげなければなりません。ひたすら子らに幸あれと祈ります。吉田さんらには本当に心から感謝致します。（小川洋福岡県知事、吉田安政リーダーらと）

9月4日（日）

小郡駐屯基地の周年式典で

地元には何カ所か自衛隊基地があり、彼らを激励するのも国会議員の公務のひとつです。小郡駐屯地からは精鋭をアフリカ・スーダンのPKO（平和安全維持活動）にも派遣しています。国の安全を守る自衛隊員への挨拶には特に力が入ります。

9月5日（月）

日中首脳会談、本当に守るか

中国でG20サミットが行われた。懸案の日中首脳会談も行われた。東シナ海、南シナ海問題も取り上げられた。首脳が会って率直に話し合うことはいいことであるが、決して油断してはならない。

南シナ海問題で、中国に対フィリピンの仲裁裁判所判決を遵守させることは当然のことである。仮に「第三者たる日本の問題でない」と中国が言うとしたら、「法の支配」の正しさと重要性を敢然と訴えるべきである。

日中関係ではとりわけ東シナ海問題は重要。尖閣諸島には公船や軍艦による領海侵犯が常態化していること、中間線を囲む油ガス田の違法な開発を強行していることなど重大問題が頻発している。

日本は外交的抗議を続けているが中国は徹底的に無視をきめこんでいる。我が方としての我慢や忍耐も限界に近づいており、ついには国際司法手続きに訴える、尖閣諸島への「実効支配」の強化など目に見える形での反転攻勢も必要であった。今回首脳会談では話し合い、協議の促進が合意されたが、中国は約束を守らない、何度も約束を反故にした。中国が本当に実行するか注意深く見守る必要がある。

しかも「海空連絡メカニズム」によって軍事的な不測の事態を回避するというが、そもそも日本が軍事的に挑発することはない、中国こそが挑発行為を繰り返しているのに何を今更連絡通報し合うのか。軍に関わらねば協議の外と言うのなら、中国公船の領海侵入、違法なガス田開発などは何をもって止められるのか。

首脳同士が改めて合意した以上、さすがに彼の国も合意を反故にすることはないと思う。わが国としては自らの責務は誠実に果たし、併せて中国の出方を慎重かつ厳しく見極める。もし守らないならば、その時こそ空かさず毅然たる行動に移らなければならない。

外交とは「武器なき戦争である」。

9月6日（火）

何故、電話番号、隠すのか？

前から不思議に思っていたこと。今は圧倒的にネット社会、インターネットには何でも書いてある、瞬時に調べがつく。こんな便利なものはありません。昔のこと思うと本当に信じられない、コンピューターや情報システムの恩恵です。

ところが企業、団体、組織、役所など、ホームページには詳しい業務説明はあるものの連絡先の〈電話番号〉だけはほとんど、いや全く、書いていないのです。何か連絡、相談しようにも方法がない。別途、電話帳をめくってようやく到達する。

そもそも連絡は受けたくない、ということらしい。不規則な抗議や連絡は受けたくない、個人情報違反になるとか的外れの回答をもらったこともあります。昔は逆であった、電話番号こそその企業の生命であって、一般社会との接点、いかなる相談にも直ちに答えます、不平、不満は全力で対応しますという意気込みが見えた。メールや手紙で十分出来るというものではない。

時代が変わったといえばそうかも知れない。しかし伝統的な手法（電話）で直接に意思を交換しあうのは、マイナスよりはるかにプラスが大きい、温かい血が通う、営業にも大いに役に立つと思います。もちろん電話受けの態勢には企業コストが余計掛かると思われているのでしょうか。

ついでに私らの選挙事務所では電話こそが命（いのち）、皆様のコスト（電話代）で情報交換が出来るとしたらこんなに有難いことはありません。「苦情電話」も我が身を律するには、本当に貴重なチャンスです。心から感謝しています。

他愛のない電話、独居の方の電話、大歓迎です。事務所（秘書）が嫌がったら、「原田さんと是非話したい」と言ってください。

因みに、〇九二‐九二八‐八〇六一、〇三‐三五〇八‐七一九七、時間は問いません。何か言いたい時、特に淋しい時、お待ちしていまーす。

9月8日（木）

「残ったものを活かせ」パラリンピック始まる

リオ・パラリンピックが始まった。障害者の祭典、世界中の人々が応援する、選手たちも頑張ってくれるに違いない。

ルートヴィッヒ・グットマン（Ludwig Guttman）翁は「パラリンピックの父」と言われる。ユダヤ系の医師、第二次世界大戦ではナチスから逃れて英国に、戦後ドイツに戻り傷病兵を治療。「失ったものを嘆くな、残ったものを最大限活かせ」と叫んで障害者たちを励ました。一九六四年、東京が第二回パラリンピック大会。

「誰でも老いれば障害者」、これは成田真由美さんの言葉。下半身不随の水泳選手、九六年アトランタ大会から連続出場、金十五個など獲得。今回も選手として出場、四十三歳。障害者の地位向上、国民意識啓蒙の先頭に立つ。

9月9日（金）

自然エネルギーを開発して、世界電力網を目指す

自然エネルギー財団主催の記念シンポジウムが行われた。

原子力や火力発電を軽減させて太陽光、地熱、風力など自然エネルギー発電を開発、普及することで長期的にはユーラシア大陸（インド、中国、韓国、ロシア、東南アジアなど）と日本が電力ネットワークを作るというスケールの大きい国際戦略。ソフトバンクの孫正義代表が実質的には主導している。実現できるか、未だ超未来の構想であるが、孫氏の意気込みが見て取れる。

9月10日（土）

北朝鮮の核実験暴挙

北朝鮮の核実験は深刻である。核弾頭用の小型核完成まであと一息というところまできた。ミサイル開発も思ったより進んでいる、潜水艦からのミサイル発射（ＳＬＢＭ）も可能とならば、世界中北朝鮮の標的から外れる場所はなくなる。危険度と脅威は確実に高まってきた。金正恩体制は極にあり、世界中は如何なる不条理からも逃れなくなる。

打つ手は、今のところ、無い。深刻である。国連安保理中心に非難決議や制裁を検討するが、もはや毎度のこと、北朝鮮は聴く耳を持たない、国際関係を絶ったものには役に立たない。我が国は米国、韓国とともに独自の制裁を考えるが、効果があるかどうか。

中国も一緒に悩んでいる模様だが、少なくとも中国は標的にはならない、脅威感、危機感は日米韓三国とは決定的に異なる。ロシアも同様か……。

かくして自分の国を守るには独自の対策を考える

しかない、誰も助けてくれない。徹底した対策、硬軟両様の対策を独自で考え、独自で身を守る、当たり前のことである。（昨年の今頃、安保法制、集団的自衛権で国会は大揉めしていたが、今回の北朝鮮にこそ役に立つ。大反対した民進党や共産党など、今でも「戦争法」として非難するか。）

私は徹底した国際的制裁を加えることで、金正恩体制が倒れることを期待したい。なまじの政治的融和策は体制を助長するだけ、核ミサイルが完成するまでに倒れることを期待したい。倒す方策はあるか、分からない。

9月11日（日）

小石原川ダム視察

朝倉市「小石原川ダム」は今本格的工事が進んでいます。約三十年に及ぶ困難な地元調整の後、平成二十年三月の事業調印式には私も正式メンバーとして出席しました。翌二十一年、民主党政権になると全国ダム計画の見直しで工事は一旦中止されましたが、自民党政権に復帰した平成二十五年、工事は再開されました。今のところ平成三十一年の竣工を目指しています。

久しぶりの現地見学、強い雨の中でしたが、現場奥深くでは工事もいよいよ本格化しており、いずれこれら圧倒的広さが湖底に沈むなど一帯も見違えるようになるでしょう。治水、利水併せて地域総合開発の一大拠点になる日が待ち遠しい思いです。

9月13日（火）

小石原川ダム視察、異聞〈子ども鹿と遭遇〉

三十年を超える地元社会の混乱と総意とが遂に成ろうとする、「小石原川ダム」の工事進捗を自分の目で確かめる事は私にとって感慨の深い、緊張の伴うものでした。

その時「キーン、キーン」といきなり動物のかん高い鳴き声が空を破った。子鹿が網に掛かった、と誰かが指差した。傘を除けて見ると一匹の小さい鹿が工事道路を隔てる防護ネットにクビを突っ込んで暴れていた。暴れれば暴れる程、網は絡みつく。クビを、全身を、絡めていく。キーン、キーンと口からは大きな悲鳴を発します。

一同、同行者六、七人、沈黙しました。顔を見合わせた。どうしようか、数秒沈黙の後、一人が山に駆け上った。のたうつ子鹿のその場所に分け入り、網を手繰り寄せる、どうしてもクビが外れない。もう一人が乗ってきたトラックからハサミを取って来た。網のほんの一部にハサミを入れると、遂に子鹿のクビがするっと抜ける。自由になった子鹿は勢いよく雨に濡れるブッシュの中に消えて行った。一人が寄ってきて、ネットは後で補修しておきます、と私にそっと告げた。

実は私ら森林地域では、鹿とイノシシこそが害獣として最大の問題です。植林や農作物への被害が極めて深刻、森林組合や農家の悲鳴は大きな政治問題になっています。その捕獲や殺処分には地元社会挙げての苦労と努力が注がれています。防護ネットも農作物を守る重要な対策です。

工事も関係者も地域社会も、ダム建設というこの世紀の大事業に真剣に向き合っています。そして多分あの子どもの鹿もその中で懸命に生きようとしているのでしょうか。全員が瞬間悩み、しかしあのキーン、キーンの鳴き声には、深い哀しみを互いに共有するものを感じたのでしょう。私はといえば、ただその十分間、茫然と人の動きを見守るだけでした。

秘境「椎葉村」を訪ねたこと

9月14日（水）

宮崎県椎葉村を訪ねた。椎葉村訪問は四、五年越しの計画で、歴史、ロマン、観光、自然保護、様々の努力で全国に名が知られる、過疎地を抱えるものとしても学ぶべきは多い。

椎葉村は平家落人の秘境として知られる。壇ノ浦で敗れた平家の残党はこの地に落ち着いたが、源氏は追っ手を送って探り当てた。追っ手は地元で融和し土着になろうとする平氏たちに、ともすれば討伐の使命も薄れようとした。

頼朝率いる源氏は、これを赦さない、首級を挙げ

て帰国するか、新たな部隊をさらに追加するかを迫った。陣大将「那須大八郎」は悲恋の「鶴富姫」を残して幕命に従った。爾来この地は平氏と源氏という宿命の怨念がむしろ穏やかな和合へと進むことになったが、この雄大な大自然でこそこの奇跡は起こり得た。蛍（ほたる）はまず平家蛍、次に源氏蛍、そして最後に姫（ひめ）蛍と舞うそうだが、まさにこの村を象徴しているとも。

壇ノ浦の戦いは一一八五年、今の山口県長門市、源義経によって平家宗盛一族はせん滅。『吾妻鏡』、『平家物語』、近年の吉川英治『新平家物語』に詳しい。椎葉村の歴史は民俗学者・柳田國男が拓いたとも言われる。

「十根川の大杉」と「大久保の大ヒノキ」はいずれも樹齢八百年を超す、御神木として崇められる。最後は副村長への表敬訪問。

9月15日（木）

「電報」と電話番号

お祝いには喜びを分かち合い、不幸があればまた遠くから励ます。これが人生であり、人情です。その時こそ「電報」が最も役立ちます。

電報が来れば直ぐに電話を掛けてお礼を言う。共に笑い、そして共に涙で悲しみを分かち合いたい。ところが今の電報には打ち手の電話番号が書いてない、電話の掛けようがないのです……

私は実は、十年以上前からこのことをNTT（旧電電公社）に訴えてきました。電報とはもらった方が直ぐお礼や返事をしたいし、打った方ももっと話しがしたいものだ、それを繋ぐのが「電話」じゃないか。何故電話番号を書かないのか……。

最近にも近い身内に慶弔が続き、私はさらなる検討を促しておりました。

今日、国会事務所にNTT社の人がたくさんやって来て、長い検討の結果、その方向で様式を変更することを報告されました。私はその決断を評価し、関係者のご苦労を労ったところです。

9月16日（金）

敬老会、飛び歩き

「敬老の日」前後三連休では、地元の敬老会を四十カ所くらい、集中的に回りました。

元気な高齢者と接し、改めてわが国の長寿社会を実感するとともに、逆に少子化対策の必要性を強く訴えました。

9月18日（日）

女子マラソン「銀メダル」

パラリンピック最終日、女子マラソン（視覚障害）で日本の「道下美里（みちした）」選手が堂々銀メダルに輝きました。我らが太宰府市の出身です。一度は走ることを諦めたこともあったそうですが、多くの人々に励まされて今日の栄光を掴みました。地元として大変に名誉なことで、いずれ祝勝会も開かれると思いますが、心から歓迎したいと思います。

9月19日（月）

民進党、共産党との〈共闘〉は

民進党が新体制となった。蓮舫代表、野田佳彦幹事長ツートップでなかなか手強い。野田氏は首相として衆議院解散、大敗、多くの同志を落として野党転落の過去を持つ、それでも出色の人材であることに異論ない。

民進党は野党第一党として、「何でも反対」から政策提案型へ移行し、政権獲得を目指そうとする。最大の課題は、選挙における共産党との協力、共闘である。

今の民進党が単独で自民党に勝つことは不可能、他党との選挙協力は必然である。共産党と共闘することの功罪が最大の悩み、共産党との協力が前面に出てくれば、逃げる票も多くなる、およそ日本人は共産主義と肌が合わないから。

いったん選挙協力をした後は議会対策、政策協力と進んでいく、これこそが民進党にとって深刻な選択となる、何故なら民進と共産は、天皇制から始まって憲法問題、対米外交、自衛隊問題、経済政策、消費税、ＴＰＰ……と、ことごとく政策項目において立場を異にすること。それは遠き将来、なおマルクス主義に則る共産主義革命を目指すかどうかというイデオロギー対立に遡る。

しかもいったん政党間共闘にコミットした途端、社会民主主義、市民活動の域を出ない民進党は、組織的ドグマの徹底した共産党組織の前では「蟷螂の斧」、「風前の灯火」くらいの差がある。民進党の右派が共産党に一瞬の隙も与えてはならないと警戒する所以のもので、まず選挙で勝つことが先か、若しくはいずれは共産党に食い潰されるリスクを賭すのか、これが蓮舫、野田ツートップの最大の考えどき、共産党の本当の怖さを知っているかどうかの問題。八月の参議院選挙では民共選挙協力は成果を挙げたとされている、然らば次の衆議院選挙（小選挙区）でも期待を持つのはむしろ人情でもある。

迎え撃つ自民党は当然に民共協力を「政策無き野合」、「共産党主導」などと喧伝し、その本質を国民に明らかにする、「怖いもの、甘い囁きと共産党」という標語も流行るであろう。政治とは権力闘争であり、全て選挙が決する、そこには権謀術数の限りが尽くされる。

9月20日（火）

小笠原諸島から

小笠原諸島から議員団が来訪。小笠原諸島は東京都から約一〇〇〇キロ離れる。本土との交通は週一回往復の定期船のみ、飛行場はない。中国の違法漁業を含め政治課題は山積、経済的支援を陳情に来られた。なお一度訪問することを約束しました。

9月21日（水）

ウクライナ空手選手、来訪

ウクライナから空手選手が挨拶に来ました。この六月に千葉県で行われた「世界スーパー空手道選手権大会」に出たメンバーで、私はその「名誉会長」を務めています。ウクライナ・ドネツク出身、一昨年来ロシアの侵攻で国は政治的に大変な困難に直面しています。なお少年は九歳、小学校の部で優秀選手、この子らに幸あれと励ましました。

9月22日（木）

バングラデシュの「坂本龍馬」か

バングラデシュはインドの隣り、経済的にも発展

途上、何より政治的には公正選挙が行われておらず、圧政が続いているようです。

若き青年たちは、いずれも野党系の政治活動家、自国を民主化、開放するために内外で活動しています。懸命に政権側と闘っています。私は他国の内政には干渉できませんが、彼らは私のところに来て悩みを打ち明け、一休みして、また外に飛び出します。我が国だって、百五十年前、日本の黎明期と言われる、坂本龍馬たちは皆そうだったのでしょう。

9月22日（木）

アパホテルの懸賞論文審査委員会

アパホテル・グループの「元谷外志雄」代表主催の歴史に関する懸賞論文審査委員会が行われた。元谷氏は今や日本一のホテル事業者として有名となったが、一方で日本の近現代史を本格的に研究されて、一つの保守論陣を張っておられる。

私はグループ主催の懸賞論文の審査会委員になっており、自分こそ大いに勉強させてもらっている。

アパホテルの懸賞論文審査委員会

元谷氏は「二兎を追う」ということを広言し身を以て実践される、そのご努力たるや驚嘆に値する。

9月23日（金）

韓国、広がる「核武装論」

韓国では、世論調査で核武装「賛成派」が五七％、「反対派」が三一％となっており、野党攻勢で政府も神経質になり始めている。いうまでもない、北朝鮮の核開発も、すでに五回に及ぶ核実験、ミサイル開発と併せて実戦配備もあり得るという段階にきており、韓国国民が本気で心配し始めた。

国連常任理事国、国際社会挙げての制裁も金正恩を抑えることは出来そうもない、然らば同じ核武装でしか身を守る道はない、という国民の真剣な危機感が伝わってくる。韓国政府はもちろん、軽々には動かない、米国の核の傘戦略を恃（たの）み、ミサイル防衛システム、あらゆる軍事協力で対応する、何より「朝鮮半島の非核化」（南北合意、一九九一年）こそいまだ国是と守っている。

我が国とて危機感は小さくない、いや北朝鮮の真のターゲットは（同民族の韓国でなく）日本と米国だという識者もいる。徹底した防衛戦略と北朝鮮制裁の強化こそが必要である。韓国の国内動向にも目が離せない。

9月23日（金）

稲刈り＆留学生

地元企業の課外活動として田植え、稲刈りが行われており、毎年多くの外国人留学生が手伝いに参加しています。我が国の稲作作業は、今では全て機械化されていますが、この企業の場合は田植えも稲刈りも伝統的な手作業が中心で、参加する外国人も大いに感心しています。

二人の女子留学生は見た目全くの日本人で日本語も完璧に話しますが、実は南米ボリビアとパラグアイからの留学生で、いずれも福岡県からの移住日本人の三世にあたる。大学では福岡県からの奨学金で専門分野を勉強しているが、見るもの聞くもの日本が余りに素晴らしいと感激していました。

それじゃあ、一度お友達を連れて来い、一緒にご馳走でも食べさせてやろうと別れました。

9月24日（土）

カヌー大会と崇高な理念

筑紫野市主催「第十九回カヌー大会」が行われました。私は多分初回から一回も休まず出席をしています。今日の挨拶でもカヌーということがあまり知られなかった時代に発足させた関係者に敬意を表し、この宝満川にカヌーを浮かべることで、「人権、環境、平和」という崇高な理念をさらに追求しようと訴えました。

八月のリオ・オリンピックで日本の「羽根田卓也」選手がカヌー競技で堂々銅メダルを獲得しました。ヨーロッパ、北欧が圧倒的に強いこの種目での快挙は奇跡的とも言

われました。日本はこれらの体験で一層自信を得て、四年先の東京オリンピックでさらなる成績が残せるように心から期待します。

横須賀にて柔道恩師偲ぶ会

9月25日（日）

横須賀で柔道を指導された「渡辺利一郎先生」を偲ぶ会があった。生誕百年、没後三十三年、先生を慕う門人、門弟約五十人が集まり非常に賑わった。先生は夥しい数の人材を育てられた、オリンピック金メダルの猪熊功氏、プロ野球の森徹氏、大相撲の広川氏（宮城野親方）……。

私は選挙で先生には特段のご指導いただだいた。昭和の末期、これから選挙をやるにも横須賀地区には全く知りべがいなかった、川崎時代の恩師「保田満先生」が大変心配されて、ある日私を渡辺道場に連れて行ってくださった。

渡辺先生は門人たちに向かって「原田君は強くはならなかったが、柔道には非常に真面目に取り組んできた」と紹介していただいた。私にとって渡辺道場こそが発祥の地であり原点である。先生の教え『力必達（努力すれば必ず到達する）』の刻印が本事務所の机上に常時置いてある。

国会始まる

9月26日（月）

国会が始まり、衆議院「消費者問題特別委員長」に就任しました。

およそ消費活動に関する問題を取り扱う委員会で、私にとっては比較的新しい分野です。しっかりやります。

「未来への挑戦」、安倍首相演説と『通潤橋』

9月27日（火）

国会が始まり、安倍首相が施政方針演説でアベノミクス、デフレ脱却、TPP問題、一億総活躍、東アジアの安全保障、労働改革……などを唄いあげたが、その際、「未来への挑戦」のフレーズを多用して、国民にさらなる飛躍を促した。高らかな目標を掲げて忍耐強く努力することの大切さを訴えられた。

安倍首相は熊本県山都町にある『通潤橋(つうじゅんきょう)』の故事を引用された。江戸最末期、「布田保之助(ふたやすのすけ)」は細川藩中の資金と人工を大動員して、また土木技術を駆使して巨大な石造り通水橋を築き上げた。遙かな距離から用水路を引き、遂に絶望的な荒れ地と言われた白糸台地を肥沃な田地に変えた。『通潤橋』は今も現役、日本一の大きさを誇り、国の「重要文化財」に指定、今次の熊本地震でも立派に耐えた。安倍首相は、大事業には如何に大きな困難と負担が伴うか、常に努力と忍耐が必要であることを強調された。

(私は十日前、椎葉村に小旅行した時、偶然にも「通潤橋」に立ち寄り、その偉業に感銘を受けたものです)

9月28日(水)

ルーマニア野球「オイナ」

ルーマニアの人々がやって来た。ルーマニアには

「オイナ」と呼ばれる伝統球技があり、そのルールは野球に非常に似ているそうです。古く十三世紀くらいから、王族を中心に国民スポーツとして受け継がれ、今日ではルーマニアと（革命で分離した）モルトバだけがやっている、ボールとバットで打ち、走り、得点を争う、ほとんど野球の祖先とも言えるそうです。来訪の皆さんは日本の野球界と友好関係を結び、二〇二〇年東京オリンピックでは、エクジビション・マッチ（競技紹介）をしたいとの希望もあります。

ゲームの公式ユニフォームを頂きましたので、応接室に飾らせていただきました。

9月29日（木）

オーストラリアから若き訪問者

オーストラリアの高校生が国会見学に来てくれました。私が主催している（財）「国際青少年研修協会」による交換留学生で、オーストラリアでは日本語を勉強しています。日本に来て全てが珍しいと言っていました。私も同じ年齢の頃、アメリカに留

学して非常に多くのことを学んだことをお話ししました。

9月30日（金）

衆議院本会議でのスタンディング・オベーション

九月二十六日、衆議院本会議での安倍首相。所信表明演説の中で「東シナ海などで懸命に頑張っている海上保安庁、警察、海上自衛隊の諸君にこの席から感謝を捧げよう」と発言した時、自民党の若手からスタンディング・オベーション（起立拍手）が始まった。その動きはwaveのように後方、ベテラン議員の席まで伝わり、私も当然起立して拍手の輪に入りました。

ところがこれに野党、民進党が食い付いた。九月三十日の予算委員会では民進党細野某氏が安倍首相に延々と詰問した、曰くあのスタンディングは首相が煽ったのではないか、全体主義的強制ではないか、自民党一強の奢りではないか……、安倍首相はいずれもにこやかに、「議員一人、一人の自然の気持ちだったと思う」と軽くいなして、むしろ委員会は笑いの渦にもなりました。

議員の本会議での行動、起立か着席か、賛成か反対か、「異議なし」の発声などは基本的に全て党の議運委から事前に指示される。だから今回のスタンディングはほとんど例のない行動であった……。しかし壇上からの安倍首相の海上保安庁らへの感謝よびかけが余りに切なるものであったこと、前席の若い議員たちが思わず立ち上がって拍手したこと、その動きは後席のベテランたちに電波したこと。これら全て筋書きは無い、自然に起ったこと、本当に自然に湧き上がったことでした。

私たちには拍手や起立は当たり前でほとんど忘れていたところ、民進党がそれに異を唱え、ことが大きくなり、これが却って「海保や海自への感謝」が世の中に広く深く認識されることとなりました。

政治とは筋書きのないドラマでもあります。

10月1日（土）

〈年来の想い、一度は窓から外を見る〉

東京で。朝、議員宿舎から国会まで歩いて通うと、必ずこの「ドトール・コーヒー」の前を通ります。いつも四、五人がガラス窓から外を見ながらモーニングを取っています。多分私は、歩くところを見られているのです。どう見られているのだろう、と少し気になりながらもう四年になります。

今日、土曜日、宿舎を出て遅い朝食を求めて、初めてドトールの中に入りました。ガラス窓の高椅子に腰掛け、サンドをかじり、コーヒーを啜りながら、しばらく外を見ていました。行き交う人たちを眺めていました。歩きながら何を考えているのか、仕事に行くのか、遊びに急いでいるのか、果たして外から自分は見えるのか……。

どうでもいいことですが、何か懸案が一つ片付いたような気になりました。

10月1日（土）

韓国、三題

一、韓国はいわゆるＴＨＡＡＤ（地上配備ミサイル迎撃基地）の設置場所を決定、ロッテのゴルフ場内という。

二、韓国の海洋警察は韓国ＥＥＺ（排他的経済水域）内で不法操業していた中国漁船に威嚇射撃したところ火災となり、船員三人が死亡。以上いずれも中国を非常に怒らせており、韓中関係が悪化とのこと。

三、韓国は国内の慰安婦関係者を説得できず、安倍首相の謝罪文を正式に出してくれと日本に言ってきている。十億円は前渡ししており、あとはそっちが慰安婦像を早く撤去する番でしょう、とさすがの日本政府も呆れ果てている。

10月2日（日）

大隅氏、ノーベル賞

ノーベル医学生理学賞に東京工業大学の「大隅

良典」氏が選ばれて、日本中が喜びと誇りで沸いています。日本人のノーベル賞は三年連続で、歴代二十五人、その実績はアジアでは他を圧倒しており、基礎科学の潜在力でも大いに自信を持っていい。本当に嬉しいことです。

大隅氏は福岡県出身、福岡市の「福岡高校」卒業。私は「修猷館高校」を出ましたが、実は福岡高校と修猷館高校は、昔からフッコウ、シュウユーとライバル意識してきたところがあり、修猷館サイドは今回多少刺激を受けたかも知れません。

10月4日（火）

ノーベル賞、その二

ノーベル賞受賞の「大隅良典」博士の関連でほとんど全紙が埋まっています。受賞対象の「オートファジー」という言葉も初めて聞くのですが、なんとなく分かったような気持ちになりました。

大隅博士は研究の基本を

一、自分の目で確認する
二、はやり（流行）を追わない
三、小さな発見を大切に
四、多面的に考えよう

とまとめ、福岡高校（卒業校）の後輩たちに伝えていたそうです。いずれも人生そのものに生かすべきモットーで、博士は、「人のやらないことに興味を持った」と繰り返される。安倍首相も国会の答弁で「人のやらない分野を選び、ひたすら真理を探究された」と、その独創性を特に褒め称えました。

10月5日（水）

米商工会議所と懇談会

米国大使館に本拠を置く「在日米国商工会議所」のメンバーと毎年意見交換をしています。彼等は大々米国の大手企業に属しています。一時間足らずですが、私から日本の政治、経済、外交、当面する課題を政治家の立場から説明して、あとお互いの認識を交換しました。ＴＰＰや臨時国会、大統領選挙などが話題となりました。

10月7日（金）

解散はあるのか

急に衆議院解散が議論され始めた。参議院選挙との同時解散論が遠のいた後、しばらく落ち着いていたが、今や「来年一月解散」が濃厚という。来年六月には選挙定数「〇増十減」による区割り案が出来てくるが、定数を減らされる府県にとってはその前に選挙を終えておきたい。（普段慎重な）公明党がむしろやってくれと言い始めた、七月の都議会選挙とは期間をおきたい、前後四カ月を空けると一、二月頃となる。民進党の蓮舫新体制は意外に手強い、その勢いが本格化する前に選挙を終えるに超すはない。とりわけ共産党との選挙協力は侮れない、非常に強力であると覚悟した方がいい。

与党自民党としては十二月に予定されるプーチン大統領の訪日で、北方領土問題に明るい道筋を付けたく、ここで一気に他を引き離す……。

衆議院解散の前哨戦はいつもこんなものだ。安倍首相以外誰ひとり解散の時期は知らない。全員が勝手なことを言っている間に、言っている本人が浮き足立ち、世の中、一犬吠えれば万犬吠える、これが遂に安倍氏を動かす……。

私はほぼ、「一月解散」に決め打ちしている。

10月8日（土）

体育の日

「体育の日」（十月十日）を中心に三日間、地元では運動会、体育会に二十カ所ほど参加しました。地元はいずれも住民の健康管理、地域社会発展を目指して組織立った活動をしており、青少年、子供達もしっかり取り込んでいました。私もその都度、健康管理の必要性を強調し、さらには政府の取り組み等について挨拶しました。

私は五十年前（正確には五十二年前）の十月十日、東京オリンピックの開会式が行われたこと、さらに四年後の東京オリンピックでは国挙げて成功させなければならないことを訴えました。（なお、昭和三十九年の東京オリンピックでは、私は学生スタッフとしてあの開会式・東京スタジアムの現場にいたことを密かな誇りとしています）

10月10日（月）

北方領土と「二島先行論」（その一）

十二月にはプーチン大統領が日本に来て日露首脳会談が行われる。今度の首脳会談は殊の外重要、悲願の北方領土問題が一歩前進する可能性がある。

北方領土問題はある意味非常に単純、四島は歴史的にも日本の固有の領土、第二次戦争の終わった（昭和二十年八月十五日）直後にソ連（ロシアの前身）が国際法規を破って違法、不法に占拠、占領した。日本としては当然不法な占拠を止めさせてこそ旧に復する、両国は未だ戦時状態であって戦争終結の手続き（平和条約）さえも終わらない。かくして日本は悲願を達しないまま七十年を徒過した。

今ここに日露首脳会談が行われようとしている。最近の情報の中で「日露首脳会談では特定の案には拘らない」というのがある。意訳すれば「日本はあくまで四島一括返還」が原則であるが、「一部の先行返還もあり得る」。その「一部」とは『歯舞、色丹二島』というのか、『国後を加えて三島』をいうのか、それとも『面積等分で択捉の一部』も入れるか（三・五島論）等である。ロシアの強硬姿勢を見ると、いきなり「四島一括」などはとても望み得ない、「二島論」は国としては初めての試みだが、この際ロシアが呑むのなら、やってみる価値はあるのではないか……。

私の考えは「二島論」で、でもまず一歩進めること、その際「日本主権の存在」は絶対に拘るべき、当然に残りの領土交渉は続けなければならない。極めて情けない、断腸の想いであるが、しかし今はそれしかない。歯舞、色丹二島で、全四島の僅か七％の面積に当たる、如何に小さいか。しかし、それでも一歩進んだ方がいい。「四島一括」を如何に目指しても、あと何十年、あるいは何百年待つのか。むしろ一部でもいい、楔を打ち込めばなんとかなる、損して得取れ、現実的な利益は極めて大きく、絶望的に膠着した事態を解くにはそれこそが現実的な選択といえる。

安倍氏の決断は極めて重大である。

10月13日（木）

北方領土と私（その二）

私が北方領土に渡ったのはちょうど十年前、平成十八年七月に五日間。私は当時衆議院「外務委員長」をしており、いわゆる「ビザなし交流」制度で、五人の国会議員を含む総勢百五十人余り、私が事実上、団長を務めた。手記も多く書いたがここは省略、ただ日本東端、最果ての択捉島の壮大さは、表現する術を持たない。七月九日の別れには日記に「エトロフ島、また会う日まで」と涙ながら大書した。

私が何を感じたか。この島は最早返ってこないのではないか、何故なら日本の返還運動など全く役に立ってない、交渉が一年遅れれば返還はその倍難しくなる。私が特に恐れたこと、それは、日露で揉めているだけならまだ良い、実際には第三国、韓国、中国、米国、カナダ、北朝鮮……が滔々と入って来ていた。

エトロフ島に「ギドロストロイ」という大きな水産加工工場があった。設置されている設備、機材、また働く労働者は全てこれら外国製で外国人、日本は建前上ここは「国内」であるから入出国、輸出入というわけにいかない。ひとり進出するのを厳しく自制、抑制していた。日本の設備、機材が見られなかった理由である。日が経てば経つほど返還は難しくなる、これが私の持った強烈な懸念であった。東京に戻るや、議員たちで官邸に赴き、安倍晋三官房長官（当時）に面会、返還交渉は一日も早くやるべし、第三国が入って来て益々返還交渉が難しくなる、少々の条件は呑んでも交渉は急ぐことが肝心、と強く訴えた。

あれからまた十年が経っている。

10月13日（木）

千客万来

連日国会事務所にも多くの人々が訪ねてくれます。山梨県からの企業集団で、指導者「長塩吉之介」さんは御歳九十九歳、自ら百以上の特許を有し、今もなお現役でご活躍。

「金昌南」君は韓国から、政治家志望です。普段は情報、映画関係の仕事をしており、日韓両国の友好のために飛び回っています。

10月15日（土）

筑紫野市「原田」地区お祭り

筑紫野市に「原田」という地区があります。「はるだ」と発音するのですが、一帯は「原田六丁目」など住所表示、消防署など店舗、看板は軒並み「原田」表記ですから、私にとっては他人ごとでない、また人々も私に親近感を持っておられる、と勝手に思っています。

今日は年一度の地域フェスティバルで、しばらくゆっくりと楽しみました。

10月16日（日）

マレーシアの農業副大臣

マレーシア・サラワク州農業副大臣が国会に訪ねて来ました。福岡県朝倉郡の稲作、果樹、畜産などを広範に見学して来ました。

サラワク州は国内では進んでいる方ですが、日本の農業は余りに発展しているという。医療事情がよくないため、是非日本の開発援助で医療補助をして欲しいという陳情もありました。発展意欲は非常に大きいものがありますが、ただ、自国政府や官僚機構の非能率には強い不満を持っていました。

10月18日（火）

国際法検討会、進む

自民党では、東シナ海に係る資源開発問題で国際

マレーシア農業副大臣

法の検討会が熱心に続いています。我が国は政府も民間も国際法の活用が非常に遅れており、そのために如何に国益が毀損（きそん）されているか。外交交渉の過程で国際法を積極的に援用することで新たな国益をもたらすということを、私はあちこちで訴えています。

先日は日本弁護士連合会幹部との会合でもそのことにふれ、若い国際人材を積極的かつ早急に育成するよう強く促しました。

10月19日（水）

市議団来訪

地元大野城市議団が来訪した。他地を視察し、国会に立ち寄り、さらに視察を続ける。国会見学、地元議員への挨拶、外務省、防衛省の官僚から国の安全保障につき講義を受け、一時も休む暇は無い。

並行して筑紫野市議団も上京、都内での議員研修に忙しい。

10月20日（木）

リオ・オリンピック柔道代表団祝賀会

リオ・オリンピック、パラリンピックでは柔道日本代表が好成績を挙げた。特にオリンピック男子では全階級いずれかのメダルに輝いた。日本柔道界の求心力が再び戻りつつある。今日は全柔連の主催、盛大な祝賀会となった。丸川珠代大臣、宗岡正二会長、山下泰裕副会長、井上康生監督、原沢久喜重量級銀メダルら多くの関係者と懇談した。二〇二〇年の東京大会ではさらに前進することを誓い合った。

10月21日（金）

福岡六区補欠選挙、最終日

福岡六区補欠選挙は今日が最終日、自民党県連推薦の「蔵内謙」さんが懸命に頑張っている。出足が遅れたのがひびいて苦戦を強いられているが、三十五歳と春秋に富む若さで何としても頑張り抜いて欲しい。麻生太郎副総理も選対責任者として応援に駆けつけており、隣接区の私も今日まで事務所挙げて取り組んできたところです。

雨の中運動会　10月22日（土）

秋深き日曜日、各地で運動会が計画されていました。朝になっても夜来の雨は止まず、多くの地域から中止か順延の報が届きました。

ここ上秋月地区（朝倉市）に来て驚きました、何と三百人近く、ほぼ全町内の人々がそぼ降る雨の中、開会式、準備体操に臨み、競技を始めました。この雨の中、本当に大変ですね、と思わず声をかけたところ、その役員さんは「限界集落の意地ですね」とさり気なく応えました。

集落の結束、過疎地域の意地、これ故に「日本の底力」があることを目の当たりにした瞬間でした。

フィリピン大統領異常　10月23日（日）

フィリピンに異常な大統領が出て深刻な事態となってきた。フィリピンのドゥテルテ大統領は今般中国を訪問して、中国に多額の援助を供与され、融和を約してきた。返す刀で、米国とオバマ大統領を名指しで「決別する」と切って捨てた。

今アジアは地球上で最も危険な政治環境の一つにあるが、それは言うまでもない、中国の海洋覇権主義が深刻な危機をもたらしており、南シナ海の情勢は早晩東シナ海を介してわが国への危機も現実のものと拡大する。中国とフィリピンの間で訴訟が行われ七月、オランダ・ハーグの国際仲裁裁判所は中国の進出を「明白に違法」と判決した。中国は「法の支配」を受けようとしない。

そのフィリピンがここで中国の軍門に降ることは、フィリピン自身が主権の維持と安全保障、国家としての存立基盤を失うのみならず、他の諸国いやわが国にとって驚天の変化をもたらす。

そのフィリピンに六月、

ドゥテルテ大統領が就任したときは、国内で麻薬犯罪者を自由にリンチ、抹殺するなど、近代民主主義からは信じられないほどであるが、所詮は発展途上国の指導者であると高を括っていた。然しその後の発言や行動を追っていくと、最早笑えるどころか、極めて深刻な国際問題を引き起こし始めた。

この大統領は国際政治、外交政策の素養や経験、見識が十分あるとは思えない、あるのは国内の地方政治で培った政治手法と政治勘である。国内支持率が八〇%以上というほど圧倒的に高いことは、却って始末が悪い、その彼の言ったことは大統領という国家指導者の言動であれば直ちに対外政策に反映する、その彼を抑止する人はいない。外交関係、国防関係が最も依拠してきた米国との同盟関係を一夜にして覆そうとするドゥテルテ氏にいかなる論理と計算があるというのか。

ドゥテルテ大統領は来週にも来日し、安倍首相らとも接触する。異常な性格の持ち主とあらば、扱い方に工夫が要ることは当然であるが、然しことが外交政策、対外政策に絡むとならば個人的、感情的な対応に矮小化してはならない、常識と良識で諫めつつ、なお米国やわが国、西側諸国との同盟関係の重要性を理解させるには高度な外交技術が必要である。

さすがの米国も、ドゥテルテ大統領に対し「同盟を維持するのか、不必要な不確実性をもたらさないように」と警告を発した。

10月24日（月）

尖閣につき仲裁裁判所に訴えを（石垣市議会）

沖縄県石垣市議会一行（知念辰憲議長ら）が来られて、中国の尖閣諸島への不法侵入に対し毅然たる対応をとるべし、その際「国際仲裁裁判所への訴え」を強く要望された。石垣市は東シナ海に面し尖閣諸島やガス田開発問題の最前線に当たる、中国の侵入への危機感を最も肌身で感ぜられる立場にある。菅官房長官にも陳情して来た。

私からは皆さんのご苦労に敬意を表した上で、ガス田開発についても訴訟提起の検討を進めており、共に力を合わせて頑張ろうと激励しました。

10月24日（月）

「貸金業法」改正して十年

いわゆる「サラ金」（サラリーマン金融）が高い金利で個人に貸し付けるローン事業が一般化し、それが多重債務を産み出し、ひいては多くの人を自殺にまで追い込むなど深刻な社会問題があった、そこで「貸金業法」が抜本的に改正されて事態は劇的に改善した。あれから十年、その十年を記念する講演会、パネル討論会が行われたので、私も当時自民党で活発な活動をしていたことで講演会に参加、かつ国会議員としての経験と苦労話を話す機会がありました。

10月25日（火）

「反米思想」根強いフィリピンの観光大臣

フィリピンの観光大臣「ワンダ・コラゾン女史」

右からコラゾン女史、著者、タルフォ氏

らと会食した。来日のドゥテルテ大統領と同行中、夜遅く個人的な会食に駆けつけてくれた。

彼女はフィリピンで大手旅行業を営む、ドゥテルテ氏の有力な支援者で非議員から大臣に任命された。大変気さくな人で、日本とのさらなる観光交流を熱っぽく語った。先週は中国を訪問して大歓迎を受けたという。

フィリピンの対外政策について、ドゥテルテ大統領の反米思想には痛く共鳴しており、そもそもはるか植民地時代、さらに第二次世界大戦時代を通じてフィリピン人が米国人、およそ白人から如何に酷い扱いを受けてきたかを語る。

アジアはアジア人が処理すべし、という表現を何度か繰り返した。(アジア人たる)日本との付き合いは非常に好意的。

なお、写真で隣りの「ラモン・タルフォ氏」はジャーナリストで、コラゾン女史の実兄にあたる。実は二人の祖父は日本人で、その名前(「手柴福松」)だけを覚えていた。

旧知の実業家、和田氏が何年も前、問い合わせていたので私が辛うじてその出身地を探し出した経緯がある。私はお二人にはさらに詳しい情報を探して連絡することを約束して退出した。

10月26日(水)

農協関係者、陳情に

筑前地区農協関係者が灌漑用水路の改善など陳情に来たので、農水省(副大臣)、消費者問題特別委員会など国会見学に案内しました。

10月28日(金)

宗教者葬儀に参列して

奥飛騨の秋は東京より少し寒いようです。岐阜県高山市の大殿堂の葬列には夫婦で参加しました。荘厳な葬送の儀、あるいは一万人を超す信者さんとともに、私も教祖様との最後の別れを終えました。献花台で慈愛に満ちたご温顔に正対した時、万感が胸に迫ってきました。

昭和も少し残っていた時期、私は選挙活動を始め、藁(わら)をも掴む思いで教えを受けました。信者さんたちの神への帰依の絶対的信念は胸を打つものがあり、また俗人たる私への接点は、どこに場所を移そうとも変わることはありませんでした。

何年に一度、本山に拝殿する度、神々しいばかりの教祖様の声を耳で受け、手を握っていただいた、ある時は落魄の時、ある時は当選のご報告の時、あの御手の温かさと柔らかさは暫くも私を鼓舞し続けたものでした。

「天界にお帰りになり、教祖様は新しい精神活動に入られます」という継嗣者の宣言は、参列者全ての心の中に、新しい生命を芽吹かれるお姿を感得させるものでした。

10月28日（金）

ハロウィンも今や

ハロウィンも日本にすっかり馴染んできた。テレビでも持ちきり、東京渋谷の盛り場は外国人も入れて大変な騒ぎだという、商業主義も上手く入り込む、世の中が平和というのは本当にありがたい。地元（那珂川町）もハロウィン祭りで随分と盛り上がった、年々その規模は大きくなるのだろう。女の子の方がいつも圧倒的に元気がいい。

アメリカに高校留学していた時、自宅にいきなり近所の子供たちが鬼の面を被って襲ってきた。お土産やクッキーを手渡すと魔女たちは歓声を上げて出て行った。大昔のことである。

trick or treat（お菓子を頂戴、ダメならいたづらするからね）

10月30日（日）

ＪＡ収穫祭り

ＪＡ筑前あさくら（三輪支部）収穫祭り。いいお天気でした。

展示トラクターに乗ってご満悦、小型トラクターなら普通自動車免許でも運転出来るそうです。

10月31日（月）

励ます会パーティー盛会

東京での「励ます会」が大盛況で行われました。

先日の福岡大会といい、毎度のことながら、多くの皆様には物心両面で支えていただき、本当に有難いことであります。政治活動には真面目に取り組んでいる（つもり）ではおりますが、経済的に苦労しているのは事実で、そこを恐縮ながら補ってもらいます。麻生財務大臣、横倉日本医師会、今村復興大臣ほかの来賓、何より多くの後援者の激励を頂き、心身ともにシェープアップ、明日からの活動に励みが付いてきます。政治に対する考え、憲法改正、TPP、東シナ海での中国への対抗措置（仲裁裁判所）、併せて選挙近しの決意などについて思いのたけを訴えました。

11月2日（水）

シン・ゴジラ現る

いきなり田畑のど真ん中に、「シン・ゴジラ」が現れました。七メートル以上もある稲ワラで造ったゴジラ、町中の人が力合わせてワラを打ち、二カ月ぐらいかけて積み上げました。

今やテレビや新聞で全国的に有名に。爪の大きい

こと。何よりその芸術性!!

福岡県筑前町、私の地元です。

11月3日（木）

佐藤優氏、北方領土を激白

自民党本部での外交部会で、有名な作家、元外務省、「佐藤優氏」が北方領土問題について非常にレベルの高い講演をされた。その情報力、分析力、発信力、私は何冊か著書も読んでいたが、大いに学ばせてもらった。

「四島一括」と言うのは必ずしも歴史的に正しくない、先ず「二島先行返還」こそが今の最良案である、面積では、四島の七%だが、領海、経済水域からすると七〇%近くになる、今をおいて北方領土が解決する道はない、と断じられた。

私は、クリミヤ半島と北方領土のバーター関係について冒頭に質問した。プーチン大統領は基本的に反中国の教育を受けてきたとの情報は耳新しかった。

11月3日（木）

溜池と共に生きる

溜池（ためいけ）と共に生きる

農業地帯には必ず農業用水の溜池があります。溜池は地域の命綱です。年に一度、朝倉市杷木（上池田）地区では管理のために水を抜く、すると底地の泥の中から鯉やフナやたくさんの魚が手摑み出来ます。多くの子供たちも参加して手摑み競争する（ツツミリンピック）のですが、その表彰式（どろんこ賞）の風景です。村人たちの晴れのお祭りです。

なお溜池の安全性確保のためには定期的に補修、改修が必要で、私はその予算調達に多少お手伝いをしています。

11月4日（金）

三笠宮さま、斂葬（れんそう）の儀

三笠宮崇仁親王の葬儀が東京の皇室墓所（護国寺隣り）でしめやかに行われ、私も国会議員の立場で参列しました。古式豊かな作法で、あたかも古代の絵巻を見るような錯覚にも感じました。多くの外交団にとっては日本の綿々たる歴史と文化に強烈な印象を受けられたのでは。

昭和天皇の弟君、私には特段の馴染みはなかったが、ただ「古代オリエント文明」の研究者として大きな功績を残されたという思いが強い。享年百歳。

11月4日（金）

太宰府市「総合体育館」落成。「万感の思い」とは

太宰府市に総合体育館「とびうめ（飛梅）アリーナ」が完成し、盛大な落成式、引き続いて様々の記念行事が行われています。同市にとって長年の悲願でありました。スポーツの振興、市民の健康育成、交流の拠点、防災拠点など多目的かつ総合的な機能を発揮します。オリンピックなど国際大会のキャンプ地としても手を挙げられます。その大きな役割に期待と可能性が膨らみます。

この体育館建設も、（実は、御多分に洩れず）長い間の紆余曲折がありました。当市の市政、議会、市民運動ではこの数年、体育館を建てるか、中止するかが大きな争点でした。昨年春の市長選でも当然それが最大の争点となった。結果、建設を率先してきた現職市長が、これに反対する新人候補に敗れた。新市長は悩んだが、建設工事はすでに始まっていた。

かくして今日の完成式典となりました。市長の式辞に始まり市議会議長や来賓の祝辞は淡々と進みました。私は来賓前列に並ぶ前市長、元市長を敢えて名指しで顕彰しました。私には彼らの胸の万感の思いが伝わって来たような気がしたのです。

11月5日（土）

パラ・マラソン銀メダルの道下選手と

太宰府市総合体育館記念式で、地元出身、リオ・パラリンピックでマラソン銀メダルの「道下美里」さんと一緒になりました。目はご不自由ですが実に明るく前向きで、四年後の東京大会では優勝するとばかり、すでに準備を始めたといいます。聞いた

パラ・マラソン銀メダルの道下選手と

ら、最低一〇キロ、多い時には六〇キロ、なんと毎日！　の練習量だということで、世界レベルのアスリートとは本当に凄いものだと感心したものです。（注）私は一度だけ、一〇キロマラソンに出たことがあり、本当に死ぬ思いでゴールに倒れ込むというトラウマを持っているのです。

11月6日（日）

「小泉進次郎」さん来る！

あの「小泉進次郎」さんが太宰府にやって来た。自民党農林部会長で日本の農業、農政を根っこから改造しようと奮闘している。太宰府の「西鉄ストア」で農産物、野菜類を実地調査。消費者には出来るだけ安価な農産物を安心して提供する、農家にはしっかりと収入を確保させ、そのために最も合理的な「流通システム」を目指そうとする。これはわが国の農政にとって永遠の課題である、が実は難しい。小泉さんは、この最大の難問に正面から切り込もうとする、当然抵抗はある、そこを懸命に進めようとする。今や農政は国の政治の一大争点でもある。

福岡市で午後、自民党農林部会が大きな会合を催した。その午前中、小泉さんは私の地元太宰府市と筑紫野市で現地調査に入った。行く先々、大きな旋風を巻き起こす。当選三期にして、すでにそのマスコミ的注目度、影響度は総理、総裁並みといわれる。若さとイケメンと、頭の回転、歯切れ良さ、そして何よりその度胸、図抜けたものを持つ。

実は、私は進次郎さんの父親「小泉純一郎氏」との関わりが古い。遠く昭和六十一年以来、私は神奈川県で都合三回、小泉純一郎氏と中選挙区で闘った。私の活動の全ては「打倒、小泉」だった。うち一度だけ当選した（平成二年）。小選挙制度になった後は争う理由はない、小泉厚生大臣の元で政務次官を務めた（平成九年）、その後小泉氏が自民党総裁選に立たれた時には、その応援弁士を買って出た。

純一郎氏が引退し、息子らを出そうとする時、党内で「世襲禁止」の動きが出た。私は「立候補資格は制限すべきでない、所詮、政治家は選挙で有権者が決める、それが民主主義というものだ」の論陣を張った。

時が経って、進次郎君が初当選して会った時、「君の親父にはお世話になったものだ」と言ったら、「よく分かっています」と応えてきた。

父親より素質はあるか。小泉進次郎さんの大成を期待する。

11月7日（月）

アメリカ大統領選挙、いよいよ投票日

長くに亘った大統領選挙もいよいよ明日が投票日。本当に大変だったろう。恐らくクリントン氏が勝つ。最終盤、トランプ氏が逆転するかの報道もあるが、トランプ氏の可能性は最初から少なかった。（本当はトランプ氏の方が好きなのですが）トランプ氏にでもなったら、日本は本当に大変だった。どちらにしても日本の外交安全保障は、日米基軸を維持しつつ、より自己責任、独立性の高いものになっていかざるを得ない。

11月7日（月）

那珂川町町政六十周年、松口月城と柴田徳次郎

那珂川町の六十周年記念式典では次のことを祝辞しました。

◎昨年の国勢調査で人口五万人を超えて（五万四人）、晴れて「市に昇格」するが、これは町民全ての結束の賜物であること。

◎この六十年間にこの町は、幾多の人材を輩出したことを誇っていい。うち「松口月城」は漢学者にして一万以上の漢詩を作り詩吟の題材として最も尊敬されている。「カニの横歩き」という墨絵の小作もある。人間が言った、「カニよ、君は何故横にしか歩けないのだ」、カニは答えた、「ハイ、私は横にしか歩けませんが、横には〈真っ直ぐに〉歩いています」と。

◎「柴田徳次郎」は国士館大学を創設した。大分県には慶応大学の福沢諭吉翁、佐賀県には早稲田大学の大隈重信候が生まれている。挟まれた「雄県・福岡県」からは誰も教育者が出ていない。柴田徳次郎翁の生誕百二十年（来年）を期して、那珂川の生んだ大教育者として顕彰できないか等々。

11月9日（水）

トランプ氏アメリカ大統領へ

アメリカ大統領選挙では大方の予想を覆して共和党のドナルド・トランプ氏が当選した。私も最終盤、民主党ヒラリー・クリントン氏の当選を敢えて占ったが恥をかく羽目になった。選挙だけは、自分も当然選挙のプロを任じているが、予想は難しい、要は決して決め付けて楽観してはならないということだ。

トランプ大統領で国際政治や対日本外交はどうなるか、余りに不透明、不明確で世界中に不安感を与えている。

心配しても始まらない、その時はその時、世界に衝撃を与えたあの「英国のＥＵ離脱」だって今じゃ当たり前のようになった。ただＴＰＰ問題や対アジア外交、日米安保、米軍の駐留問題など安全保障問

題などは激変し、わが国も相当に大きな対応を迫られることは覚悟しなければならない。

　ところで選挙後には余り論評されていないが、クリントン氏のメール問題。投票の十日前にＦＢＩ（連邦捜索局）が捜査を再開すると発表し、投票日直前になって「追起訴しない」としたが、これがクリントン陣営に与えた傷は限りなく大きい。それ以前は六〜七％の支持率差を保っていたものが一気に大接戦になった。日本の選挙制度ではこれは普通あり得ない、投票も三カ月前には犯罪捜査は「選挙妨害」になり得るから司法当局も活動や報道を厳しく自制する。クリントン氏もさぞ内心悔しがっているだろう。

11月11日（金）

晩秋に遊ぶ

東京から地元に戻ってくると多くの行事が待っています。何も悩むことなく、ただ皆様とふれ合います。
◎梅野さんの作品は天才的な仕上げです
◎ステージからの餅まきは、つい子どもたちには依怙贔屓（えこひいき）しそうです。
◎皿まわしは、見るとやるとは大違い。

11月12日（土）

何故、クリントン氏は敗れたか

大統領選挙の終わった瞬間（十一月十日）、私は自分のインターネットには投票の直前にＦＢＩがメール問題を取り上げたことがかなり決定的であった、クリントン氏が少なくとも気の毒であったと書きました。驚くことに、その後の洪水のような報道、トランプ氏の勝因とクリントン氏の敗因が語り尽くされる中で、内外でただの一人もＦＢＩのことに触れられませんでした。今日十一月十四日、初めてネットの中で、クリントン氏がＦＢＩコミー長官を控えめながら強い苦情を言ったとの記事を読みました。氏の万感の思いを見た気がしました。

　日本では選挙期間中には決して訴訟、とりわけ刑事事件は報道しません。それは民主主義の基本、聖

Mrs. Clinton regretted that her defeat in the Presidential election was , among others, attributed to the sudden report of the new evidence of her mail incidence by FBI Director James Comey 10 days before the ballot day. The new evidence was , just a day before the ballot , finally negated by FBI in terms that there was not enough evidence to indict to the court. This flow of judicial actions and news must have given irrevocable shock to the electoral situations to the extent that the Clinton's support had been around 7%ahead , but the rate dropped to as low as 1 % or even tie , and even reversed to the Trump's favor.
As the election was over(Nov.10), my very initial reaction was nothing but how drastically and decisively the Comey decision affected the election result, and so did I write in my internet message. After all, I wrote this must have disappointed and heart-broken Clinton with my sympathy.
Strangely enough , though, I have not heard anybody or any commentator to say or touch on this matter among other numerous and talkative comments and explanations why Trump won over Clinton.
I felt rather relieved to become in touch with the news of New York Times on Nov. 14 that Mrs. Clinton modestly but clearly regretted the true story and her recognition to Comey.
In Japan, on the other hand, during election campaign of any sort, it is severely refrained from taking up judicial matter, especially criminal matters in the sense that news or informations concerned would possibly jeopardize the fairness and impartiality of the public election. It is not necessarily legally ruled , but it is the established political culture to be built in not only public authority like police or prosecutors but also mass communications and medias . If judicial or criminal judgement should be rather freely released out , it may directly influence popular emotions ,and then election itself . Not to mention, election is the most basic political system and the embodiment of democracy in the modern world. Should free announcement of the judicial and criminal intelligence be permitted , elections of many kinds would become subject to how judicial authority may move or possible political bias ,which might become even judicial 'fascio'.
I am a very honest and sincere student to democracy as basic political system and respect American people as our allied nation. Also I admire American decision to select Mr. Donald Trump as their President after all. Japan and the United States of America must and will make the best efforts for a mutually peaceful and prosperous world.

なる選挙を些かでも貶める危険性がある事について、あの（悪名高い）マスメディアでさえ完璧にこれを守っており、そこで日夜命懸けで政治や選挙に取り組んでいるこの国の全ての議員は救われているのです。

フェイスブックは確かアメリカでも読まれていると気づき、日本の民主主義をアメリカ人に分かって欲しいと思って英語で書きました。万が一選挙中に候補者の刑事事件などが報道されると、勢い「検察ファッショ」だってあり得るのではないか、などと書きましたが、正しく通じたかどうか。

11月15日（火）

福岡市、道路の陥没

福岡市ＪＲ博多駅真ん前の目抜き通りがいきなり陥没して、不名誉な全国ニュースとなりました。地下鉄延伸工事の煽りで発災したと言われている。原因は如何であれ、極めて珍しい事故で、また豊かさを競う福岡市で起こったというのが違和感を誘います。事故は勿論恥ずかしい事ですが、一方人身被害がなかった事、陥没箇所の復旧工事が早かった事などせめてもの弁解となるでしょうか。

地元民として全国に謝りたい。万が一にも繰り返しては

なりません。（写真は、復旧前の工事現場で、個人的に視察に行ったものです）

11月16日（水）

史跡整備の予算獲得へ

予算編成の最中、この時期に東京では恒例の「全国史跡整備市町村連合」大会が行われました。

全国五百五十ほどの市町村の集まりで、私も太宰府市など史跡地を抱える立場で早くから「支援議員連盟」の事務局世話人として活動しています。

史跡の保存整備は文化歴史活動に役立つだけでなく、町おこし、観光誘致など経済振興にも大いに寄与すると言われます。私は挨拶で、日本には文化、歴史、観光遺産が豊富にあるが、日本人自身がその三分の一にも気付いていない、と指摘するイギリス人の日本文化財専門家デービッド・アトキンソン氏の言葉を引用して檄をとばしました。あと宮田「文化庁長官」（写真）が力強い挨拶をされました。

なお、「文化庁」は二〇二〇年を目途に東京から京都に移転することになっており、それを刺激に国全体の文化活動も大いに飛躍するものと考えます。

11月17日（木）

夢は大きく世界ブランドへ『甘うぃ』売り出し！

この度、福岡県産「キウイフルーツ」の特産品が出来上がり、遂に『甘うぃ』として世の中にデビューします。その甘さと上品さはフルーツ界の「革命児」と言われるでしょう。「福岡県農林業総合試験場」はこの度『甘うぃ』を開発、十一月二十一日からの発売を発表しました。今キウイの生産は栃木県が一位で福岡はそれに次ぐそうですが、なんとか日本ブランド、いや世界ブランドに持って行きたいと思っています。

わが福岡農林試験場は、「あまおう」、「博多地どり」、「博多万能ねぎ」、「ラー麦」、「とよみつひめ」など数々のスター製品を世に送り出してきました。実は福岡県は日本有数の「農業県」なのです。

11月19日（土）

博多織求評会

絹織物「博多織求評会」が福岡市「承天禅寺」で行われました。百回をはるかに超える、福岡市の伝統行事となっています。絹織物の、博多の、伝統美を脈々と繋いでいく関係者の努力は涙ぐましい。次世代を育てる学校（デベロップメント・カレッジ）も設立されて十年が経ち、すでに多くの俊秀が世に出ています。博多織は今やパリやイタリアのミラノにも進出しています。承天禅寺（じょうてん）が開放されることは年間に数回しかないそうです。

11月21日（月）

消費者特別委員会、質疑

衆議院「消費者問題特別委員会」が開催され、午前中三時間、議会と松本国務大臣ら政府とのやりとりが活発に行われました。食品、薬の表示、危険ドラッグ、消費者庁移転、インターネットゲーム、賭博依存、多重債務等々、テーマは多岐にわたり、委員長席にいても大いに勉強になりました。なお地元から見学にも来られました。

11月22日（火）

強い地震、津波警報

東京の宿舎。六時前、強い地震で飛び起きました。テレビをつけると逃げろ、逃げろと繰り返すけたたましいレポーターの声、福島県や東北の沿岸地域は津波がくるという。海面が引き波と寄せ波とが交互に流れる珍しい様子も実況され、一瞬、あの時の大津波になるのかと恐怖が横切ったりしました。

結果、一日終えて大きな被害はなかった模様で安堵しましたが、未明の揺れは本当に大変でした。地元九州はテレビ報道も大人しいらしく、ここ（東京）との地理的な遠さを改めて感じました。

11月23日（水）

安倍外交、苦難

日本外交も厳しくなってきた。安倍内閣にとっては最大の難局かも知れない。

アメリカ次期大統領にトランプ氏が決まり、ＴＰＰからの離脱が確定した。ＴＰＰには農業問題など課題はあるが国全体としてはわが国に大きなプラスをもたらす。全て良くて、または全て悪いというものはこの世に存在しない、常に良い面と悪い面が併存し、しかし結論は一つしかない、それは最後は国（政治）が決める。かくして日本はＴＰＰこそが世界経済を刺激し、国益に資するとしてその成立を目指した。今や署名国の先頭に立っていた。しかしアメリカが抜けるのではもはや意味を成さない。余り便便としない方がいい。残り十カ国とは関係を大事にした方がいい。トランプ氏の暴言は「選挙演説」と高を括らない方がいい。中国の動きは、政治、経済、よく見ておく必要がある。

ロシアのプーチン大統領を迎えるにあたって、領土交渉についても裏では懸命な交渉をしているが、いい話は聞こえてこない。

11月23日（水）

ヨーイドン！

少年ロードレース大会が朝倉市で行われ、私は小学生レースの「スターター」を務めました。多くの子供たちを頑張れと励ましたのですが、「原田先生も走ったら」といきなり言われたので、「いやー、今日は忙しくて」と辛うじて逃げました。

11月24日（木）

接骨医（ほねつぎ）技術モンゴルに

接骨医の全国組織「日本柔道整復師（柔整師）協会」（工藤鉄男会長）は長年かけてその技術実践をモンゴルで指導しており、経済援助の一環としてもかの国では高い評価を受けています。今回東京では新たなモンゴル人修業者への免許授与式が行われ、多くの医療関係者、政治家で会は大いに盛り上がりました。接骨医の技術は外科医の補助的な医療技術としてわが国では独特の発展を遂げ、社会的な位置付けも確立しており、今や国外にも途上国を中心としてその有用性が広がっています。

　私は若くして柔道を修業したことから多くの柔道整復師（接骨医）にお世話になりましたが、とりわけ川崎市の「故保田満先生」を終生の恩師と仰いでおります。

11月24日（木）

櫻井よしこさん、激白

　有名な評論家の「櫻井よしこ」さんと会談しました。相変わらず歯切れ良く、国のあり方、行く末を様々案じておられ、私ともしっかり意気投合しました。意見交換は尖閣問題、油ガス資源問題、南シナ海問題、トランプ次期大統領、天皇譲位問題などと多岐に亘り、とりわけ中国への仲裁裁判問題にも支持を出されました。櫻井さんは保守の言論界では今最も重要な存在と言っても過言ではないと思います。

11月25日（金）

女子商「マルシェ」、賑わう

「福岡女子商業高校」の「マルシェ」は高校生が運営する模擬店のお祭りで、地元の買い物客でごった返しています。このイベントには生徒たちが卒業して店舗や流通業種に就職した時に役立つビジネスマナーやノウハウをしっかり実践教育する場でもあります。マルシェ（marché）は英語のマーケット(market)の意味。

　福岡女子商業高校は福岡県那珂川町立の公立高校です。「町立高校」とは極めて珍しい存在で、戦後から今日まで長い間、多くの女性の人材を育ててきました。この度八洲学園という東京の学校法人に経営が移ります。女子商業という専門目的を持った学校ですから女性の社会進出が叫ばれる今日、改めてその役割が新しく見直されています。私は、毎年このマルシェだけは欠かさず応援に行っています。女生徒たちのはち切れるようなエネルギーに、力強い日本の未来を感ずるのです。

11月27日（日）

稀勢の里、もう一息

大相撲九州場所が終わった。私たち福岡県人は特に幸運である、何故ならこの時期に限って大相撲が余りに身近にあるから。全部の力士、親方、関係者がひと月以上近在に滞在する。私の地域だけでも十近くの相撲部屋が宿舎を構え、折にふれ呼び出しを受ける。テレビでしか見られない有名力士、白鵬とか日馬富士とか琴奨菊とか、とにかく好事家にとっては夢のような環境に福岡県はおかれている、有難いこと、恵まれ過ぎているとしか言いようがない。

千秋楽、今年は「田子の浦部屋」の打ち上げパーティーに招待を受けた。大関「稀勢の里」が部屋のエースである。部屋全体として成績は良かったらしい、会は大いに盛り上がった。私も来賓として挨拶をしたが、敢えて稀勢の里に呼びかけた。「今場所見てもその実力は一頭地を抜いている、三横綱を薙ぎ倒し、年間最多勝にも輝いた、しかしいつものこと、下位からの取りこぼしが多い。自力をつけることのほか精神力に問題がある。（聞いた話であるが）仏様をお詣りせよ、しっかりお詣りすれば必ず仏様守ってくれる。稀勢の里の優勝と横綱昇進は日本人挙げての悲願である。来年のこの打ち上げパーティーでは、是非横綱祝勝会にしたい」。

11月28日（月）

朴クネ大統領辞任へ、韓国の大政変

韓国の朴クネ大統領が遂に辞任を発表した。この数カ月、韓国のニュースはこればかり、怪しい女性政商の存在が発覚してから悪事が次々暴かれる、大統領の支持率は四％になった、与党議員も全て諦めたというから、早晩辞めるしかなかった。

今や国としては機能停止か。今北朝鮮が軍事的行動を起こせばと単純に心配になる。経済、金融は大丈夫なのか、外交は動いているのか、軍事情報協定は大丈夫か、慰安婦合意は守られるのか、金融スワップ協定はどうするのか、余計なことだが、心配すればきりがない。

ただお隣でかくも激しい動乱を見ていると、国、国家、政府、政権……普段は抽象的にして目に見えない事が、実は如何に大事な事であるかに気付く機会ともなる。「他山の石」などという卑俗な比喩では到底表せない政治の深淵がそこにある。指導者の役割と責任もそこにある。

11月29日（火）

嗚呼、「秘密病院」と呼ばれた慟哭の場所

筑紫野市二日市（ふつかいち）に小さな祠（ほこら）が立っています。中には悲しい一体の母子像が祀られています。「二日市保養所跡」という石塔の文字が辛うじて読めます。

ここに昭和二十一年春から特殊な医療施設が置かれていた、秘密病院とも呼ばれた「二日市保養所」である。戦後敗残した日本人が外地から七百万人以上国に戻って来た。うち博多港には二百万人が着いた。その中には不幸を抱えた若い女性たちも含まれていた。大陸から逃げ帰る途中、ロシアや中国や朝鮮で暴力を受け、不幸にも妊娠することも少なくなかった。京城帝大の医師たちが事を案じ国にも密かに持ちかけたという、密かに万感を超えて、この場所で堕胎が決行された。堕胎は、（当時）違法であった、医療設備が整っているはずもなかった、麻酔剤などは到底無かった。それでもレイプによる原罪をか弱い女子の個人たちに抱かせたままにおくわけにはいかない、せめてもの国家の懺悔の標（しるし）だったか、その数五百に達したと言う。そしてこの苦行に立ち向かった医師、看護師、助産師を顕彰することは遂に無かった。

保養所は二十二年秋静かに閉じられた。戦後の歴史は速い、建てて崩して、今は立派な大病院（済生

会）と老人施設（むさし苑）が建ち、その裏庭の突き当たりに、その祠はひっそりと立つ。訪れる人もない、忌まわしい歴史なら忘れたいという人も、むしろいるに違いない。ただあの戦争の狭間で極限の痛みに耐えた女性たちと遂に陽の目を見ることなく生を絶った命たちがあったことは、せめて記憶に残してやってもいい。

元新聞記者の旧友「下川正晴氏」が長く戦後史に取り組んでいて、私も「二日市」と聞けば無関心であり得なかった。その史実を学び、今からでも決して遅くはない、気をとり直して鎮魂のお詣りに行ってきたのでした。毎年五月十四日、ひっそりと水子供養祭が行われています。

11月30日（水）

ガソリンが上がるのか。OPEC、減産決定

十二月一日、ＯＰＥＣ（石油輸出国機）総会が難交渉の末、原油減産を決めた。原油の供給が減れば当然石油価格が上がる。逆に原油価格が上がれば、米国のオイルシェール開発などが進み供給が却って増えることもある。ただ我々のガソリンが上がることだけは間違いない。

ＯＰＥＣは長く低迷していた。イランが長く核開発を理由に国際社会から経済制裁を受けていた。結果、産油国はばらばらに生産を続け、競争し、世界中に石油は溢れ、お陰で我々は安いガソリンを謳歌出来た。

久しぶり、本当に久しぶり、ＯＰＥＣが世界を震撼させた、加盟国が減産することで決着した。サウジアラビアが大幅な減産を受け入れ、一方イランは僅かながら増産枠を認められた。

実にその前日、私は他の議員とともにイラン大使館に昼食を呼ばれていた。私は大使に質問した、「ＯＰＥＣ総会は大詰めで、イランの立場が一番注目されていると聞いていますが、今回の総会は妥結するのですか」。イラン大使の回答は印象深いものでした。「長い間の経済制裁でイランの原油輸出量は極端に減った。輸出市場全体のバランスを取り戻すためには、ある国の譲歩が絶対に必要なのです」。

「ある国」とは多分サウジアラビアを指すようです。イランとサウジは今不仲で、ほとんど戦争状態にあると言われています。最大のライバル大国が戦争状態ではOPECはまとまりようがない。

かくして、翌日のニュースでOPEC妥結を聞いた時、あの柔和で穏やかなイラン大使閣下が「ある国」と呼んだ時の一瞬引きつった、憎々しげな顔を思い出したのです。国を背負う大使たちの、健気にも懸命の心情を垣間見た瞬間でした。

12月3日（土）

「増毛駅」JR北海道廃線ニュース

「増毛」と書いて「ましけ」と直ぐ読める人は余りいないでしょう。北海道の日本海に小さな漁村があり、そこのJR駅が今日、最初にして最後の全国ニュースになりました。そこを通る鉄道が廃線になったのです。昔はニシン漁で大いに賑わった。しかしご多聞に漏れず漁は減り、人口は減り、遂に廃線となったということです。

私は実は、この「増毛駅」に深い思い入れがあるのです。私は小学校の四年間、北海道の奥地（雨竜郡沼田町）に住んでいました。もちろん北海道は寒い。夏でも余り暑くない、夏休みには大体毎年「林間学校」があり、学校中で海水浴に出掛けます。汽車で行った先が、増毛とか留萌という海岸でした。夏の真っ最中、八月の第一週とはいえ、海の水は本当に冷たく、ある年なぞクラゲに刺された思い出もあります。確か砂浜には焚き火もあったかも。

増毛駅 見送るラストラン
沿線住民ら別れ惜しむ 北海道
一九二一（大正十）年に開業した北海道のJR留萌線留萌―増毛（一六・七㌔）は四日、最終列車の運行を終え、九十五年の歴史に幕を下ろした。故高倉健さん主演の映画「駅 STATION」の舞台の終点・増毛駅では、お別れセレモニーが開かれ、沿線住民や鉄道ファンらが別れを告げた。
沿線には、見納めとなる列車を写真に撮ろうと多くの鉄道ファンが集まり、増毛駅では人の列がホームか

遠い遠い思い出です。それでも、元気一杯、野山を思う存分駆け回り、厳寒の真冬には山スキー、凍った路上ではスケートで馬ゾリと競走したり……。

今日のニュースで、増毛駅が健在だったこと、線

路が無くたって皆元気にやってくれるだろうと却って嬉しく思いました。

12月5日（月）

トランプ氏、対中強硬

トランプ次期大統領の動きが激しい。その行動も型破りで、「政治経験なし」の経歴が世界中の注目を集める。トランプ氏はいきなり台湾の蔡英文総統に電話を掛けた。President と呼びかけ、「大統領」と通訳されるのも異例なことで中国の王毅外相が激しく非難した。トランプ氏は、多くの武器を輸出する国に電話するのは当たり前だ、と切り返した。併せて中国の南シナ海への軍事拡張、一方的為替操作による金融混乱を激しく非難した。

トランプ氏は大統領選挙中から度々中国をやり玉に挙げてきた。来年の大統領就任を控えたあらゆる兆候から見て、トランプ政権は中国に対して強硬姿勢で臨むことが予想される、と外電は伝えている。

12月6日（火）

トランプ氏、対中強硬（その二）

トランプ次期米大統領が台湾の蔡英文総統に電話協議した件、当然に中国は激怒しているが、トランプ氏は十分に時間をかけ綿密な準備を経てその挙に及んだという。単なる思い付きやパーフォマンスではなく、今後の米政権の対中方針を占う重要な出来事と言える。「中国を意図的に挑発する目的で」とする報道もある。

12月7日（水）

修学旅行中学生、国会見学

朝倉市十文字（じゅうもんじ）中学の二年生八十人、修学旅行で国会見学に来られました。皆さん、東京は大きい、人が多いとびっくりしていました。

私は、皆さんそれぞれが「具体的な目標」を持ち、それに向かって頑張ろうと挨拶しました。「目標」を持つことこそが人を前向きに努力させる一番のエンジンなのです。

※中学生と一緒に記念撮影、ハーイ、ニコーッ、ドタッ。私ひとり、中腰から後ろに転倒しました。トシには勝てません。

12月8日（木）

安倍首相、真珠湾を慰霊訪問

年末に安倍首相がハワイの真珠湾を訪問、戦跡を慰霊することになった。素直に評価してもいい。真珠湾は太平洋戦争の発端の地であるところから、さまざま受け取りはあろう、しかし両国にはすでに七十五年という恩讐を超える年月が経ち、何より今年はオバマ大統領が広島を訪問して原爆被災者を慰霊された。そのオバマ氏も今は職を去ろうとしており、安倍首相とすれば広島への返礼とオバマ氏への友情の交歓となり、何より日米同盟の絆をここで改めて確認することがトランプ政権への良き引き継ぎになると期待できる。トランプ氏にいち早く接触し、プーチン大統領を受け入れ、さらに真珠湾訪問と、このところ安倍外交は冴えており、これが多分、内閣、自民党の人気に寄与しているかも。各政治家もその期待に応えていかなければならない。

12月9日（金）

クリスマス・コンサート

楽しいクリスマス・コンサートに出ました。おやじバンド「しゃんどふるーる」の定期演奏で、秦泉寺修代表ほかチームは益々その芸域が広がり、今やすっかり有名になって、外にも打って出る勢いです。私はボブ・ディランに負けないようにと挨拶しました。ジャズやポップ、エレキ、フォークで大いに盛り上がりました。「ハンガリー舞曲」や「ベートベン・運命」など。

12月10日（土）

臨時国会が終わる

臨時国会が終わりました。会期も二度の延長を行い、最後（十二月十四日）は深夜～一時半までという波乱の審議になりました。内閣不信任決議案も出ましたが、与野党の議席勢力差が大きく（ほぼ三倍）、日本の政治が非常に安定しているという現実を確認する事になりました。

米国にトランプ大統領が誕生することになり、今やトランプ旋風が吹きまくっています。さしあたりTPP協定が米国の不承認で発効することはなくなったが、わが国としては法案の成立という所期の手続きをきっちり済ませ、自由貿易の意義と安倍政権の統率力を内外に示しました。

年金改革法案も、年金水準は物価にスライドさせることが大原則の所、賃金水準が下がった時には例外的に連動させるという制度改正で、将来の年金財政と世代間の負担調整を目指したもので、苦渋の決断でした。IR（Integrated Resorts）法案は「カジノ法案」としても有名になった。統合型リゾート（商業、観光複合施設）を作ることが主たる目的であるが、カジノ事業もその中に導入され、当然カジノ事業の是非が審議された。ついては法律は成立しつつ、経済振興と併せてカジノの持つ社会的規律の必要性こそが認識された。

税制改革と予算編成などで、当然のことながら忙しい年末を迎えております。

プーチン来日、領土問題成果なし

12月15日（木）

ロシアのプーチン大統領が来日して首脳会談が行われたが、成果は少なかった。新聞、メディアは「失敗」と容赦なく書くところもある。安倍首相ら政府関係者は涙ぐましい、痛々しい努力をした。経済交流、人事交流を深めるために多くの合意書が交わされたが、領土問題については目立った成果はなかった。元々領土問題は極めて難しい、事前の期待値も高過ぎた。私も最後の瞬間まで何か出てくると期待したが、率直落胆した。

日本外交は物事を心情的、感情的に捉えがち、諸般を考え過ぎ、争うことを嫌う。しかし国際関係は「惻隠（そくいん）の情」、すなわち義理人情には義理人情で応えてくれる、という純日本的な思考ばかりでは処理出来ない。外交交渉は利害であり、国益の奪い合いでもある。トランプを見よ、習近平を見よ、プーチンを見よ、デドルデを見よ、国内でも○○を見よ、少なくとも真正面から切り込むことを怖れてはならない。

今回の首脳会談の具体的反省点はあるか。ロシア制裁とかシリア紛争とかトランプ登場とか（不運にも）タイミングが悪過ぎた、山口県長門市温泉宿の場所設定はどうだったか、プーチン氏の大幅遅刻にはきちっと指摘すべきであった、四島共同経営は本当に自由で平等なのか、外部の情報通に頼り過ぎてなかったか、領土交渉はスタートに立ったというが戦後の七十年間はそればかりやってきたのではないか……。ロシアは悔しいが「一方的勝利」とコメントしているらしい。

終わったものは仕方がない、十分に結果を評価、分析して将来に備えることが必要である。

「シン・ゴジラ」と筑前町の指導者たち

12月18日（水）

筑前町議会の超党派、ほぼ全員の議員さんと勉強会を行いました。私から国政中心に一時間程度講演をした上で意見交換。話は国の予算編成、税制改革、TPP、日ロ首脳会談、トランプ次期大統領、IRカジノ法案、東シナ海問題と広範に及びました。筑前町には自衛隊の巨大な「通信情報施設」が設置されており、当然国としても一定の財政措置がなされています。

なお、あの稲ワラ造りの「シン・ゴジラ」像こそ、筑前町の名を全国区に広めたところで、議会の皆様も大いに気合いが入っています。

12月19日（月）

明治の裁判録。「餅つき」先で見たもの

いよいよ十二月も進んできました。「師走」とはよく言ったもので、私たち一応「師」（先生）と呼ばれる者は特に忙しい。暮れの風物誌は何と言っても「餅つき」でしょう、一日に十カ所くらいに走って参加します。どこも多くの子供達で賑わい、居ながらにしてこの伝統行事を受け継いでいく態勢ができています。これこそが日本の誇るべき「歴史文化力」ではないでしょうか。

大野城市釜蓋（かまぶた）地区。餅つきの賑わい広場の片隅にひっそりと立つ石碑に気付きました。明治時代の村人たちの地元紛争の経緯が記録されています。ある牧草地を巡って乙金（おとがな）村と瓦田（かわらだ）村含む七村が争い、遂に裁判に持ち込まれた。最初は「福岡始審庁法衙（ほうが）」（地方裁判所）、さらには「長崎控訴院」（控訴裁判所）で争われ、裁判官の実地検証も行われた結果、遂に七村が勝訴した。爾来八村全体が仲良くその牧草地を共同で使うようになった。明治十三年（一八八〇年）頃の事案、最後の手打ちの指導者に

「森山」、「花田」などの苗字も見える。

大野城市は今、近在では歴史、文化、環境で最も住みやすい都市と敬われ、財政も豊か、人口は十万を超え年々増え続けています。その現代の百三十年以上前、このような歴史があったのです。牛馬の牧草地を血眼で争ったこと、裁判所で死力を尽くしたこと。しかし一旦断が下れば従容として皆、肩寄せ合った祖先たち。

その同じ公園広場で、若い衆たちの餅つく威勢と火を囲んで睨みを利かす古老たち。はしゃいで駆け回る子供たち、餅を丸める婦人部隊の嬌声と。かくして一年も静かに暮れようとしています。

12月20日（火）

総務大臣感謝状、東峰村消防団へ

福岡県「東峰村消防団」が顕著に団員を増加したということで、総務大臣感謝状を授与されました。消防団は防火、防災、救難など社会の保全に向かって危険を賭して活動する自治組織で、基本的には無報酬のボランティアです。国と地方の安定や発展にとってその果たす役割は目立ちませんが極めて大きいものです。

消防団員は往年には全国で二百万人近くいましたが、少子化高齢化などで今や九十万人を大きく割り込み将来の活動が危ぶまれており、国、自治体挙げてその強化と団員増強に力を入れています。

この度東峰村消防団は団員を五十名増加させたということで、総務大臣の感謝状を受けました。村単位の小規模消防団が表彰を受けることは本当に珍しいことで、関係者の努力に心から敬意を表します。

12月21日（水）

「病院の患者トラブル、どう防ぐ」

『日本の医療と薬品の未来を考える会』（「医療と

薬品、未来の会」）第九回定期会合が行われました。この会は今年三月に発足、私が議員団代表として毎月欠かさず開催しています。医療関係者五〜六十人が出席し、その情況は医療専門誌『集中』に毎月詳しく掲載、その伝播力、影響力は相当に大きくなっています。

今日のテーマは「病院、医療施設における医療過誤や患者とのトラブル問題」、講師は元警視庁捜査一課の横内昭光氏、今では有名な医療トラブルコンサルタントです。質疑応答も活発で、懇親会も忘年会兼ねて大いに盛り上がりました。

ロシアが、アメリカ大統領選挙に情報操作

12月22日（木）

アメリカ大統領選挙が終わって一月半、トランプ次期大統領も政権発足に向けて着々と準備を進めている。今ここにきてアメリカでは、ロシアが大統領選挙でメール問題などにつき情報漏洩やハッキングを行いトランプ勝利に影響を与えた、と気付いてきた。オバマ大統領もロシアの国家的犯行と断じ在任中にはっきりさせると明言している。ことの重大性からこれは民主党、共和党など党派的な問題ではない。

ここで想起していただきたい、私はあの選挙終了の直後に（十一月九日）クリントン氏のメール問題を取り上げた。選挙投票の直前になってＦＢＩ（連邦情報調査局）のジェームス・コミー長官がメール問題で起訴、不起訴問題を公けに取り上げた。起訴すると言い、再起訴は辞めると言い、メディアは大騒ぎした。刑事問題が有権者の投票に影響することは言うまでもなく、それまで九〇％の人がクリントン勝利を予想し、支持率も六・七％の大差でずっと推移していたのが、実に一瞬にしてゼロ差となった。

私は内外の識者にその旨意見を聞いて回ったが識者たちは最早関心を示さず、むしろ自分は密かにトランプ当選を予想していたという人ばかりだった。敢えて言うが私は、アメリカ国民の選択に心から敬意を抱き、些かも異議を唱える訳ではない、トランプ政権こそが、むしろわが国にとってクリントン氏

よりも良かったのではとさえ思う。然し国民の一般得票数はクリントン氏が三百万近く多く、選挙人数はトランプ氏が勝ったにしても、そこに割り切れないものは当然残る。クリントン氏は一度だけ公に「FBIのコニー長官に殺られた」と非難した。ましてやそれがロシアの情報機関が直接にも関与していたとならば、国としてもクリントン氏個人としても一度は徹底的に総括しておくべき事項となった。

かくして大統領選挙は選挙制度の構造的問題と国の情報管理の甘さという反省と教訓を残しながら、やがて本格的なトランプ政治が始まることになる。

12月24日（土）

教祖様「南に行きなさい」という天啓

宗教家の長寿の祝いに駆けつけました。まだ昭和の時代にご縁を頂いたもので、爾来長き間教祖様には精神的に、また有難くも選挙でも力強いご支援を頂いたものです。

その時、平成は五～六年頃、私は神奈川県で落選中でした。然も選挙制度が中選挙区から小選挙区に大きく変わる時で、私は県内のどの選挙区を選べばいいか、本当に深い悩みにありました（実は国中全ての衆議院議員、候補者が同じく右往左往、悩んでいました）。

ある時私は教会に教祖様を訪ねて率直に悩みを打ち明けました。もちろん答えが有ろう筈はない、ただ暫し側に座っているだけでも心が落ち着いたものです。そして辞去のご挨拶をして部屋を出ようとしたその時、「南の方がいいですね、ずっと南がいいですね。」という声が聴こえてきた、いやそんな気がしたのです。「南」といっても神奈川県には南の方に選挙区など無い、思い巡らし果てない悩みが続きました。福岡県に来ないかとの誘いもありました、福岡は自分の生まれ故郷、しかし離れて三十年以上が経つ、身寄りはほとんどありません。万策尽きた時、私はふと福岡に移って出来るだろうかと思うようになりました。福岡は紛れもなく「ずっと南」に当たります。あの言葉は私の背中を押してくれた、私にとって神の啓示だったかも知れません。

かくして私は一一〇〇キロ離れた九州福岡に居を移し、そして今日に至りました。そしてあろうことか、追いかけるように同じ福岡県内に教団の南の守り「九州別院」を建設され、私にとっては祈りと癒しの場にもなっています。

教祖様と相見える時、自らの幸せをいつも感じ、あるいはこれをこそ「法福」と呼ばれるものかと思っています。教祖様は、お健やかに「米寿」を迎えられました。

12月25日（日）

嗚呼、電子投票の生みの親「石垣正夫氏」

岡山県新見（にいみ）市長「石垣正夫氏」は十一月に急逝された。私は暮れ十二月二十五日に御地に赴き漸く別れを済ませてきた。平成十四年二月地方選挙に制度として「電磁式投票」（電子投票）が導入され、石垣氏は全国で初めてそれを実践した。今では実施地区は全国十市町を超える。同じ選挙投票なら地方選挙に限定する理由はない、当然衆参国政選挙にまで拡げることではじめて選挙投票の電子化、近代化が完成する。かくして国会では国政選挙に電子投票を導入すべく公職選挙法改正の動きとなり、私がその法案責任者の一人となった。衆議院はなんとか通過させたが参議院審議が難所となった。参議院選挙は確かに複雑極まる、懸命の説明でも遂に自民党参議院は説得できず、平成二十四年十二月、衆議院の解散総選挙で廃案となった。

全ての責任は私を筆頭に国会議員の側にある。この間石垣氏は全国の市町村長会、地方議会をまとめ一貫して国と自民党に厳しくも的確な指導と協力を果たしてくれた。法制化を遂げ得なかった私は、正直、心に深い傷を遺したが、石垣氏はいつもそれを気遣ってくれた。二人は法案を巡った戦友となり、業務を超えて「刎頸(ふんけい)の友」となった。いつも力強く、上京の度に声をかけてくれた。

ＪＲ伯備線（岡山＝出雲間）「新見駅」前の広場正面に燦然と碑が立つ。「全国初電子投票実施記念」の言葉は凡ゆる困難を乗り越えて時代を創った偉大な政治家が実際この世に生きていたことを示す何よりの証である。

12月26日（月）

安倍総理、ハワイ真珠湾に慰霊

安倍総理がハワイを訪問し、日本の真珠湾攻撃で被災した人々、遺族、国民に対し慰霊の誠を捧げた。太平洋戦争を総括して両国の赦し合いと和解を確認するとともにオバマ大統領の広島原爆地訪問に対する返礼の意味もある。やがて始まるトランプ政権に対しても日米同盟の絆の強さを受け継いでいくことになろう。

12月29日（木）

日韓慰安婦問題、この一年

日韓慰安婦問題がまた、おかしくなってきた。慰安婦問題を「最終かつ不可逆的に解決した」とする外相合意が行われたのが昨年末で、ちょうど一年経つ。私は年が明けて何度の自民党会議でも敢えて慎重論を訴えた。合意を止めろ、とまでは言わないが、常に国民が見ている、国外でも多くの邦人が泣いている、と言い続けた。

九月になって約束の十億円を払うというから、徹底的に反対した、慰安婦像の撤去こそ絶対条件ではなかったか。外交は政府の専権事項であり、「先に金を払えば韓国はプレッシャーを感じて撤去が進みます」と嘯(うそぶ)く外交官もいた。

私は決して「日韓合意」を否定はしていない、むしろ大いに評価している。その後の日韓関係、日韓を挟む対米関係、何より北朝鮮に向けた日米韓連合合意の果たした外交成果は大きかった。

一年経った今はどうか、朴クネ大統領の失脚、ユネスコへの慰安婦登録運動、慰安婦像の釜山やアメリカでの増殖、十億円は一人一千万円、真面目に（!）払われたという報告……、大統領選挙では合意廃止が争点となるという……。

外交は、国民が常に黙って見ていることも忘れてはならない。

12月30日（金）

オバマ大統領、ロシアのサイバー攻撃を断罪

アメリカの大統領選挙においてロシアがサイバー攻撃で関与し、結果トランプ氏勝利に決定的影響を与えた件につき、オバマ大統領がロシア外交官の追放など最高度の制裁措置を発表した。ロシアは事案を事実上認めている。すでに七月にはアメリカはロシアに注意を与え、九月にはオバマ氏がプーチン氏に直接抗議したにもかかわらず、十一月の選挙投票まで止められなかった。「やる方（ロシア）も悪いがやられる方（アメリカ）はもっと悪い」というのがこの非情な国際政治での精確な表現であろうが、大統領選挙がかくも露骨に干渉されたことは「主権が侵害された」どころの騒ぎではあるまい。

要は、ロシアのサイバーによってクリントンのメール問題が再燃し、ＦＢＩのコミー長官が再捜査すると発表し、それが圧倒的有利だったクリントンを落選させたのではという単純な因果関係である。全てが終わった今、もはや関心を示す人はいない、いるとすればオバマ氏と、当のクリントン氏と、あるいは不肖私くらいかもしれないが、歴史の事実として「記録または記憶」されていてもいい。オバマ氏の最後の形相が思い浮かぶ。

12月31日（土）

原田義昭（はらだよしあき）

昭和19年10月生まれ。昭和35年、福岡・修猷館高校入学。38年、アメリカ・オクラホマ高校卒業。39年、東京・小山台高校卒業。43年、東京大学法学部卒業。平成26年、国際情報検討委員会委員長。外務委員長、財務金融委員長、文部科学副大臣、厚生政務次官、自民党筆頭副幹事長などを歴任。現在、衆議院消費者問題特別委員会委員長、自由民主党外交経済連携本部幹事長など。衆議院議員。弁護士。

主な著作、『尖閣を守れ――東アジアこそ世界平和の要衝』（2015年）。柔道6段、囲碁3段、将棋5段、計14段。趣味はブログ、美術館博物館めぐり、日本史、カラオケ、ディベート（どんなジャンルでも）など。

主権と平和は「法の支配」で守れ
中国の違法開発を「国際仲裁裁判所」に訴えよ

2017年4月20日　初版発行

著者　原田義昭
発行者　川端幸夫
発行　集広舎

〒812-0035
福岡市博多区中呉服町5-23
TEL：092(271)3767
FAX：092(272)2946
http://www.shukousha.com/

印刷・製本　モリモト印刷

ISBN978-4-904213-49-0 C0095